述而作

《小学》通俗解义

秦敬修◎编著

秦　治◎整理

社会科学文献出版社
SOCIAL SCIENCES ACADEMIC PRESS (CHINA)

时毕业甘肃第七师范学校，谒泾川孝廉方正史复斋先生于平凉私塾，闻先生讲程朱理学而大悦，师事多年，奋志于《小学》《四书》学习，夜分而卧，鸡鸣而起，无一日少懈。仰慕孔圣修己治人之道，胸怀天下慈爱万民之心，于国难当头，慨然有志于文化救国，遂徒步七百里，游学于关中芸阁、正谊、崂峰诸书院，学习中华经典文化多年，受孙仲玉、张范卿等当代名师亲传而深得修齐治平之道。中年从事岐黄以执教行医济人，著手成春，口碑载道，为一方名医。然而，其文化救国，文化兴国之志，未尝一日忘怀，终身孜孜于仁义道德礼乐教化的思考与探索，研习既久，于晚年不惜心血，摅其心得，著《周易卦解》《五子书》《〈小学〉通俗解义》以穷究天人合一，阴阳消长；辨明为人、处事的方法和准则。述《新编中医儿科学》《杂证脉证辨证并治》《脉诊握要》以探明养育技巧，生理病理机制；示人以辨证施治的方药和措施。从而完成“不为良相必为良医以济世活人”的终身追求，展现了高尚的道德情操，渊博的知识造诣。其所著述，有益于社会和谐和人民健康者不待尽言。

《〈小学〉通俗解义》依先师史复斋先生讲授《小学》笔记，集诸家《小学》注释善本而融会之，并参会《四书》《五经》奥旨以述评阐释为人之方，治事之要，使今人易读易识而冰释古文深奥难明之郁，俾学者切己体认，见得做人的准则，庶几兴起良心，成就德业，或有以仰佐国家化民成俗之意于万一也。

《〈小学〉通俗解义》依朱子《小学》书，分内外二篇，内篇为立教、明伦、敬身、稽古四卷，外篇为嘉言、善行二卷，合三百八十二章。每章按原文、注解、译文、评述顺次排列以论释其义。薛文清公谓“践履尽《小学》书中之事，则天理烂熟，虽大成之圣，不过如此”。实为不易之论。先考敬修公笃学中华传统文化，熟读《小学》书万遍，积六十余年博学践履功力而成此著，其文辞通达，语言简炼，条分缕析，说理透彻，善德一贯。阐发精微，尤多独到之处；苦口婆心，将以觉来裔于无穷。实非其他传注所能比拟。学者有志圣贤，必先学此书以为《大学》修齐治平基本，成为学习《四书》《五经》的阶梯。学生诵读经典书籍，以此书为启蒙读物，必能收到事半功倍效果。此书亦可作为小学语文课本和德育课本编订的母本以及教师教学课件用书等。

编著《〈小学〉通俗解义》，意在讲明做人做事存心养性修己治人的方法和道理，所以注解和译文不同于常规的就文字注译文字的做法，而是务求讲明文义中所包涵的深层道理和正人心厚风俗的寓意。使儿童诵习而浸润于洒扫、应对、进退之节，爱亲、敬长、隆师、亲友、孝弟、忠信之事。听其善言，观其善行，为其所当为，行其所当行，从而在日用自然行事之中，做诚意、正心、修身的功夫，久久成熟，德性若出于自然。则仁义中正之德深深嵌固脑海，成为中华文化的基因，成全仁爱善良的本性，于是人人尊德乐道，则天下何不太平。

公元二〇一四年八月，崇信后学秦治　序

序　二

秦公敬修终身孜孜于仁义道德礼乐教化的探索与思考，以慈善悯物之心，济世仁民之志，寻求救国安邦而未能成于事；唯寄心于著述以遗乐道向善之读者，冀其学修善道，成德成才，弘扬中华文明。是以呕心沥血，尽其所学，著《〈小学〉通俗解义》《周易卦解》《五子书》以飨有志之士。拳拳忠心溢于著述言辞，谆谆叮咛告诫，体现对中华文明复兴的殷切期望。虽在“文化大革命”患难之中，亦不忘生民苦难，感叹“人为万物之灵”将坠于地也，遂吟《人为万物之灵说》以寄慨写忧，且欲感动知音以拯救万民于水深火热，其言曰：

“惟天地，万物父母，惟人，万物之灵。人与万物，同出于天地，而人独谓之灵者，非谓其神态异于物，智计高于物，欲望奢于物，而能役使万物也。非谓其能创造物质文明而丰屋、美衣、足食，电视、电听、电语，飞天、航海、车陆也。非谓其能创造种种杀人之武器而策略盖世，英勇善战，足以屠戮人类，宰割山河，鞭笞天下也。

所谓万物之灵者，谓其仁智才华，本于性，成于学。其思维言动，不违仁义，动容周旋，必中乎礼。和顺于道德，从容于礼法，而庸庸肃肃，其意不忑也。

谓其聪明圣智，足以察天地之理，识天地之心，体天地之德，顺天地之时以经纶天下，促成万物，而足以参天地，赞化育也。

谓能尊尊亲亲，男女有别，往来驰驱于人所当行之路，而独立不惧，遁世无闷，终其身安行于人所当行之路也。

观鸡犬之护雏哺倪，羔乌之跪乳反哺而知其有母子之爱矣，然哉禽犊之爱，未足语于慈，至于鸡斗狗争，鲸吞鹰搏而不知其非，甚或杀父食母，鸱张跋扈，此其所以为禽兽也，所以不得为万物之灵也。

观雎鸠之关关于河洲，鸳鸯之集翼于诸梁，鹑奔鹊将，謍燕燕双栖，而知其有雌雄之配矣，至于高飞背母而不顾，此与西洋之小家庭制相侔矣。下此则麋鹿之聚麀，犬豚之游牝，此其所以为禽兽也，是亦不得为万物之灵也。

观鸿雁之行阵，蜂蚁之有王，而知其有群类之聚矣，然哉除此之外，别无所发明，盖亦不足道也。

然哉，人之所以为万物之灵者，可得而知矣，必若放勋之钦明，重华之恭己，文王之仁敬孝慈信，武王、周公之达孝，鲁叟之集大成，邹贤之继三圣，皆为灵之灵者也。

往圣虽没而继先圣之志，传先圣之业者，世世相承，其居仁由义，率先垂范，为民立心，化民成俗，二千多年之间，续我中华礼仪之邦立强于世者，皆是圣人之徒，不失为万物之灵也。

观今之世，欲变人类为禽兽，化中国为夷狄者，大有人在，将使人而不人，人道绝灭，乃至鬼蜮跳梁，冠盖相望。吾为此惧，欲大声疾呼以警觉斯民而身处禁锢，音莫能达，故为此说以寄慨写忧，且欲感动知音，欲其继我声以传于后裔，将为万古存几希，勿使人类所以为万物之灵者，坠于地也。”（一九六六年十月十日，因其时势非常，一辞不合时宜，即有杀身之祸，秦公《人为万物之灵说》交秦治成诵而遂焚之。时艰日久，遗忘难全书，实为憾事！）

是可谓警世名说，灵与非灵于此有定，人与非人截然分判，人所当行之道朗然清晰，人之所以为万物之灵者，趋之有径。实为诵习融通《〈小学〉通俗解义》提纲挈领，为践行正确人生点亮指针，故以为序。

目　录

朱子《小学》序

朱子：朱熹（1130～1200年），字元晦，一字仲晦，号晦庵，晚称晦翁，谥文，亦称朱文公。徽州府婺源县（今江西省婺源）人。是我国历史上继孔子之后的又一位伟大的理学家、思想家、哲学家、教育家、诗人。朱子是唯一非孔子亲传弟子而享祀孔庙，位列大成殿十二哲者。先后担任同安县主簿、知江西南康军、潭州知州、两浙东路常平茶盐公事、焕章阁待制、侍讲（皇帝的老师和顾问）、知福建漳州等职。他一生刚正不阿，无意仕途。平生致力于著书立说、创办书院、讲学传道，是中国后期儒学的集大成者。他所著书被元、明、清三朝定为开科取士的必读之书；他的哲学观点影响我国社会政治长达六百余年；迄今仍对中国传统优秀文化的发展起到承先启后和无可替代的作用。其著作甚多，其中辑注《大学》《中庸》《论语》《孟子》为《四书》，作为教本立于学宫，辑定《小学》书成为小学课本，是启发德性、开启智慧的首选教材。

古者小学教人以洒扫[1]应对、进退之节[2]，爱亲、敬长、隆师、亲友之道[3]，皆所以为修身、齐家、治国、平天下之本[4]。而必使其讲而习之于幼稚之时，欲其习与智长，化与心成，而无扞格不胜之患也[5]。

【注解】

①古者：指夏商周三代。小学：小子之学，是七岁到十四岁孩子的学校。

②洒：洒水。扫：扫地。应：答应大人的呼叫。对：回答大人的问话。进：走到父母师长跟前。退：从父母师长前退出去。节：礼节，洒扫应对进退的礼节。

③爱亲：爱父亲母亲。敬长：尊敬兄长、尊长。隆师：尊重老师。亲友：亲近朋友。道：路，爱亲敬长隆师亲友当行的路，是应当做这些事的道理，也是每个人应该遵循的道路。

④修身齐家治国平天下：是《大学》教人的次序和目标，是明明德新民之事。

⑤讲：讲明其中道理。习：实践、习熟这些事。幼稚：小孩子。扞格：抵拒。不胜：不胜任（接受《大学》之教）。

【译文】

古时小学教人用洒水、扫地、应对、进退的礼节，热爱父母、尊敬长上、敬重老师、亲近朋友的道理，这都是修身齐家治国平天下的基本功。务必讲明这些道理，实践习熟这些事。希望他们习惯于善而与智慧同长，化于善和心德俱成；对于修身齐家治国平天下之道，就没有抵拒或不能胜任的忧患。

今其全书[1]，虽不可见，而杂出于传（zhuàn）记者亦多[2]，读者往往直以古今异宜而莫之行[3]，殊不知其无古今之异者[4]，固未始不可行也。

【注解】

①其全书：古代小学的全部教科书。

②传：经书的注释（如《易传》《公羊传》）。记：礼记。

③古今异宜：古与今不同所宜。

④无古今之异：人伦道德无古今差异。

【译文】

而今小学全书虽遭秦火，不可得见，但杂见于书传、礼记中的很多，只怪读传记的人往往认为古今不同宜而不照着做，却不知其中没有古今的差异，本来没有不可行的。

今颇搜辑[①]，以为此书[②]，授之童蒙[③]，资其讲习[④]，庶几有补于风化之万一云尔[⑤]。

【注解】

①搜辑：在传记中搜寻有关小学的资料，进行编辑。

②以为此书：用以编成这部书。

③授之蒙童：授此书给无知的孩子。

④资其讲习：供给他们讲解实习。

⑤庶几：差不多。万一：万分之一。

【译文】

而今用了很多搜寻编辑的功夫，编成这部书，教授给蒙昧的孩子们，供他们学习，差不多可以说对国家风俗教化有一定的补益。

淳熙丁未三月朔旦[①]，晦庵题[②]

【注解】

①淳熙：宋孝宗纪年的年号。丁未：宋孝宗十四年（1187）。朔：初一日。旦：早晨。

②晦庵：朱子草堂名，因以为号。

【译文】

宋孝宗淳熙十四年三月初一早晨，晦庵题。

《小学》题辞

题辞：标题书首之辞。

元亨利贞[①]，天道之常[②]，仁义礼智[③]，人性之纲[④]。凡此厥初[⑤]，无有不善，蔼然四端[⑥]，随感而见（xiàn）。爱亲敬兄，忠君弟长[⑦]，是曰秉彝[⑧]，有顺无彊（qiang）[⑨]。

【注解】

①元：大，始。亨：通。利：义之和。贞：正固。元亨利贞，天之四德，春夏秋冬，天之四气，德不可见，由气而见。天地之大德曰生，元为生物之始，亨为生物之通，利为生物之遂，贞为生物之成。

②道：天地事物所以自然有序运行的道理（事物当然之理），人人应当循理而行的道路（为人、处事的道路）。常：常规，万世不变的规则。

③仁：心之德，爱之理。义：心之制，事之宜。礼：天理之节文，人事之仪则。智：心之神明，事之明鉴（判断是非）。仁义礼智，人性之四德。

④纲：网上大绳，用以举网。

⑤厥：那个。厥初：人初生时。

⑥蔼：茂盛的样子。端：端倪，如谷之苗头出土可见。四端：即恻隐，羞恶，辞让，是非，是仁义礼智发出可见之端。恻：伤之切。隐：痛之深。羞：自家错误，自觉羞愧。恶：他人罪恶，自感憎恶。辞：辞去荣利。让：把荣利让给别人。是非：其明智足以辨别是非。

⑦君：领导者。忠君：领导是为人民办事的，忠于领导就是忠于人民的事业。

⑧秉彝：人类秉执的常性。

⑨顺：顺从本性的自然。彊：强迫。

【译文】

元始、亨通、利和、贞正。是春夏秋冬四气之理。是天命流行的常规。仁义礼智，是人所受于天的明命以为性，成为万善的纲领。这性在有生之初，没有不良善的，茂盛的四端常随人的情感而发见于外。恻隐之心，是仁之端，羞恶之心，是义之端。辞让之心，是礼之端，是非之心，是智之端倪，见于人之情。爱父母，敬兄长，尊重长上；这是人类秉执的常性，只有顺从本性，就能知能行，并不用勉强而后能知能行，可见人性本来就是善的。

惟圣性者①，浩浩其天②，不加毫末③，万善足焉。众人蚩蚩④，物欲交蔽⑤，乃颓其纲⑥，安此暴弃⑦。

【注解】

①惟：独。圣：圣人，大而化之之谓圣。性者：性全于天的人。

②浩浩：广大无际的样子。

③毫末：毫毛末端。圣人生知，安行，其德浩浩然盛大流行，同天一样，不用增加毫之末，而万善自足。

④众人：不知向善的人。蚩蚩：无知的样子。

⑤物欲：耳目口鼻肢体之欲。交蔽：众欲交互遮蔽良心，失去理智。

⑥颓其纲：废弃仁义礼智。

⑦暴：糟蹋。不知圣贤之言为美而非毁之，是自暴其身。弃：抛弃。不行仁义之事是自弃。

【译文】

惟独圣人是天生成的生而知之者，其德盛大流行，浩浩乎和天一样，不加毫毛之末，而万善自足。不知向善的人智识低下，被物欲交互遮蔽了良心，废弃仁义礼智之纲，安心自暴自弃而不悔。

惟圣斯恻[1]，建学立师，以培其根[2]，以达其枝[3]。小学之方，洒扫应对，入孝出恭，动罔或悖[4]。行有馀力，诵诗读书[5]，咏歌舞蹈[6]，思罔或逾[7]。穷理修身[8]，斯学之大[9]，明命赫然[10]，罔有内外[11]。德崇业广[12]，乃复其初[13]，昔非不足，今岂有馀[14]。

【注解】

①斯恻：对此蚩蚩之众，深加伤悯。

②以培其根：培养圣功的根基——善端。

③以达其枝：教其修身成德，达到齐家治国平天下的治世才能以新民。

④悖：违悖小学之教。

⑤诗：《诗经》。书：《书经》，指所有儒学经书。

⑥咏：咏诗。歌：歌诗。舞：跳舞。蹈：脚踏动、跳动。

⑦思：思考。逾：逾越。

⑧穷理：穷究事物之理。修身：修治自己的身心，如非礼勿视，非礼勿听，非礼勿言，非礼勿动，以制止耳目口鼻肢体之欲，使身心养在礼法之中。

⑨斯学之大：这是大学教人之道。

⑩明命：天把你生成人，就是要人做人事，这是明显的命令。赫然：明显的样子。

⑪罔：无。罔有内外：没有内外人己之分，只为世人和自己同是天地所生，同受天之明命，哪有人己之分。

⑫德崇业广：自己理明了，不忍他人不明，自己身修了，不忍别人身不修，己身既修，自强不息则德崇；家齐国治天下平，是很多人修身明理了，是德业广大。

⑬乃复其初：达到德崇业广，乃是恢复了初生时天命之性。

⑭不足：在他蚩蚩的时候，不是天性不足。有馀：而今德崇业广，并不是天性有馀了，是恢复了被物欲遮蔽的天性。

【译文】

惟独圣天子在上，对这蚩蚩众人，深加恻悯，给他们建设学校，择立师长进行教育。设小学以培养其根本——天性，设大学以达其枝干——成德成业。小学教人的方法，是教孩子们给父母师长洒扫室堂及庭院，应声，答所问。入则孝顺父母，出则恭敬长上，一举一动，不违悖父师的教育。事父母师长有了馀力时，就诵诗读书。咏诗歌诗，以养性情；手舞足蹈，以条畅气血。思想意识不能逾越小学的教义。

穷究事物的道理，格物致知诚意正心以修其身，是大学教人之道，理明后，常见天之明命，赫然显著，无有内外人己的分别。自己理明身修了，怎忍家人蚩蚩无知，因此要“型于寡妻至于兄弟”以齐家。家齐了又不忍国人蚩蚩无知，又教育国人穷理以致知，诚意正心以修身，以明其明德。国人德明了，又推之以及天下的人，都能明他自己的明德。身即修则德崇，家齐国治天下平则德业广大。德崇业广，就是恢复了天命之性。当初无知的时候，不是天性有不足，而今德崇业广了，岂是比原来的天性多了什么吗？

【评述】

学诗可以理性情，可以使人感发兴起为善去恶之心，可以观世变，可以和群共处，可以怨而不怒，近则可以尊其教以事父母，远则可用其道以事长上，还可以多识鸟兽草木之名，以格物穷理。读书可以讲明修己治人的道理，默识圣圣相传的道统，唐虞授受的心法，而知人之所以为人之道。才能自成为人，不至于和禽兽差不多。所以教小子诵诗读书，以培养心性，使其保全天良，作为修养品德和成就事业的根本。

世远人亡[①]，经残教弛[②]。蒙养弗端[③]，长益浮靡[④]。乡无善俗[⑤]。世乏良材[⑥]。利欲纷拏（ná）[⑦]，异言喧豗（huī）[⑧]。

【注解】

①世远：盛世已远。人亡：圣人亡故。

②经残：五经被秦火烧残。教弛：小学大学教人之道废弛。

③蒙养：儿童教育。弗端：不端正，偏离品行教化。汉唐以来教儿童读书记诵作为诗赋文章的资料，不重视道德品行的修养，培养蒙童的方法不端正。

④长益浮靡：年龄既长，会作诗赋文章，自负有才，更加轻浮华靡。

⑤善俗：善良的风俗。人道不修以致乡无善俗。

⑥良材：齐家治国平天下的人才。

⑦利欲纷拏：人类被升官发财的利欲纷纷牵引，丧了天良。拏：牵引、驱动。

⑧异言喧豗：异端之言，互相攻击，使人莫衷一是。天下贸贸焉，不知所向往，终于用夷变夏，趋向野蛮。异言：不同的学说、言论。喧豗：喧闹。

【译文】

盛世即远，圣人已亡，经书残缺不全，教法废弛。自汉而下，务记诵，为词章，以求名利，儿童教育已不端正，及长无修齐治平之教，只知以文章诗赋空言相争，更加浮华侈靡而无实。由于品行教育废弛，以致乡无良好风俗，世上缺乏优秀人才，加上利欲纷纷牵引，以致举世污浊，而异端学说相互攻击，违背人性，使社会公德下滑。

幸兹秉彝（yí）①，极天罔坠②。爰辑旧闻③，庶觉来裔（yì）④。嗟嗟⑤小子，敬受此书。非我言耄（mào）⑥，惟圣之谟⑦。

【注解】

①幸：幸亏。兹：这个。秉：执。彝：常理，常德。幸兹秉彝：幸亏人类所持执的常性。

②极天：终天，没天了。罔：无。坠：坠落。

③爰：于是。辑：编集。旧闻：旧日所闻于经史师友的。

④庶：庶几，差不多。觉：觉醒。来裔：将来的学子。裔：衣襟之末，末如树之末稍，如人玄孙称为末孙之类。

⑤嗟嗟：反复叹息。

⑥言耄：说老糊涂话。

⑦惟圣之谟：全是圣人的典谟，没夹杂我的说教。谟：典谟。

【译文】

幸亏天赋予人类应持执的常性，与生俱存，直到天地生人的末日也不会坠落，于是编辑旧日所闻以成《小学》书，差不多可以觉醒后世学子。唉！唉！小学生啊！敬重地接受这部书，作为你成就品德成就事业的基本课程，书中的理论规范，全是圣人的典谟和希望，不是我说老糊涂话，不要小视这部书。这是初学者的经典、做人的根本啊！

附 录

先师清麓贺复斋先生说："《四书》《五经》而后，莫切于《小学》，莫精于《近思录》。自朱子而后，先哲尊信此书，其效灼然可见。或疑信参半，或疑而不信，且訾议者，其所得浅深得失偏正纯驳，岂待问而知哉！"又说："《小学》《近思录》《四书》，终身不可一日离，《经》次之，《史》又次之。"又说："《小学》《近思录》二书皆是增人志气，坚人骨力。"许鲁斋先生说："《小学》一书，吾信之如父母，敬之如神明。"兰川先师牛梦周先生说："四方传说的神仙不是我①，手执《小学》书一卷，诵读服行以终身的才是我。"又说："惟有从《小学》书入手是圣贤真命脉，不可小视以为教小子之书也。"

① 人们传称牛先生为牛神仙。

内篇（一）

第一卷　立教

子思子曰[1]：天命[2]之谓性[3]，率性之谓道[4]，修道之谓教[5]。则天命[6]，遵圣法[7]，述此篇，俾为师者知所以教[8]，而子弟知所以学。

【注解】

①子思：姓孔名伋，字子思，至圣先师孔子嫡孙。春秋时期著名的思想家。受教于孔子的高足弟子曾参，孔子的思想学说由曾参传子思，子思的门人传孟子。后人把子思、孟子并称为思孟，他上承孔子中庸之学，著作《中庸》，下开孟子心性之论，并由此对宋代理学产生了重要而积极的影响。后人尊他为“述圣”，是配享孔庙的四配之一。子：夫子，学生对教师的尊称。

②天命：天之明命。天以阴阳五行化生万物，气以成形，而二气五行之理也赋给人，命人存人心做人事，不能和禽兽一样，这就是天的明命。

③性：人受于天赋之理以成性，是人所固有的特质。

④率：循。率性之谓道：做事顺着天性，就是当行的道路。

⑤教：君师之教。

⑥则：法则。

⑦遵：遵守。圣法：圣人的法规。

⑧俾：使。

【译文】

子思夫子说：天赋给人的天理就是天命，人所受的天命就叫性。顺这性以爱亲，敬兄，忠君，弟长，就是人所共有的道路。修治道路，使人行走，就是君师的教规。以天的明命为法则，遵照圣人法规，述作立教一篇，使做师的知所以教育，子弟知所以学习。

【评述】

自从圣人之教废，国家以文章取士，学子为应试，把读书作为诗赋文章的资料，以猎取功名。为师者不知所以教，而弟子不知所以学，到老不知圣人一言为可用，坏了人才。朱子《小学》立教，为恢复圣人教人之道，使做师的知以性命之道教子弟，而弟子知遵圣人之言行，以格物、致知、诚意、正心以修身，作为齐家、治国、平天下之本，学成有用的人才，以善身而善世，使天下都成为孝悌忠信之民，天下自然太平矣。

立教 1

列女传①曰：古者妇人妊子②，寝不侧③，坐不边④，立不跸⑤。不食邪味，割不正不食⑥，席不正不坐⑦，目不视邪色⑧，耳不听淫声⑨。夜则令瞽诵诗⑩，道正事。如此则生子形容端正，才过人矣。

【注解】

①《列女传》：汉刘向著。

②妊：怀孕。

③寝：睡。侧：侧身睡。

④边：偏斜。

⑤跸：偏任一足而立。

⑥割不正：肉切的不方正。

⑦席不正：坐席不端正。

⑧邪色：能看见的邪事。

⑨淫声：淫乱的声音。

⑩瞽：乐师。

【译文】

《列女传》说："古时妇女怀孩子，不侧身睡，坐不偏斜，立不只任一足，必须立正。不吃气味不正的食物，肉切的不方正不吃，席不端正不坐，眼不看邪事和不正的颜色，耳不听淫乱的声音。夜间命乐师歌诵《诗经》之周南、召南、二雅，说正直的故事。这样生下孩子就形体、面容端正，德才超过别人了。

【评述】

妊子之时，时时处处事事得正，孩子得母亲正气以生，则形容端正，才能品德自然超过别人。

立教2

内则曰①：凡生子，择于诸母与可者②，必求其宽裕、慈惠、温良、恭敬③，慎而寡言者④，使为子师。

子能食（shí）食（sì），教以右手⑤。能言，男唯女俞⑥，男鞶（pán）革⑦，女鞶丝⑧。六年，教之数与方名⑨。七年，男女不同席，不共食⑩。八年，出入门户及即席饮食，必后长者⑪，始教

之让。九年，教之数日[12]。

【注解】

①内则：《礼记》篇名，记闺门内的礼义规则。

②诸母：伯叔母和庶母。可者：可做子师的人。

③求：选择。温：温和。良：善良。恭：端庄。敬：敬重。④慎：谨慎小心。寡言：沉默少言。

⑤食（shi 动）：吃。食（si 名）：饭。以：用。以右手：用右手拿筷子，取其有力。

⑥唯：应声快而音较高。俞：应声缓而音较低。

⑦鞶：束衣的腰带。革：皮制品。

⑧丝：丝制品。男刚女柔，本属天性，男不刚则柔懦不能自立，女不柔则不能宜室宜家，所以在能言时就教以男刚女柔。

⑨数：个十百千万之数。方名：四方方位名称。

⑩不同席，不共食：使子女晓得男女有别。

⑪出入即席饮食必后长者：是以礼让教孩子，使孩子谦卑驯顺，不和人争斗以取祸。

⑫教之数日：用天干地支计算时日，一个甲子六十天，一季度是一个半甲子，一年是六个甲子加岁盈五又四分之一日，共三百六十五又四分之一日，六十个甲子是十年。共三千六百五十二天半。

【译文】

《内则》说：凡是生下孩子　不论男女都要在诸母中或他人内选择老师教养，必须选出宽宏大量，优裕不迫，慈爱贤惠，温和善良，谦恭敬事，谨慎少说话的人；使他做子女的老师。孩子会吃饭时教他用右手拿筷子。会说话时，教孩子男的应声要快，声音要高些；女的应声要缓和，声音要低些。男子束衣的腰带用革制品，女的用丝制品。六岁教学算数。认东西南北的方位和名称。七岁使男女不同席坐，不在一处吃饭。八岁出入门户及就席饮食必定在年长的后面，开始礼让教育。九岁教孩子计算年月四时之日数。

十年，出就外傅①，居宿于外②，学书计，衣不帛襦（rú）绔（kù）③，礼帅初④，朝夕学幼仪⑤，请肄（yì）简谅⑥。十有三年，学乐诵诗舞勺（sháo）⑦。成童，舞象⑧，学射御⑨。

【注解】

①外傅：小学老师。

②居宿于外：住在学校里。

③衣：穿衣。襦：短衣，短袄。绔：同“裤”。

④礼：礼节。帅：循。初：初学的礼节。

⑤朝夕：早晚。幼仪：幼儿奉事父师的礼仪。

⑥请：请业请益。肄：学习、练习；复习老师所教的事理。简谅：请肄的事理简要信实。

⑦学乐：学习乐章。诵诗：读《诗经》。舞：舞蹈。勺：古代乐舞名。舞蹈以歌周颂酌诗为节。

⑧成童：十五岁为成童。舞象：舞蹈以歌周颂象诗为节。

⑨学射御：学习射箭御车。

【译文】

十岁男子出外跟小学老师学习，居宿在学校，识字算术，衣裳不用丝织品，养成俭朴的习惯。礼节仍循家塾所教的，早晚学习小子奉事父母师长的礼仪。请业和自习都要简要老实。十三岁学乐章读诗经，舞蹈以歌勺诗为节。成童舞蹈以歌象诗为节，学习射箭和驾驶车辆的技术。

二十而冠①，始学礼②，可以衣裘帛③，舞《大夏》④，惇行孝弟⑤，博学不教⑥，内而不出⑦。

三十而有室⑧，始理男事⑨，博学无方⑩，孙友视志⑪。四十始仕⑫，方物出谋发虑⑬，道合则服从⑭，不可则去⑮。五十命为大夫⑯，服官政⑰。七十致仕⑱。

【注解】

①冠：冠礼。责以成人之道。

②礼：五礼（吉、凶、军、宾、嘉）。

③裘：皮衣。帛：絲织品。

④大夏：夏禹王的乐舞。

⑤惇：敦厚、笃实。孝：孝敬父母。弟：友爱兄弟。

⑥不教：不做师教人。

⑦内而不出：内同纳，只往进学不往出表现。

⑧室：妻室。古时男子三十而娶妻。

⑨理：理会、处理。男事：男子耕田服役，事父母，养妻子等事。

⑩博学无方：广博的学习，不拘一方。

⑪孙：同逊。孙友视志：谦逊交友，详看人之志向以择交。

⑫仕：出仕做官。

⑬方物出谋发虑：针对事物表面底里情形出发，谋略思考以决策。

⑭道合则服从：与君志同道合，则服勤从命。

⑮不可则去：道不可行，就辞去职务，回乡独善其身。

⑯五十命为大夫：五十德成才达有足够的实践经验，可以受命做大夫。

⑰服官政：负责制定政策。

⑱七十致仕：七十年老体衰，不能勤政，宜辞官还乡，安度晚年。

【译文】

二十岁举行加冠礼，已为成年人。开始学习吉凶军宾嘉五种礼法，可以穿皮袄及绸衣服。舞夏禹所作大夏乐舞，淳厚躬行孝父母敬兄长之事。博学而不教人，只纳不出。三十有妻室，开始处理男子的事务，博学不拘方所，逊顺交友，详察人之志向以择交益友。四十岁开始出仕任职，与君志同道合就服职从政，道不可行，就辞职归去。五十岁以老成之才德，十年做官治民的实践经验受君命为大夫，负责一官之政事，可以独当一面，为国效忠，为民造福。七十岁年老体衰，精神萎靡不能勤于政事，只有让贤辞职归老于家，和家人团聚享受天伦之乐。

女子十年不出①，姆教，婉娩听从②，执麻枲（xǐ）③，治丝茧④，织纴组紃⑤，学女事⑥，以供衣服，观于祭祀⑦，纳酒浆⑧笾豆菹（zū）醢（hǎi）⑨，礼相助奠⑩。十有五年而笄（jī）⑪。二十而嫁⑫，有故则二十三年而嫁。聘则为妻⑬，奔则为妾⑭。

【注解】

①女子十年不出：女子十岁不出就外傅。

②姆教：由家塾女老师教育。婉：言语柔顺。娩：容貌柔顺。听从：听师训话，从师教导。

③执麻枲：手执大麻缉成麻线。枲：大麻，特指大麻的雄株。

④治丝茧：养蚕煮茧抽丝纺纱，织成帛锦绸缎。

⑤织：纺织。纴：织布帛的絲缕。组：丝带。紃：饰带。古时缝入衣缝做装饰。

⑥女事：女子绩麻治丝，织布帛缝衣裳，煮酒拌醋烹茶做饭等事。

⑦观于祭祀：观看父母祭先祖的礼节。

⑧纳酒浆：进酒进浆。浆：饮料。

⑨笾：盛饭的竹器。豆：木器，盛羹。菹：腌菜。醢：肉浆。

⑩奠：对死者陈设祭品表示悼念。

⑪笄：盘头发用的簪子，十五岁束发，行加笄礼。

⑫嫁：出嫁到夫家。

⑬聘：男家以六礼聘请。

⑭奔：不待礼聘私奔夫家。妻：以齐为义，与夫身份齐等。妾：以接为义，只能接见丈夫，不能同丈夫齐等。

【译文】

女子十岁不出就外傅，在家塾接受女教师的教育，要颜温气和地听教诲从命令。执麻缉线，勤治丝茧，以织布帛编织絲带，学女工以供给衣服。观父母祭祀的礼节，进酒浆笾豆菹醢，以礼帮助父母祭先祖。十五岁束发加笄。二十岁出嫁，有孝服则二十三岁出嫁。被男方礼聘去的为妻，与夫身份一样齐。私奔去的为妾，能接见丈夫不得与夫齐等。

立教3

曲礼曰①：幼子常视毋诳（kuáng）②，立必正方③，不倾听④。

【注解】

①曲礼：《礼记》篇名。

②视：同示；示范、示教。诳：欺骗。

③正方：正方向。

④倾听：侧耳听。

【译文】

曲礼上说："对小孩要以身示范，不能欺骗。立必正立于所向的方位，听必视长者面而敬听，不许侧耳听。"

【评述】

常示毋诳，是教以忠信，立必正方，不倾听，是教以敬正。小子忠信敬正便是作圣的基本。

立教 4

学记曰[①]：古之教者[②]，家有塾[③]，党有庠[⑤]，术有序[⑥]，国有学[⑦]。

【注解】

①学记：《礼记》篇名。

②古：指虞、夏、商、周时期。教者：古时教人的学校。

③塾：家塾，设立在家中的学校。

⑤党：五百家为党。党的学校名庠。

⑥术：当做州，二千五百家为州，州的学校名序。

⑦国学：太学。

【译文】

学记上说："古时教人，家有家塾，党有庠学，州有序学，国有太学。"

【评述】

此见古人设立学校之多和人才培养的重视程度，所以人才众多，成为盛世。

立教5

孟子曰[①]：人之有道也[②]，饱食暖衣，逸居而无教[③]，则近于禽兽[④]。圣人有忧之[⑤]，使契为司徒[⑥]，教以人伦[⑦]，父子有亲[⑧]，君臣有义[⑨]，夫妇有别[⑩]，长幼有序[⑪]，朋友有信[⑫]。

【注解】

①孟子：姓孟名轲，字子舆。战国时邹国人，鲁国庆父后裔。中国古代著名思想家、教育家，战国时期儒家代表人物。著有《孟子》一书。孟子继承并发扬了孔子的思想，成为仅次于孔子的一代儒家宗师，世称亚圣，与孔子合称为“孔孟”，其思想与孔子思想合称为孔孟之道。孟子是配享孔庙的四配之一。

②人之有道：人类有共由之路，若不遵此路而行，就失了人所以为人的价值。

③无教：没有圣天子建学立师以教育，人就不晓得人道。

④近于禽兽：存心处事和禽兽差不多了。

⑤圣人：唐尧、虞舜。

⑥契：唐尧时的司徒官，执掌教育。

⑦人伦．人的伦理。

⑧亲：父慈子孝其情至亲。

⑨义：君仁臣忠各尽其义。

⑩别：礼别男女，各有配偶，严禁淫乱，才能保证婚姻家庭幸福。

⑪序：兄友弟恭，敬循天序。

⑫信：交友以信，以友辅仁。

【译文】

孟子说："人有人共同遵循的道路，假如吃饱穿暖安闲的居处，没有人教育，势必纵欲败度，抛弃人道，其存心处事，就会接近于禽兽了。帝尧忧愁人类舍正路不由，将与禽兽相近。命契任司徒官，用伦理道德教人，父慈子孝，尽其亲道。君敬臣，臣忠君，各尽其大义。夫义妇顺，各有从属而不乱。兄友弟恭，有其序，朋友相友，忠诚无伪尽其信。此五者是天下的达道，人应该共同遵循的道路。"

【评述】

自清帝逊位后，君臣之名废，而君臣之实，绝不能废。国家如无总统主席，国必乱，无行政统属则社会不能安定。企业无分级管理则经营混乱，效益低下。由此可知领导与被领导的管理系统永远不可能废止，则是君臣之名废而实存。纵观全球各国均有领导和被领导之制，则是君臣之道犹存也。男各有妻，女各有夫，如卖淫通奸，国有常刑，是男女有别也。五伦之道就是礼教，而"礼教食人，打破礼教"之说以祸世，将使文明古国变为野蛮，人类近于禽兽，诚何心哉！时至今日，尚有子女不奉养父母，父母冻饿讨饭，而不知羞者，也有夫妻不和互相谋害者。嫖娼卖淫，甘心禽居兽处而不自愧者，也有欺上瞒下，行贿受贿只图自饱私囊，不顾国计民生者，也有嗜酒好色，聚赌吸毒，盗窃抢劫，图财害命，不怕国法者。唉！唉！人心如此，怎能长治久安呢？能不忧伤吗？国家应以尧舜之道教化国民，以传统儒学教育学生，使人学得人道，方可保证社会和谐，家庭和睦，国家永久兴旺发达。

立教6

舜（shùn）命契（xiè）曰①：百姓不亲，五品不逊②，汝作司徒③。敬敷五教在宽④。

【注解】

①舜：是中国上古三皇五帝中的五帝之一。姓姚名重华，字都君。出生地在诸冯（山东诸城）。治都在蒲阪（今山西运城永济）。受尧的“禅让”而称帝于天下，其国号为“有虞”。帝舜、大舜、虞帝舜、舜帝皆虞舜的帝号，故后世以舜简称。李学勤《初识清华简》说虞舜传承中道；清华简《保训》记舜帝“测阴阳之物，咸顺不逆”。契：虞舜的司徒官，名契，是殷商的祖先。

②五品：即父子有亲，君臣有义，夫妇有别，长幼有序，朋友有信的五伦。逊：顺。

③司徒：掌教育的官。

④五教：五伦之教。宽：宽其限期使人优游自化，以明人伦，这是长期而不可间断的任务。

【译文】

虞帝舜命令契说：“百姓不相亲爱，是由于五类人伦之道，未能顺从天命之性所致。命你为司徒官，极其敬重地布施五伦之教，并宽限时日，以待自化，不可急于求成。

命夔（kuí）曰①：命汝典乐②，教胄子③。直而温④，宽而栗⑤，刚而无虐⑥，简而无傲⑦。诗言志⑧，歌永言⑨，声依永⑩，律和声⑪，八音克谐⑫，无相夺伦，神人以和。

【注解】

①夔：虞臣名。

②典：主管。

③胄子：太子世子以及公卿大夫元士的適长子和凡民之俊秀者组成的国子学生员，这里指所有学生。

④直：刚直。温：温和：

⑤宽：宽厚。栗：庄重。

⑥刚：刚强。虐：暴虐。

⑦简：简要。傲：骄傲。

⑧诗：诗歌。志：心之向往。

⑨永言：长言之。

⑩声：五声，宫、商、角、徵、羽。

⑪律：律管。律管十二，黄钟、太簇、姑洗、蕤宾、夷则、无夷（是阳律），大吕、夹钟、仲吕、林钟、南吕、应钟（是阴律）。

⑫八音：金石丝竹匏土革木八种材质乐器的音响。克谐：能和谐。

【译文】

虞帝命夔说："命你主掌《云门》《咸池》《大韶》诸乐，教育太子世子以及公卿大夫元士的適长子和凡民之俊秀者，涵养其性情，变化其气质，使正直而温和，宽厚而庄重，刚强而不暴虐，简要而不骄傲，教成才德兼备的人才，为国效力，为民造福，率民化民成德。诗所以言人之志，歌诗以引长其言，声引长时，必有清浊高下平，自然形成宫、商、角、徵、羽五声，这叫声依永。乐器众多，合奏起来，容易夺乱伦次，必须用六律矫正五音，才能使乐声和谐，这叫律和声。八音合奏，清浊高下谐调，不相夺乱伦次，就可以感神人，和上下。用这样的乐章奏之朝廷，荐之郊庙，而神人皆得和谐。

立教 7

周礼[1]，大司徒以乡三物教万民[2]，而宾兴之[3]。一曰六德[4]，智仁圣义中和[5]。二曰六行[6]，孝友睦姻（yīn）任恤[7]。三曰六艺[8]，礼乐射御书数[9]。

【注解】

①《周礼》：周代之礼，周公所作。

②大司徒：天子六卿之一，主掌邦国教育。乡：一万二千五百家为乡。物：事。

③宾兴：乡大夫以宾礼待贤者而举荐于朝。

④六德：六种德性。

⑤智：明智。仁：仁孝。圣：通明天德，德配天地。义：以义制事，事得其宜。中：不偏不倚。和：发皆中节叫和。

⑥六行：六条善行。

⑦孝：孝顺父母。友：友爱兄弟。睦：亲睦九族。姻：亲厚外戚。任：信于朋友。恤：抚恤孤贫。

⑧六艺：六种艺术。

⑨礼：吉、凶、军、宾、嘉五礼。乐：云门、咸池、大韶、大夏、大濩，大武。射：五种射法身份（白矢、参连、剡注、襄尺、井仪）。御：六种驾驶技术（鸣和鸾、逐水曲、过君表、舞交衢、逐禽左、临阵驱）。书：六书（象形、会意、转注、指事，假借，谐声）。数：九章算法（方田、粟布、衰分、少广、商功、均输、盈朒、方程、勾股九种算数的方法）。

【译文】

《周礼》，大司徒掌管邦国教育。命乡大夫以六德、六行、六艺三事教万民，选其德成行修艺精的秀士以宾礼待之，而荐于朝廷以资录用。一曰六德教育：智仁圣义中和。二曰六行教育：孝友睦姻任恤。三曰六艺教育：礼乐射御书术。

【评述】

六艺之文，礼以制中，乐以导和，射以观德行，御以正驰驱，书以见心画，数以尽物变，都有至理寓其中，是日用所不能缺的艺术。所以要学通。

以乡八刑纠万民[①]，一曰不孝之刑，二曰不睦之刑，三曰不姻之刑，四曰不弟之刑，五曰不任之刑，六曰不恤之刑，七曰造言之刑[②]，八曰乱民之刑。

【注解】

①乡八刑：用之于乡的八种刑法。纠：纠正。纠万民：是用刑法纠正万民的罪过。

②造言：造谣惑众

【译文】

大司徒以用之于乡的八种罪刑，纠正万民的罪过。第一是不孝顺父母的刑律，第二是不亲睦九族的刑律，第三是伤害亲戚的刑律，第四是兄不友弟不恭的刑律，第五是伤害朋友的刑律，第六是不抚恤孤贫的刑律，第七是造谣惑众的刑律，第八是用邪术惑乱民心的刑律。

立教8

王制曰[①]：乐正崇四术[②]，立四教[③]，顺先王诗书礼乐以造士[④]，春秋教以礼乐，冬夏教以诗书。

【注解】

①王制：《礼记》篇名。

②乐正：乐官之长，主掌乐以教人。崇：尊崇。四术：四种教人之术，即诗教、书教、礼教、乐教。

③四教：四时之教。

【译文】

《礼记·王制》说："乐正尊崇诗书礼乐四种教人之术，立为四时教育，顺先王诗书礼乐以造就学士，春秋二季教以礼乐，冬夏二季教以《诗经》《书经》。"

【评述】

陈氏说："古人设教虽说四时各有所教，其实未必截然舍彼习此，王制所记恐亦互言耳，非春夏不可教诗书，秋冬不可教礼乐。"

立教9

弟子职曰[①]：先生施教[②]，弟子是则[③]，温恭自虚[④]，所受是极[⑤]。见善从之，闻义则服[⑥]，温柔孝弟[⑦]，无骄恃力[⑧]。志毋虚邪[⑨]，行必正直，游居有常[⑩]，必就有德[⑪]。颜色整齐，中心必式[⑫]，夙兴夜寐[⑬]，衣带必饬[⑭]。朝益暮习[⑮]，小心翼翼[⑯]，一此不

懈[17]，是谓学则[18]。

【注解】

①弟子职：《管子》篇名，齐管仲所著。

②先生：教师。

③弟子：学生。则：效法。

④恭：谦逊。自虚其心受教，不敢自满。

⑤所受是极：朱子说："受业须穷究道理到尽头处。"

⑥服：服从，身体力行。

⑦柔，柔顺。

⑧骄：骄傲。恃力：靠自己力大欺压人。

⑨志：心之所向。虚：虚假。

⑩常：常规。

⑪就：接近，趋向。

⑫式：规则，规范。

⑬夙：早晨。

⑭饬：整饬。

⑮益：请益。

⑯翼翼：恭敬的样子。

⑰一：专一不变样。懈：松懈。⑱学则：学规。

【译文】

《管子·弟子职》说：教师施教，弟子遵照师教学习。务必温顺恭逊，虚心的学，把所受于师父的教训穷究到尽处。见人之善，从而学之，听到义就身体力行。温和柔顺以孝敬父母，友爱兄弟。不要骄傲，不要靠自己有力不尊重师友。心志不可虚伪邪僻，行为一定要正直。出外居家都要遵守常规；必须亲近有德之人以领教。颜色要整齐，不要嬉笑无常，内心必合于规范。早起迟眠，衣带必须整齐。早晨在师父跟前请业请益，下午复习师父教给自己的学业。要小心敬事地学，像这样专一为学毫不松懈，这就叫学习规则。

立教10

孔子曰①：弟子入则孝②，出则弟③，谨而信④，泛爱众⑤，而亲仁⑥。行有馀力⑦，则以学文⑧。

【注解】

①孔子：孔丘（前551～前479年），字仲尼。汉族人。孔子是我国古代伟大的思想家和教育家，儒学创始人，世界最著名的文化名人之一，在世界十大思想家中排列第一位。孔子对后世影响深远，他在世时已被誉为“天纵之圣”、“天之木铎”、“千古圣人”，是当时社会上最博学者之一。后世尊称他为“至圣”（圣人之中的圣人）、“万世师表”，是“德侔天地，道贯古今，删述六经，垂宪万世”的圣人；孔子的许多言论至今仍被世人视为至理名言，是引领人们学做人，学做事以至齐家治国平天下的万世榜样。自汉代至民国末年，各地祭孔活动延续不断，在历代京城及各州府县均有孔庙，也称文庙，四时祭祀孔子及其弟子。至清末民初，各孔庙内从祀四配、十二哲、七十九位先贤、七十七位先儒。

②弟子：小学生。孝：善事父母叫孝。

③弟：善事兄长叫弟。

④谨：做事谨慎。信：说话老实。

⑤泛：广泛。

⑥仁：有德行的仁人。

⑦行有馀力：用切实行动做好上面所说的事，都做完后，有闲余的时间和气力。

⑧则以学文：就用来学文。文：诗书六艺。

【译文】

孔夫子说：小学生回到家就做孝敬父母的事，出到外面就奉事老师，尊敬长上。做事要谨慎，说话要老实。广泛的爱待众人，但要亲近有德的人，不要和坏人在一处。这些事做得有了闲空，就诵诗读书学六艺，不要虚度光阴。

【评述】

古人尊孔子为至圣先师，他曾删《诗》订《书》修《礼》正《乐》赞《周易》作《春秋》，垂法万世，集儒道之大成，大有功于世道人心。至今联合国教科文组织称孔子是文化巨人，其思想至今仍闪耀着光彩。仁爱和谐自我约束等主张，可以从朋友邻里之间，扩大到国与国之间，从而普遍提高人类文化素质和文明水平，以求得人际关系以及人类社会与自然的和谐。可见外国人也很推崇孔子，奇怪的是中国有些人反不重视孔子，甚至加以批判，岂真孔子之道有不是处吗？当然不是的，这是百年反传统，造成社会公德下滑的恶果。

立教11

兴于诗①，立于礼②，成于乐③。

【注解】

①诗：《诗经》。

②礼：礼仪。

③乐：五声十二律，歌舞八音。

【译文】

孔夫子说："感发兴起好善恶（wù）恶（è）之心，从学诗得之。强立而不反，从学礼得之。义精仁熟和顺于道德，从学乐得之。"

【评述】

朱子曰："兴：起也。诗本人情，有邪有正，其为言既易知，而吟咏之间，抑扬反复，其感人又易入。故学者之初，所以能兴起其好善恶恶之心者必于此而得之。礼以恭敬辞逊为本，而有节文度数之详，可以固人肌肤之会，筋骸之束。故学者之中，所以能卓然自立，而不为事物所摇夺者，必于此而得之。乐有五声十二律，更唱迭和以为歌舞八音之节，可以养人之性情而涤荡其邪秽，消融其渣滓。故学者之中，所以至于义精仁熟，而自然和顺于道德者必于此而得之，是学之成也。"

立教 12

乐记曰[①]：礼乐不可斯须去身[②]。

【注解】

①乐记：《礼记》篇名。

②斯须：一会儿，片刻。去身：离去了身体。

【译文】

《乐记》说："礼乐不可瞬息之顷离去此身。"

【评述】

礼者人之所履，离了就没有立足之地，如有坠入陷井之患。离了乐就失了养德之具，将有邪僻害心之忧，所以不可斯须去身。

立教13

子夏曰①：贤贤易色②，事父母能竭其力③，事君能致其身④，与朋友交言而有信⑤，虽曰未学，吾必谓之学矣⑥。

【注解】

①子夏：姓卜名商，字子夏，孔子弟子，孔门十哲之一。

②贤贤易色：前贤字作好讲，后贤字是有德的贤人。易：变易。色：女色。贤贤易色：好人之贤，变易了好色之心，便是实心好善。

③竭：尽。

④致其身：是把身命交给国家，公而忘私，为国效忠，不顾身命。

⑤与：和。信：诚信交友，不说假话。

⑥吾：我。

【译文】

子夏说："好贤改变了好色的心，是真心好善。奉事父母，能用尽自己的才力，出仕做官，能把生命交给国家。和朋友相交，言而有信，毫不虚假。人能有这样美德，虽有人说他没学，我一定说他学了。"

【评述】

诚心好善，尽孝尽忠，交友以信，四种美德都是人伦之大道，而行之能尽诚心，人为学就要学到这些。虽有人说他没学过，但子夏认为能有这种德行，不是生性粹美，就是学得极好了，因此说他已经学好了。小学书，有纲有目：立教明伦敬身是纲，父子之亲，君臣之义，夫妇之别，长幼之序，朋友之信，心术之要，威仪之则，衣服之制，饮食之节，是目，总之是以修身立德为先务。不知修身行道，但以文艺为重，虽有过人之才而心术不正，成事不足坏事有余，这种人才有什么用处？此望掌国教者留意焉。

内篇（二）

第二卷　明伦

孟子曰："设为庠序学校以教之①，皆所以明人伦也②。"稽圣经③，订贤传（zhuàn）④，述此篇以训蒙士⑤。

【注解】

①设：建设。庠、序、学、校，都是学校名，夏朝叫校，殷朝叫序，周朝叫庠。学：太学，三代共同叫学。

②明：讲明、做到。人伦：就是五品人伦（父子有亲，君臣有义，夫妇有别，长幼有序，朋友有信）。

③稽：考证。经：圣人著的书叫经。

④订：证。传：对经书的注解叫传。

⑤蒙士：蒙昧的学生。

【译文】

孟子说："建设庠序学校以教人，都为学明人伦。"上考圣人的经典著作，下证以贤人传记，述此明伦篇，用来教训蒙昧的学生。

【评述】

人伦是人所共由之路，人不走人路，就走上禽兽的路了，清夜扪心能不羞吗？可叹世道衰败，圣人之教废，教师不晓得以人道教人，学生不晓得学人道。以致人伦不明，禽居兽处，子不养父，弟不敬兄者有之；男女未婚同居，官员贪腐失德者有之；尔虞我诈，不讲信义者有之。人衣人冠，却不做人事，实属可叹！

第一章　明父子之亲

明伦1

内则曰：子事父母，鸡初鸣[①]，咸盥、漱[②]，栉（zhì）、縰（xǐ）、笄（jī）、总[③]，拂髦（máo）[④]，冠緌（ruí）缨（yīng）[⑤]。端韠（bì）绅[⑥]，搢（jìn）笏（hù）[⑦]，左右佩（pèi）用[⑧]，偪屦（jù）著（zhuo）綦（qí）[⑨]。妇事舅姑[⑩]，如事父母。鸡初鸣，咸盥漱，栉（zhì）縰（xǐ）笄（jī）总，衣绅[⑪]，左右佩用，衿（jīn）缨（yīng）綦（qí）屦（jù）[⑫]。以适父母舅姑之所[⑬]，及所，下气怡声，问衣燠（yù）寒[⑭]，疾痛疴（kē）痒（yǎng）而敬抑搔（sāo）之，出入则或先或后而敬扶持之[⑮]。进盥[⑯]，少者奉槃（pán），长者奉水，请沃盥，盥卒授巾[⑰]。问所欲而敬进之[⑱]，柔色以温之，父母舅姑必尝之而后退。

【注解】

①内则：《礼记》篇名。鸡初鸣：雄鸡开始鸣叫报晓。

②咸：都。言兄弟长幼鸡叫了就都起床。盥：洗手洗脸。漱：含水荡洗口腔。

③栉：梳头发。縰：古代束发之帛，套在头发上。笄：钗。总：黑缯缘，用以约束发根子。

④拂：拂尽灰尘。髦：胎髦。

⑤缨：帽带。緌：结缨后剩余的帽系子。

⑥端：礼服。韠：蔽膝。绅：大腰带。

⑦搢：插。笏：笏板（在笏板上记录父母之命，以备忽忘）。

⑧左右佩用：在身左右佩带帨巾、小刀、解结以备用。

⑨偪：裹缠布，缠足至膝。屦：鞋。著：穿。綦：鞋带。

⑩舅：夫之父。姑：婆母，夫之母。

⑪衣绅：著衣系带。

⑫衿：结。缨：香囊。

⑬适：往。所：住处。

⑭怡：和悦。燠：温暖。抑：按摩，搔：搔痒。

⑮或先或后：或在亲前，或在亲后。

⑯进盥：奉送盥洗水。

⑰槃：盛污水盆。沃：注水。卒：毕。授巾：进给擦脸毛巾。

⑱所欲：父母想用的饮食菜果。

【译文】

内则说：人子奉侍父母，鸡一叫，就一同起床，洗脸，漱口，梳头，拂去髦上灰尘。戴上帽子，穿好衣服鞋袜，带上帨巾、小刀，装上笔记本。妇人奉事公婆和子女事父母一样。鸡一叫就起床，妯娌们都洗脸，穿好衣裳。梳头加钗。穿上礼服，左右佩带常用之物，结上香囊，穿好鞋袜。走到父母公婆的房里，问寒问暖，父母公婆有疼痛就按摩，有疴痒就谨慎小心地搔痒。出入门户或在前或在后极其恭敬的扶持，不敢让老人跌伤身体。洗脸时，年小的掇（duō）脸盆，年长的提水壶请老人洗。洗毕后进给擦脸手巾。问老人所想吃的饮食瓜果，很敬事的做好进给老人。用柔顺的颜色给老人送温暖，父母舅姑必尝了饭菜认为合乎口味时然后退出来。

男女未冠笄（jī）者[①]，鸡初鸣，咸盥漱，栉（zhì）縰（xǐ），拂髦（máo），总角[②]，衿（jīn）缨（yīng）皆佩容臭[③]，昧爽而朝[④]，问何食饮矣[⑤]，若已食则退，若未食则佐（zuo）长者视具[⑥]。

【注解】

①冠：男子二十加冠。笄：女子十五束发加笄。未冠笄：男子未到二十岁，女子未到十五岁的小孩子。

②总角：束发于头角如角状。

③容臭：装饰品的香包。

④昧爽：天刚亮时。朝：朝见父母。

⑤问何食饮：问父母想吃啥饭？喝啥饮料？

⑥具：饮食用的餐具。视具：注视那个盘空了就从速再呈。

【译文】

男子未满二十岁，女子未满十五岁的小孩子，鸡一叫就起来洗脸、漱口、梳头，拂尽胎毛上的土，把头发束在两额角，结上香囊，带上装饰品的香包，天麻麻亮就朝见父母，问想吃什么？想喝什么？若老人吃过饭了，就退出去，若是没吃就佐助长者视餐具，以敬进食饮。

明伦 2

凡内外[1]，鸡初鸣，咸盥漱，衣服敛（liǎn）枕簟（diàn）[2]，洒扫室堂及庭，布席，各从其事[3]。

【注解】

①内：指女仆，保姆。外：男仆。

②敛：收藏。藏枕于箧（qiè）。簟：供坐卧用的苇席或竹席。

③各从其事，男仆处理外务，女仆处理内务。

【译文】

凡内外役使之人，鸡一叫就起床，盥漱，穿衣，给主人收敛枕簟，洒扫室内堂上及庭院。布好坐席，各从其事（男仆侍候男主人，女仆侍候女主人）。

明伦 3

父母舅姑将坐，奉（pěng）席请何向[1]，将衽[2]，长者奉（pěng）席请何趾[3]，少者执床与坐[4]，御者举几[5]。敛席与簟[6]，悬衾箧（qiè）枕[7]，敛簟而襡（dǔ）之[8]。

【注解】

①请何向：请问面向何方坐。将衽：将就衽席卧休。衽：衽席。

③请何趾：请问脚向何方而卧。

④床：坐床。

⑤御者：役使的仆人。几：凭依的几桌。

⑥敛席与簟：收敛席簟。席：簟下大席。簟：贴身席。

⑦悬衾箧枕：悬起被子，枕头入匣。衾：被子。箧：匣（小箱子）。

⑧敛簟而襡之：把簟装入簟套。襡：布囊。

【译文】

父母舅姑将要坐，捧席请问面向何方坐，将要卧时，长子长妇捧席请问脚向那方卧。睡起时，少子少妇执床扶亲坐，侍御则举几，置于床后为依凭，敛束卧席和竹簟，被子入襡悬挂，枕头放入枕匣内。卷好竹簟装入簟套内，勿使灰尘沾污。

父母舅姑之衣衾，簟席枕几，不传[①]，杖屦（jù）祇（zhī）敬之[②]，勿敢近。敦（dūi）牟（móu）卮（zhī）匜（yí）[③]，非馂（jùn）[④]，莫敢用。与恒饮食[⑤]，非馂（jùn），莫之敢饮食。

【注解】

①不传：不挪移。

②屦：鞋子。祇：恭敬。

③敦牟：古代食器，用以盛黍（shǔ）稷（jì）。卮：酒盅。匜：盛水浆的器具。

④馂：吃剩下的食物。

⑤恒饮食：家常便饭。

【译文】

父母舅姑的衣服、被子、竹簟、铺席、枕头、凭几要有固定的地方，不可随便挪（nuó）动，父母的拐杖和鞋必须祇敬，不敢触近。父母常用食器里的饮食，非剩余不敢用。家常便饭若不是父母剩下的也不敢饮食。亲之用具也致其敬，这才算孝敬。

明伦 4

在父母舅姑之所，有命之，应唯敬对[①]，进退周旋慎斋（zhāi）[②]。升降出入揖（yī）游[③]，不敢哕（yuě）、噫（aī）、嚏（tì）、咳[④]，欠、伸、跛（bì）、倚（yǐ）、睇（dì）视[⑤]，不敢唾（tuò）洟（tì）[⑥]，寒不敢袭[⑦]，痒不敢搔，不有敬事，不敢袒裼[⑧]，不涉不撅（guì）[⑨]，亵（xiè）衣衾不见里[⑩]。

【注解】

①唯：应之速。

②慎斋：谨慎斋庄。

③升：上门台。降：下门台。出入：出入房门。揖：前进时身体略俯。

④哕：呕逆声。噫：打饱嗝（gé）（气逆作声）。嚏：打喷嚏。咳：咳嗽。

⑤欠：呵欠。伸：展懒腰。跛：站立时重心偏于某一足上。倚：靠物而立。睇视：斜视。

⑥唾：唾口水。洟：擤（xǐng）鼻涕，⑦袭：套衣服。

⑧袒裼：露臂。

⑨不涉不撅：不涉水则不能卷起裤子。

⑩亵衣衾：贴身衣被。

【译文】

在父母舅姑跟前，有命令要很快答应，有所问就恭敬对答，一进一退之时，周回旋转之际，必谨慎端庄。上门台进房门时要屈抑其身，出门下门台时就同游行时一样。不敢在父母前大声呕逆、打喷嚏、咳嗽。不能打呵欠、伸懒腰、倚物斜立、斜视，显出惰慢之态，唾痰拧鼻涕要离远些。寒不能重复加衣，痒不敢搔，没有敬礼习射之事，不敢露臂，不过河不卷起裤子，贴身衣被，不敢把里子叫人看见。总之，不要表现得太随便。

【评述】

古人事亲时时处处事事致极诚敬，只为爱之至，所以敬之极，不敢有所懈惰。今之人竟有不赡养父母者，似乎不知有父母养育之恩，岂真健忘如此？只为丧尽良心而不肯回顾，视亲之饥寒疾痛困苦，漠然无所动于中，甘心当禽兽而不愧。“五刑之属三千，而罪莫大於不孝。”执政者宜察焉。

父母唾洟（tì）不见[①]。冠带垢，和灰请漱（shù）[②]，衣裳垢，和灰请浣（huàn）[③]，衣裳绽（zhàn）裂[④]，纫针请补缀（zhuì）[⑤]。少事长，贱事贵，共率（shuai）时[⑥]

【注解】

①唾洟不见：随时擦净，不被人看见。

②垢：污垢。漱：用手搓洗。

③衣：上衣。裳：下衣。浣：洗，涤除。

④绽：破裂。

⑤纫针：引线穿针。补缀：修补衣服。补：添上材料修复破损。缀：缝合。

⑥共率时：共同循着这个规矩。率：循。时：是

【译文】

父母唾液鼻涕，旋吐旋除，不要被人看见。冠带衣裳有垢污，就随时洗涤，衣裳破烂或有裂缝就立即缝补。年小的奉事年长的，卑贱的奉事高贵的，共同循着这个规矩做。

明伦 5

曲礼曰[①]：凡为人子之礼，冬温而夏清（qìng）[②]，昏定而晨省[③]。出必告（gu）[④]，反必面。所游必有常[⑤]，所习必有业[⑥]，恒言不称老[⑦]。

【注解】

①曲礼：《礼记》篇名。

②清：凉快。

③昏定：请晚安。定：安定；安稳。省：察看。

④告：报告；请求。

⑤游：远行，游学。

⑥习：学习。业：学有专业。

⑦恒言不称老：平常说话不说老。

【译文】

曲礼说："凡作为人子的礼节，冬天寒冷，应务求温暖，给父母穿轻暖衣服，住温暖房子，饮热汤吃热饭。夏天炎热，宜求清凉，给父母穿薄凉衣服，住凉爽的房子。晚上铺好床席，请父母休息。早晨请问安否，按摩疾痛，搔痾痒。出行必告所去之处，反回后必面见，让父母知道已安全归来，免得盼望担心。在外远游必有常居，常与父母取得联系，让父母放心。所习必有专业，专心学业不虚度光阴，父母知你可望成材，可以得到安慰。平常说话少说或不说老字，父母年老，恐致感伤。"

明伦6

礼记曰：孝子之有深爱者，必有和气[①]，有和气者，必有愉色[①]，有愉色者，必有婉容[②]。孝子如执玉，如奉盈[③]，洞（tòng）洞（tòng）属（zhǔ）属（zhǔ）然[④]，如弗胜[⑤]，如将失之[⑥]。严威俨恪（kè）[⑦]，非所以事亲也。

【注解】

①愉色：欢喜愉悦的颜色现于颜面。

②婉：柔顺。

③盈：充满。

④洞洞：朴实恭谨。属属：专一的样子。

⑤如弗胜：像不能胜任。

⑥如恐失之：像怕失掉了。

⑦严威俨恪：严肃威重，庄重谨慎。俨：庄重。

【译文】

《礼记》上说："孝子有深爱父母之心的，必有温和的气象，有温和气象的，必有愉悦的色气现于颜面，有了愉悦的颜色必有柔顺的身容。孝子事亲事事诚敬小心，像拿着贵重的玉器，像捧着充满水的器皿一样，朴实恭谨，用心专一，惟恐拿不稳当，又像怕丢失的样子，极为小心。严肃威重，庄重谨慎，是以上临下的威仪，不是事亲的礼容。"

明伦7

曲礼曰：凡为人子者，居不主奥[①]，坐不中席，行不中道，立

不中门。食（sí）飨（xiǎng）不为概[2]，祭（jì）祀（sì）不为尸[3]。听于无声，视于无形。不登高，不临深，不苟訾（zǐ）[4]，不苟笑。

【注解】

①奥：室内西南隅，泛指室内深处。

②食飨：用酒食款待人。概：量平，量米粟时刮平斗斛用的木板；这里指酌量确定。

③尸：祭祀时代表死者受祭的人。

④苟：随便，轻率。訾：毁谤，诋毁。

【译文】

《曲礼》说："凡作为人子的，不居处在尊长应在的位置，不坐在席中间的正位上。不行走在道路正中，不站在门中间，显示对父母的尊敬。款待客人的酒食器具规格必请父母酌（zhuó）定，自己不敢独裁。祭祀不敢为尸，恐受尊长跪拜。父母未言未行时也要注意听视，恐言而不及闻，动而不及见。不登高峰，不临深渊，恐跌崖落水，伤了身体增加父母痛苦。不随便毁谤他人，怕惹出事端，招人侮辱，遗父母羞。不随便高声大笑。"

明伦 8

孔子曰：父母在，不远游，游必有方[1]。

【注解】

①游必有方：游学必定要有固定的地方，以免父母担忧。游：游学。

【译文】

孔夫子说："父母在世，子女不可远离父母到外地远游，贻父母担忧。如不得已而远游，须有固定方所，让父母放心。"

【评述】

朱子曰："远游则去亲远而为日久，定省旷而音问疏，不惟己之思亲不置，亦恐亲之念我不忘也。游必有方，如己告云之东则不敢更适西，欲亲必知己之所在而无忧，召己则必至而无失也。"范氏曰："子能以父母之心为心，则孝矣。"

明伦 9

曲礼曰：父母存，不许友以死[①]。

【注解】

①许：应允，许可。死：拼命，不顾性命。

【译文】

《曲礼》说："父母在世，不应允朋友以死相请（为了朋友的患难去拼命）。恐危及父母，己死而父母无人孝养。

【评述】

黄氏曰："许友以死，虽父母不在亦不可。"

明伦 10

礼记曰：父母在，不敢有其身[①]，不敢私其财[②]，示民有上下

也[3]。父母在，馈（kuì）献不及车马[4]，示民不敢专也。

【注解】

①有其身：私有其身。

②私其财：私有其财。

③示：教。上：指父母。下：指子女。

④馈：送给平辈。献：献给尊长。车马：重物，不敢擅自馈献。

【译文】

礼记说："父母在，此身是父母所生，不敢据为私有，所有财物，都是父母所有，不敢据为己有，教民知有上下之分。父母在，凡事都要父母处理，自己不敢把车马馈献给他人，教民不敢擅自处置财物。"

明伦 11

内则曰：子妇孝者敬者[1]，父母舅姑之命，勿逆勿怠[2]。若饮食之虽不嗜[3]，必尝而待[4]。加之衣服，虽不欲[5]，必服而待。加之事，人代之，己虽不欲，姑与之而姑使之[6]，而后复之。

【注解】

①子妇：子女儿媳。子女孝敬，父母必爱之。媳妇孝敬，公婆必爱之。既爱之必厚加慈恤，子妇当深体父母之心，以敬其命，

②勿逆勿怠：不可违逆，不可怠慢。

③嗜：嗜好。

④待：等待父母察己不欲而改变命令。

⑤欲：想，愿意。姑：暂且。与之：交给代己者。使之：指使处理之法。

⑥复之：指使之后仍做得不好就自己复做。

【译文】

内则说："子女媳妇孝敬的，父母公婆会更加爱待，但不可恃爱不顺从其命，不努力做好所命之事，不可违逆，不可怠慢。二老所赐的饮食虽不合口味，必尝之以待亲改命。赐以衣服，虽不想穿，必服以待改命，不可立即违逆怠慢父母的命令。命做事，二老怜其劳苦使人代理，己虽不想让人代，暂且交给代己者，这叫不逆；看到他做得不好，姑且指出做法教他做，倘仍不会做，自己就再做，这叫不怠。

明伦 12

子妇无私货[①]，无私畜[②]，无私器[③]，不敢私假[④]，不敢私与[⑤]。妇或赐之饮食衣服[⑥]，布帛[⑦]，佩（pèi）帨（shuì）[⑧]，茝（chǎi）兰[⑨]，则受而献诸舅姑。舅姑受之则喜，如新受赐。若反赐之则辞，不得命，如更受赐，藏以待乏[⑩]。妇若有私亲兄弟将与之，则必复请其故，赐而后与之。

【注解】

①货：财物。

②畜：牲畜。

③器：用具。

④私假：私自借给人。

⑤私与：私自送人。

⑥或：设或有亲戚。

⑦布：麻织品。帛：丝织品。

⑧佩：携带。帨：佩巾。类似今天的毛巾。

⑨茝兰：两种香草。

⑩藏以待乏：藏诸物以待缺乏时应用。

【译文】

子女儿媳没有私人的财物，没有私养的牲畜，没有私用的家具。不敢把财物私自借给人，不敢私自送给人。媳妇娘家或舅家赐给她衣服布帛佩巾香草，接受下就献给公婆。公婆接受了就欢喜，像重新受赐一样。若公婆反赐给儿媳则辞退，辞不了时像更受公婆之赐。但不敢随便用，藏其物以待家中缺乏时用。若家中不缺此物而妇有私亲兄弟缺此物，将以与之，就必定把情故上禀公婆以请命，得公婆赐予之命，而后才可以把东西送给。

明伦13

曲礼曰：父召无诺（nuò）①，先生召无诺②，唯而起③。

【注解】

①召：呼叫。诺：应声不急速。

②先生：老师。

③唯而起：旋应声就站起，走到父师之前。唯：急声回答。

【译文】

曲礼说："父亲呼叫时应声不得慢，先生呼叫，应声也不可慢，急应声并站起来跑到父师之前听命。"

明伦 14

士相见礼曰[①]：凡与大人言[②]，始视面[③]，中视抱[④]，卒视面，毋（wú）改[⑤]，众皆若是[⑥]。若父，则游目[⑦]，毋上于面，毋下于带[⑧]。若不言，立则视足，坐则视膝（xī）。

【注解】

①士相见礼：《仪礼》篇名。

②大人：上级领导。言：相见后的谈话。

③面：面目。

④抱：胸部。

⑤毋改：不得改视他处。

⑥众皆若是：众官员相见皆用此礼。

⑦游目：视线较宽，游：移动，不固定。

⑧带：腰带。

【译文】

士相见礼说："凡是与上级领导谈话时，始谈话时视其面色可谈则谈，然后视抱，容其思之，卒视面以察其纳己言否。见答之间宜正容体以待之，勿自改变，众官员相见皆用此礼。若见父就以游目察父意，观其安否何如，至高不得上于面，最低不得下于带。父若不言，父立则视父之足，察其欲行，就左右扶持，父坐则视父之膝，察其欲起，就及时扶起。"

明伦 15

礼记曰：父命呼[①]，唯而不诺（nuò）[②]，手执业，则投之[③]，

食在口，则吐之[4]，走而不趋（qū）[5]。亲老，出不易方[6]，复不过时[7]。亲瘠（jí）[8]，色容不盛，此孝子之疏节也。父没而不能读父之书，手泽存焉耳。母没而杯圈不能饮焉，口泽之气存焉耳。

【注解】

①父命呼：父亲指令或呼叫，

②唯而不诺：应声要急不要慢。

③投之：放下。

④吐之：吐出在口中的饭。

⑤走而不趋：急奔父之前以应命。

⑥出不易方：外出有固定的地方，不轻易改变。

⑦复不过时：返回时不能超过约定的时日。

⑧瘠：瘦，有疾的样子。

【译文】

《礼记》说："父亲的指令或呼叫，要快速答应，不要慢，手中做活就撇（piě）下，口中有饭就吐出，急奔父之前以应命。亲若年老，外出不可挪地方，按出告之期回家不能过时，亲有疾则色忧不为容仪，这是孝子粗略的礼节，一定要做到。父没不忍读父常读的书，只为父亲的手汗在书上呢。母没不忍用母亲常用的杯子，只为母亲的口气在杯子上呢。见物如见亲，触动哀情，故不能忍。

明伦16

内则曰：父母有婢（bì）子[1]，若庶子、庶孙[2]，甚爱之。虽父母没，没身敬之不衰[3]。

【注解】

①婢子：父纳婢仆为妾所生之子。

②若：及。庶子庶孙：妾所生的子孙。

③没身：终身。

【译文】

内则说："父母对其婢妾所生之子及庶子庶孙都很喜爱。自己也要同样喜爱，虽父母没，终身敬爱他们。"

明伦 17

子不宜其妻，父母曰，是善事我，子行夫妇之礼焉，没身不衰。

【译文】

子不喜悦其妻子，父母说"这媳妇把我奉事得很好"，子应当体贴父母之心，行夫妇之礼，终身不衰。

明伦 18

曾子曰①：孝子之养老也，乐其心②，不违其志③，乐其耳目④，安其寝处⑤，以其饮食忠养之⑥。是故父母之所爱亦爱之，父母之所敬亦敬之，至于犬马尽然⑦，而况于人乎？

【注解】

①曾子：（前 505 ~ 前 432 年），姓曾名参（shēn），字子舆，春秋末年鲁国南武城（山东济宁嘉祥县）人。十六岁拜孔子为师，他勤奋好学，颇得孔子真传。积极

推行儒家主张，传播儒家思想。孔子的孙子孔汲（子思子）师从参公，又传授给孟子。因之，曾参上承孔子之道，下启思孟，对孔子的儒学思想既有继承，又有发展和建树。他的修齐治平的政治观，省身、慎独的修养观，以孝为本的孝道观，影响中国两千多年，是当今建立和谐社会的丰富的思想道德修养。著述《大学》、《孝经》等，后世儒家尊他为“宗圣”。

②养老：孝养父母。乐其心：事事孝顺以乐亲之心。

③不违其志：一切顺从亲之意志而不违。

④乐其耳目：柔悦其声以乐耳，愉悦其色以乐目。

⑤安其寝处：冬温夏凊，昏定晨省以安其寝处。

⑥忠：尽己之心。

⑦尽然：全都一样。

【译文】

曾夫子说：“孝子奉养老人，事事孝顺以乐亲之心，一切顺从亲之意志而不违背。柔悦其声以乐耳，愉悦其色以乐目。冬温夏凊（qìng），昏定晨省以安其寝处。谨具酒肉菜果尽心以养亲，爱父母所爱，敬父母所敬，至于父母所爱的狗马也同样要爱而况父母所爱之人，怎能不爱呢？

明伦 19

内则曰：舅没则姑老[①]，冢（zhǒng）妇所祭祀、宾客[②]，每事必请于姑，介妇请于冢妇[③]。舅姑使冢妇，毋怠[④]，不友无礼于介妇[⑤]。舅姑若使介妇，毋敢敌耦于冢妇[⑥]，不敢并行，不敢并命，不敢并坐。凡妇不命适私室[⑦]，不敢退。妇将有事，大小必请于舅姑。

【注解】

①舅没则姑老：公父没了婆母就告老，把家事推给大媳妇执掌。

②冢妇：长子妻。

③介妇：众子妇。

④无怠：不要怠慢。

⑤不友：不可以。

⑥敌耦：相抗相并之意。耦：匹敌。

⑦私室：妇人寝室。

【译文】

翁父没了，婆婆也告老，把家事交给適长子媳妇执掌。祭祀祖先款待宾客及家中细务，每事必请问婆婆，众妇请问长子妇。婆若使长子妇，要积极做好，不得怠慢，也不可以无礼对待众妇。舅姑若使众妇主事，众妇不得和冢妇抗礼，行必稍后不敢并行，事必请命不敢并命，坐必差后，不敢并坐。无论冢妇众妇，公婆不命到私房去不敢擅去。妇将有欲为之事，不论大小必定请问于舅姑，舅姑同意后方可去做。

明伦 20

適（dí）子庶子[①]，祗（zhī）事宗子宗妇[②]。虽贵富，不敢以贵富入宗子之家，虽众车徒[③]，舍于外[④]，以寡约入[⑤]，不敢以贵富加于父兄宗族[⑥]。

【注解】

①適子：正妻所生之子，適同嫡（dí）。庶子：適子之弟。

②祇：恭敬。宗：大宗小宗。古人立宗法以合族，使人知所本，不忘亲亲之义。始祖之嫡长子与其每代嫡长子传承的宗系称为大宗。

③众车徒：随从的众多的车马和卫兵。

④舍：止。

⑤以寡约入：寡对众言，止带一二人。

⑥加：加其上。

【译文】

适长子众子，要敬事宗子宗妇，虽然比宗子宗妇富贵，不敢把贵富的威风带入宗子之家。虽从者众多，后车众多，只可停在外边，带一两个随从进去，不敢把车马仆从，加于父兄宗族。

明伦21

曾子曰：父母爱之，喜而勿忘。父母恶之，惧而无怨①。**父母有过，谏而不逆**②。

【注解】

①惧：戒惧返省。

②不逆：不忤逆。不唐突以触父母之怒。

【译文】

曾子说：父母爱自己，喜欢而不要忘了爱己之恩。父母憎恶自己，就戒惧反省自己有什么缺点，不要怨父母教己之恩。父母有过错要下气悦色，柔声婉言进谏，不可忤逆。

明伦 22

内则曰：父母有过[①]，下气怡色[②]，柔声以谏[③]，谏若不入[④]，起敬起孝[⑤]，悦则复谏。不悦，与其得罪于乡党州闾（lǘ）[⑥]，宁熟谏[⑦]，父母怒，不悦而挞之流血，不敢疾怨[⑧]，起敬起孝。

【注解】

①过：过错，错误。

②下气：低下其气。怡：和悦的样子。

③谏：说明是非利害劝谏父母改变成见，收回成命。

④谏若不入：谏不进去。

⑤起敬：恭敬；悚（sǒng）然起敬。

⑥乡：一万二千五百家。党：五百家。州：二千五百家。闾二十五家。乡党州闾之人，多属亲故，不可得罪。孔子于乡党，恂恂如也，可以为万世法。

⑦熟谏：重复进谏。

⑧疾：疾恶。怨：怨恨。

【译文】

内则说："父母要做错事时，要低下其气、怡悦其色、柔弱其声以进谏。谏若不听，当悚起孝敬，以感动父母，父母喜欢时再谏。如不悦与其得罪乡党州闾的亲戚故友，不如重复进谏。父母愤怒不悦而打之，至于流血，也不敢疾怨，悚起孝敬以事亲。"

明伦 23

曲礼曰：子之事亲也，三谏而不听，则号泣而随之[①]。

【注解】

①随之：随父母意见做去

【译文】

曲礼说："子女奉事父母，父母有过再三谏诤而不听，则号泣而随其所为，欲父母念己之委曲而改其过。"

明伦 24

父母有疾，冠者不栉（zhì）[①]，行不翔[②]，言不惰[③]，琴瑟不御（yù）[④]，食肉不至变味[⑤]，饮酒不至变貌[⑥]，笑不至矧（shěn）[⑦]，怒不至詈（lì）[⑧]，疾止复故[⑨]。

【注解】

①栉：梳头。

②翔：张臂细步趋行如飞翔。

③惰：戏慢。

④御：使用。

⑤变味：味觉失常。

⑥变貌：面色失常。

⑦矧：大笑露齿。

⑧詈：责骂。

⑨复故：恢复故态。

【译文】

父母有疾，已冠的成人愁的连头都不梳，行不张臂趋行；不说笑话，不用琴瑟；食肉不多，不至变口味；饮酒少量，不至面赤貌颓；笑不启口大笑，怒不叫骂。父母疾病好了才恢复故态。

【评述】

此言侍疾之礼。

明伦25

君有疾饮药，臣先尝之。亲有疾饮药，子先尝之。医不三世[①]**，不服其药**。

【注解】

①三世：医传三世，行医经验多，用药熟，不至误投方药，这是谨疾的方法。方氏说："经传所言只言其常耳，如仲景、华佗，虽未三世，比三世祖传的验方高明的多，岂可不服其药。"

【译文】

君有疾服药，臣当先尝。亲有疾服药，子女应当先尝。医者不是三世行医的，不吃他开的方药。

明伦26

孔子曰：父在观其志，父没观其行，三年无改于父之道，可谓孝矣。

【译文】

孔子说："人子当其父亲在世时凡事遵父之命，其行不由己，无从知其善恶，只观其志之所向以察其为人。父殁其行由己，观其行事，就可以知其为人。如果三年不忍改变父亲所行之道，然后可知他孝心笃厚可称为孝子了。”

【评述】

此言观人之法。朱子说：“父在子不得自专，而志则可知，父没然后其行可见，故观此可以知其人之善恶。然又必能三年无改于父之道，乃见其孝，不然则所行虽善，亦不得为孝矣。”“若大故不好底事，则不在此限矣。”

明伦 27

内则曰：父母虽没，将为善，思贻（yí）父母令名①，必果②，将为不善，思贻父母羞辱，必不果。

【注解】

①贻：遗留。令名：好名声。

②果：果决。

【译文】

内则说：“父母虽然没了，将做善事。自思能遗留给父母好名声，必然果断地做去。将做恶事，念起这样做会给父母遗留羞辱，必不敢做。”

【评述】

此言人子欲有所行，要给父母增光，不敢丧德辱先，才能不陷于小人。

明伦 28

祭义曰[①]：霜露既降，君子履（lǔ）之[②]，必有悽（qī）怆（chuàng）之心[③]，非其寒之谓也。春雨露既濡（rú），君子履之[④]，必有怵（chù）惕之心[⑤]，如将见之。

【注解】

①祭义：《礼记》篇名。

②君子：所有道德、学问修养极高之人的统称。君子穷不失义，达不离道。履：踏。

③悽怆：悲伤。

④濡：沾湿。

⑤怵惕：惊动的样子。怵：恐惧。

【译文】

祭义说："露结为霜，草木零落，君子履霜，必有悲伤心情，这不是悲伤天寒，是悲伤父母随秋杀之气以亡去。春天雨露沾濡，草木萌芽，生机盎然，人子履之，必生惊惕之心，如将见父母随春生之气而复来。"

【评述】

此言人子因节气之变有感而思亲，此四时之祭所由以兴起也。感时思亲以起祭祀之义，思亲之心，自不能已。

明伦 29

祭统曰[①]：夫祭也者，必夫妇亲之，所以备外内之官也[②]，官

备则具备[③]。

【注解】

①祭统：《礼记》篇名，

②外内之官：家之大祭，丈夫备外官，妇人备内官。国之大祭，卿大夫相君为外官，命妇相夫人为内官。家之祭，众子相宗子以备外职，诸妇相宗子妇以备内职。

③具：供祭之品。

【译文】

祭统说："祭祀祖先必夫妇亲身奉祭，所以备外内之职，男女同祭，供祭之品就能全备。"

明伦 30

君子之祭也，必身亲莅（lì）之[①]，有故则使人可也[②]。

【注解】

①莅：临。

②有故：疾病或不得已的大事故。

【译文】

祭祀必须亲身奉祭，才能致其诚敬之心，不能使人代祭。万一有大事不得亲祭，才可使人代祭。

明伦 31

祭义曰：致齐（zhai）于内[①]，散齐（zhai）于外[②]。齐（zhai）之日，思其居处，思其笑语，思其志意，思其所乐

(yao)[3]，思其所嗜（shì）[4]，齐三日，乃见其所为齐者。祭之日，入室僾然必有见乎其位[5]，周还出户[6]，肃然必有闻乎其容声[7]。出户而听[8]，忾（kài）然必有闻乎其叹息之声[9]。是故先王之孝也，色不忘乎目，声不绝乎耳，心志嗜欲不忘乎心。致爱则存，致悫（què）则著[10]，著存不忘乎心，夫安得不敬乎？

【注解】

①齐（zhai）：同齐（qí），斋之意，与齐（qí）一样，所以整齐不齐的杂念，整洁身心，使之齐一。致齐：致一于齐，不虑他事。于内：不出家门。

②散齐：疏散齐戒。于外：虽外出，却不饮酒，不食肉，不参加宴会。

③乐（yào）：爱好。

④嗜：嗜好。

⑤僾：隐约，仿佛。见乎其位：彷佛如见亲在神位。

⑥还：通旋。周旋出户：是说荐俎酌献时出入周旋。

⑦肃然：森严儆（jǐng）惕的样子。容声：举动容止的声音。

⑧出户而听：祭献毕出户以听。

⑨忾然：叹息的声气。忾：叹息，感慨。然：彷佛的模样，都指所祭的亡亲。

⑩悫：诚实，谨慎。

【译文】

祭义说："君子祭礼七日戒，散齐于外，三日齐，致齐于内。齐之日，屏弃一切杂念，唯思念亲人在时居处的地方，欢笑言语，志意，所好的事物，所嗜好的饮食，致齐三日乃见所为齐的亡亲如在心目中。祭祀时，入庙堂之室彷佛看到亲在神位，周旋出户，肃然敬惕，必有听到亡亲的举动容止之声。出户而听，如闻亡亲叹息之声。所以先王诚孝以祭，亡亲的容色不忘于目，声音不绝于耳，心志嗜欲不忘于心。致极其爱则亡亲如在，致极其诚则亡亲显著地存在，著存常在心目之中，祭礼怎么能不敬呢?”

明伦32

曲礼曰：君子虽贫，不粥（yù）祭器[①]。虽寒，不衣祭服。为宫室，不斩于邱（qiū）木[②]。

【注解】

①粥：出卖。

②邱：坟墓，邱陵。

【译文】

曲礼说：“知礼的君子，家中虽极贫困，也不出卖祭祀的器具。虽无衣御寒，也不穿祭祀的衣服。造宫室房屋，不砍伐坟墓上的树木。”

【评述】

君子宁身受困穷，而不忍慢其先，孝敬之心可嘉也。

明伦33

王制曰：大夫祭器不假[①]，祭器未成[②]，不造燕器[③]。

【注解】

①假：借。大夫：有爵禄的官员。

②祭器：祭祀先祖所用器具。先神而后己也。

③燕器：自用器具。

【译文】

王制说："大夫不借用祭器，也不把祭器借给人。造器具时先造祭器，后造燕器。祭器未造成，不敢造燕器，先神而后己也。"

明伦 34

孔子谓曾子曰：身体发肤[①]，受之父母[②]，不敢毁伤，孝之始也。立身行道[③]，扬名于后世，以显父母，孝之终也。夫孝，始于事亲，中于事君，终于立身。爱亲者不敢恶（wu）于人，敬亲者不敢慢于人，爱敬尽于事亲，而德教加于百姓[④]，刑于四海[⑤]，此天子之孝也。

【注解】

①肤：皮肤。身体：指全身，言其大，发肤言其小。

②受之父母：言身体发肤虽有小大之分，均受之于父母，不敢毁伤。

③道：事物当然之理，人人应当循理而行的道路。

④德教：孝德之教。百姓：人民，民众。

⑤刑：刑通型；法式，典范，榜样。四海：指天下所有人民。

【译文】

孔子告诉曾子说："四肢百体和头发皮肤，是父母所生，人子当特别保重，不敢有所毁伤，是孝行的开始。立身圣贤之域，履行忠孝之道，务使品德崇高事业广大，受到后世人的尊崇，使父母成为圣贤的父母而显要于世，是孝行的终结。孝道先在奉事双亲，中在事君，终在立身。”孟子说：“爱人者，人恒爱之，敬人者，人恒敬之。”“天子能爱民，天下之民必爱天子；天子能敬民，天下之民必敬天子，所以爱亲者不敢疾恶于人，敬亲者不敢怠慢于人。天子爱敬竭尽于事亲，而孝德之教，加施于人民，做榜样于天下四海，这是天子应当行的孝道。”

【评述】

真氏说：“孝道只在于爱敬。推爱亲的心以爱人，而无所疾恶，推敬亲的心以敬人，而无所慢易。天子躬行于上，其爱敬其亲之德教，自型于下，天下之人无不爱敬其亲，这是天子的孝。”孝是广义的孝，孝敬双亲是人人应该做到的。俗人认为，父母逝世后就无法尽孝，这种想法是错误的。事君、立身应该是最大的孝，也是孝的继续。实现父母的遗愿，光宗耀祖，以孝行教养后代，都是孝的内容。

在上不骄，高而不危。制节谨度[①]，满而不溢。然后能保其社稷（jì）而和其民人[②]，此诸侯之孝也[③]。

【注解】

①制节：制财用之节度，不敢奢侈。谨度：谨守礼法制度，不敢怠慢。

②社：土神。稷：谷神。

③诸侯：古代中央政府分封的列国君主的统称。以五等爵位封国自治，要服从王朝的命令，向王朝朝贡、述职、出兵、服役。每国地方五十至一百里，称为诸侯国，封国众多，号称万国。

【译文】

在臣民之上而不骄傲，能谦恭以下贤，位虽高而不至危亡。制财用之节，谨行礼法制度，虽盛满而不至溢泄。如此则俊杰在位，国家殷富，人民爱戴，就能保其社稷，和睦其人民，这是诸侯的孝道。

非先王之法服不敢服[①]，非先王之法言不敢道[②]，非先王之德行不敢行[③]，然后能保其宗庙，此卿（qīng）大夫之孝也。

【注解】

①先王：先代圣王。法服：按法制规定制作的衣服。

②法言：合于礼法的言语。

③德行：盛德之行。

【译文】

不是先王制定的礼服不敢穿在身上，不合先王礼法的言语不敢说出口，不是先王的德行不敢行，然后能不失其禄位而保其宗庙，这是卿大夫的孝道。

以孝事君则忠，以敬事长则顺。忠顺不失以事其上[①]，然后能守其祭祀[②]，此士之孝也

【注解】

①上：上级领导。

②守其祭祀：不失士位，得用士的礼节祭祀。

【译文】

用孝父母的礼奉事君就是忠君，用敬兄的礼敬长就是顺于长上。守住忠顺不丢失，以事其上，然后能不失士之位，而得以守祭祀，这是士人的孝道。

用天之道[①]，因地之利[②]，谨身节用以养父母[③]，此庶人之孝也[④]。

【注解】

①天之道：天运四时之道。

②因地之利：地有南北高下，各有利于生长之谷。如稻利于南方下湿之地，黍利于北方高寒之地。

③谨身：谨守其身，不做非礼犯法的事。节用：节俭费用，不浪费分文。

④庶人：普通百姓。

【译文】

用天时之节气，耕种收获不失其时。因地之利播种百谷，不失其宜。竭力耕田增加收入，谨守礼法，节省费用以减少支出，入多出少家道可兴，用此富厚之力以养亲，可以尽自己的孝心，这是庶民百姓的孝道。

【评述】

朱子说："用天之道，因地之利，谓依时及节耕种田土。谨身谓不作非，不犯刑宪，节用谓不枉耗费。"人能行此则身安用足，有以奉养其父母，父母安稳快乐，方是孝顺。虽父母不存，亦须如此，方能保守父母产业不至破坏，乃为孝顺。若父母生存不能奉养，父母亡没不能保守，便是不孝之人，天所不容，地所不载，幽为鬼神所责，明为官法所诛，不可不深戒也。

故自天子至于庶人，孝无终始①，而患不及者②，未之有也。

【注解】

①孝无终始：孝道本于人性，是无始无终，永恒存在的。对父母，生事之以礼，死葬之以礼，祭之以礼，事死如生，是爱敬其亲无有终始。对自己，爱护身心不敢损伤，不让父母为己担忧，修身养性，学好本领，不违规犯纪，就不会留给父母羞耻。对社会，推爱亲的心以爱人，为他人为社会谋幸福而有功于世，亦使父母荣显，是推广孝道无有终始。

②患不及：担心来不及尽孝道。

【译文】

上自天子下至普通百姓，不论尊卑，孝道是无始无终，永恒存在的。孝道本于人性，只要立足于自己的本分，尽到自己的责任，人人都能做到，如果有人担心自己不能尽孝，那是没有道理的。

明伦 35

孔子曰：父母生之，续莫大焉①，君亲临之②，厚莫重焉。是故不爱其亲而爱他人者，谓之悖（bèi）德③，不敬其亲而敬他人者，谓之悖礼

【注解】

①续：继承，延续。

②君亲临之：君亲莅临以教导养育。

③悖：违反，违背。与德礼相违背。

【译文】

孔夫子说："此身是父母生的，继承血统莫有比这更大的了。父母有君之尊，有亲之亲，恩义没有超过父母的，恩德之厚再没有比父母更重的。所以爱莫先于爱亲，敬莫大于敬亲，倘不爱自己的生身父母而爱其他人，就叫做悖逆仁爱之德，不敬生身父母而敬他人，就叫悖逆天理之礼。"

【述评】

不爱其亲而爱他人，必定是假爱。不奉养父母，却口口声声"为人民服务"、"做人民的公仆"，自欺乎，欺人乎？不敬其亲而敬他人，必定有所图谋，必定是心术不正，溜须拍马，曲意逢迎的损德败事之徒。

明伦 36

孝子之事亲，居则致其敬[①]，养则致其乐，病则致其忧，丧（sàng）则致其哀，祭则致其严，五者备矣，然后能事亲。事亲者，居上不骄[②]，为下不乱[③]，在丑不争[④]。居上而骄则亡[⑤]，为下而乱则刑[⑥]，在丑而争则兵[⑦]，三者不除，虽日用三牲之养[⑧]，犹为不孝也。

【注解】

①致：极尽，尽力。

②骄：骄傲矜肆，不纳忠谏。

③乱：犯上作乱。

④丑：同类。争：争斗。

⑤亡：灭亡。

⑥刑：刑戮。

⑦兵：以兵器相杀。

⑧三牲：牛羊猪三种牲畜。

【译文】

孔夫子说："孝子事父母，平居极尽其孝敬。奉养就尽其欢乐，亲有病则忧愁而尽其全力医治，亲殁就尽其哀痛，祭祀就尽其严肃敬重。敬乐忧哀严五德全备，然后能奉事好父母。事亲的人，居民之上不敢骄傲，居人之下不可作乱，在群众中不可斗争。因为居上而骄傲不听忠谏必致亡国败家，为下作乱，免不了国法诛杀，在同类中争斗可弄得以刀兵相加，危害生命。骄乱争三过不除去，必致亡身危亲，虽每天用牛羊猪三牲养亲，仍为不孝之子。"

【评述】

孟子说："失其身而能事其亲者，未之有也。"可不戒哉！

明伦 37

孟子曰：世俗所谓不孝者五，惰其四肢[①]，不顾父母之养[②]，一不孝也；博弈（yì）好饮酒[③]，不顾父母之养，二不孝也；好货财私妻子[④]，不顾父母之养，三不孝也；纵耳目之欲[⑤]，以为父母戮（lù）[⑥]，四不孝也；好勇斗狠[⑦]，以危父母[⑧]，五不孝也。

【注解】

①惰：懒（lǎn）惰。四肢：两臂手和两腿足。

②顾：照管，关心。

③博弈：耍钱赌博。

④好货财私妻子：好积私财，私厚妻子。

⑤纵：放纵。

⑥戮：羞辱，耻辱。

⑦斗狠：好斗使狠。

⑧危：危害。

【译文】

孟子说："世俗上所说的不孝有五种，身体懒惰，不辛勤劳动，不管父母的奉养是一不孝。耍钱酗酒破坏家业，不管父母的奉养，是二不孝。爱货财，私厚妻子，不管父母的奉养是三不孝。放开耳目的欲壑，贪淫乐祸，行为下流，使父母无脸见人是四不孝。使狠好斗，闯祸招灾，以危害父母是五不孝。这五种行为，世人通称为不孝，为人子者，当深以为戒。"

明伦 38

曾子曰：身也者，父母之遗体也，行父母之遗体[①]，敢不敬乎？居处不庄非孝也，事君不忠非孝也，莅（lì）官不敬非孝也[②]，朋友不信非孝也，战阵无勇非孝也[③]，五者不遂[④]，灾及其亲，敢不敬乎？

【注解】

①行：奉行。

②莅，莅临；走到近处察看。

③战：作战。阵：布置队伍。

④遂：成功，如意。

【译文】

曾夫子说："人子的身，是父母的遗体，奉行父母遗体，敢不敬吗？平居燕处不端庄，是不敬身，这是不孝的表现。对长上不忠心，就是不孝，当官临民不敬事，就是不孝，交友不以信义，就是不孝，战阵没勇气，不能奋勇杀敌，就是不孝。庄、忠、敬、信、勇五德，若做不到，惹出的灾祸就会累及父母，敢不敬吗？"

明伦 39

孔子曰：五刑之属三千[①]，而罪莫大于不孝[②]。

【注解】

①五刑：墨（脸上刺字）、劓（割鼻子）、剕（剁足）、宫：（去势）、大辟（杀头）。五刑之属三千：五种刑法所属律条三千条（墨刑之属一千条，劓刑之属一千条，剕刑之属五百条，宫刑之属三百条，大辟之属二百条，共三千条）。

②而罪莫大于不孝：三千律条之中，其罪刑没有比不孝更大的。

【译文】

孔夫子说："五刑所属的律条共有三千条，而罪刑莫有大过不孝的。"

【述评】

家庭是社会的细胞，家庭兴旺，社会才能兴旺，家庭和谐，社会才能和谐。家庭这个细胞癌变了，社会也会癌变。如何才能让家庭兴旺、和谐呢。必须从孝敬父母开始。一个孝敬父母的人，必然是遵纪守法的人，必然是服从领导的人，也必然是忠于爱情的人。如果让全国所有的家庭都兴旺起来，会少出多少贪官，会减少多少刑事犯罪，会避免多少家庭破裂，和谐社会离人们也就不远了。“孝”能够让夫妻恩爱、家庭和睦、邻里团结、社会安定。国家应将以“孝”为核心内容的德育放在治国安邦的重要地位。

以上明父子之亲

第二章　明君臣之义

明伦 40

礼记曰：将适公所[①]，宿齐（zhāi）戒[②]，居外寝[③]，沐浴[④]，史进象笏（hù）[⑤]，书思、对、命[⑥]。既服，习容观[⑦]、玉声[⑧]，乃出。

【注解】

①适：往，到。公所：君王的住所。

②宿：前期。齐戒：敬一戒慎。

③外寝：男子寝室。

④沐：洗头。浴：洗身。

⑤史：记事官。象笏：象牙做的笏板。

⑥思：思虑谋略，以献计献策。对：回答君问。命：君命。

⑦习容观：预习威仪容貌外观，以免失容。

⑧玉声：佩玉声，随行步而锵鸣。

【译文】

礼记说："将往公所朝君，必先齐一戒慎，夜住外寝，洗澡以洁身，史官进象笏，写上思虑谋略以献计献策，写上回答君会问到的问题及君命的完成情况，以备忽忘。穿好朝服后，预习容貌外观威仪，行步佩声和节，乃出往君所朝见。”

【评述】

这是臣子见君的礼节，诚敬备至。

明伦 41

曲礼曰：凡为君使者，已受命，君言不宿于家①。君言至②，则主人出拜君言之辱③。使者归④，则必拜送于门外。若使人于君所，则必朝服而命之⑤，使者反⑥，则必下堂而受命。

【注解】

①君言：君命。不宿于家：不能在家住一宿。

②君言至：圣旨下。

③出拜：出门跪拜接旨。君言之辱：君命下至臣家就好像辱了君命。

④使者归：下圣旨的人返回。

⑤朝服：上朝见君时穿的官服。

⑥反：还。

【译文】

曲礼说：“凡做君的使臣，已受君命当日就出行，君命不能在家过夜。圣旨下，主人出门跪拜接旨，下圣旨的人返回时，则必拜送于门外。若使人去见君，必穿上朝服命使者，使者返回，必须下堂接受君命。”

明伦 42

论语曰：君召使摈（bìn）①，色勃如也②，足躩（júe）如也③。揖所与立④，左右手⑤，衣前后，襜如也⑥，趋进，翼如也⑦。宾退，必复命曰⑧，宾不顾矣。

【注解】

①摈：导引宾客。

②色勃如也：脸上勃然变色，显得更加恭敬。

③躩：快步走。

④揖：拱手，两手在胸前相抱表示恭敬。所与立：与自己共同列队接待外宾的人。

⑤左右手：揖左则向左拱手，揖右则向右拱手。

⑥襜如：衣服整齐，飘动有致的样子。

⑦翼如：张拱端好如鸟舒翼状。

⑧复命：回复君命。

【译文】

论语说："君使孔子去接待外宾，命令一下，孔子脸上勃然变色，显得更加恭敬，快步前去接待外宾。揖与自己共同列队接待外宾的人时，只是左右拱手，身却不动，衣服前后舒展整饬。急趋而进时，张拱端好如鸟舒开翅膀的样子。外宾离去较远，不复回顾时，必为复命说：'宾不回顾了（可解除敬宾礼仪了）。'"

【评述】

这是《论语》记孔子接待外宾的礼节。

明伦43

入宫门，鞠（jū）躬如也[①]，如不容[②]。立不中门[③]，行不履（lǚ）阈（yù）[④]。过位[⑤]，色勃如也，足躩（júe）如也，其言似不足者。摄齐（zī）升堂[⑥]，鞠躬如也，屏气似不息者[⑦]。出降一等[⑧]，呈颜色[⑨]，怡（yí）怡如也[⑩]。没阶，趋，翼（yì）如也；复其位，踧（cù）踖（jí）如也[⑪]。

【注解】

①鞠躬：曲身折腰。

②如不容：像容不下。

③中门：门的正中。

④阈：门槛。

⑤过位：过君视朝之位。

⑥摄：撩起。齐：衣下缝。

⑦似不息：好像不呼吸。

⑧等：台阶。

⑨呈：显出，露出。

⑩怡怡如也：和悦安适的模样。

⑪踧踖：恭敬而不安的样子。

【译文】

《论语》记孔子见君之礼说："孔子进入宫门时，曲身折腰就像高大的公门容不下自己一样。不站立在门当中，行走不踏门槛。过君之坐位时，勃然变为恭敬的容色，并快步走过去，说话声小，就像气弱不够发言一样。上堂时提起下衣，曲折着腰，屏其气就像不呼吸一样，是在君前严肃恭敬的样子。从君前退出走下一级台阶，显露出自然和悦的颜色。走完台阶，趋就己位后，仍恭敬不宁。”

【评述】

敬君之至，所谓事君敬礼也。

明伦 44

礼记曰：君赐车马，乘以拜赐；衣服，服以拜赐；君未有命，不敢即乘服也。

【译文】

《礼记》说：“君赐车马，乘以拜君之赐；赐衣服，穿上所赐衣服拜君之赐，君还没有命他乘服时，则不敢乘服。”

明伦 45

曲礼曰：赐果于君前，其有核者怀其核。

【译文】

君以果品赐臣，臣在君前食之，其果有核的，当藏在怀中，不可抛弃在君所。所以敬君之赐也。

明伦 46

御食于君[①]，君赐馀，器之溉者不写[②]，其馀皆写。

【注解】

①御食：侍君进食。

②溉：洗涤。可洗之器如陶器玉器之类，器之不可洗的如萑竹所编之器，不易洗涤。写：移置。

【译文】

侍君饮食，君赐所馀之食，在能洗的器皿中就不用移置，若在不能洗的器具中都要移置到能洗的器具中而后食。

【评述】

不使自己的口水渎君之口，敬君之礼也。

明伦 47

论语曰：君赐食①，必正席先尝之②。君赐腥③，必熟而荐之④。君赐生⑤，必畜之⑥。

【注解】

①食：熟食。

②正席先尝：熟食不荐，恐是馂馀，故先尝如在君侧。

③腥：生肉。

④荐之：熟而荐于祖考，以君赐为荣。

⑤生：活羊、活牛。

⑥畜之：养君之赐，无故不敢杀。事事处之得当，所谓时中也。

【译文】

论语说：“君赐食，孔子必正席先尝然后赐给家人，使共沾君恩。君赐生肉，烹熟荐之祖考，所以荣君之赐。君赐活的牛羊，必养起来，遇祭祀宾客然后杀，所以仁君之惠。”

明伦 48

侍食于君，君祭先饭。

【译文】

侍食于君，君祭始造饮食之神，孔子先吃，以示尝食之礼，不敢做客，待让而后食。

明伦 49

疾[①]，君视之[②]，东首加朝服拖绅[③]。

【注解】

①疾：孔子有疾。

②君视之：君来看病的轻重。

③东首加朝服拖绅：孔子闻君来视疾，命移病床南窗下，头向东睡，身上加盖朝衣并拖上大带，让君南面视己，不敢以便服见君。

【译文】

论语说：“孔子有疾，君来视疾，命移病床南窗下让君南面视己，头向东以受生气，加朝服于身拖上大带，不敢以贴身衣服见君。”

明伦 50

君命召[①]，不俟驾行矣[②]。

【注解】

①召：召唤，用言语叫人来。

②俟：等待。大夫不步行，因急于应君命。所以先步行车驾随后赶上而乘之。

【译文】

君下命令召见，孔子不待驾车就步行以赴命。

明伦 51

吉月①，必朝服而朝。

【注解】

①吉月：每月初一

【译文】

每月初一必穿上朝服朝见鲁君，虽不在位，必朝旧君，忠敬之心，不能自已。

明伦 52

孔子曰：君子事君，进思尽忠①，退思补过②，将顺其美③，匡救其恶④，故上下能相亲也。

【注解】

①进：进朝见君。

②退：退居己家，补过：君有过错害于政事，思考补救的方法。

③将顺其美：承顺君的美德。

④匡：匡正。匡救其恶：纠救君的罪恶。

【译文】

孔子说："君子事君，进朝见君就思考尽忠心以正君安民；退居于家就思考如何补救君之过举所误的政事。承顺君的美德欲其更进于善，匡正纠救君的罪恶，欲其悔改。臣以忠爱感悟君，君感臣的忠爱而亲爱其臣，君臣交相爱护所以上下能相亲。"

明伦 53

君使臣以礼①**，臣事君以忠**②。

【注解】

①礼：恭俭、礼下。

②忠：尽心忠君爱民。

【译文】

孔子说："君居臣民之上，多不能自抑以礼贤下士，所以要以礼使臣。臣怕君诛责，往往虚报以欺君，所以要以忠事君。君臣各尽其道就可以治国安民，有兴盛国家的希望。"

【评述】

得到人民的拥戴才能成为君，君的职责是为民谋福祉，臣是助君为民谋福祉的，忠君的本质是忠于人民的事业，绝不是维护君的私欲私意。

明伦 54

大臣以道事君①**，不可则止**。

【注解】

①道：正理。以道事君：不枉正理以纵君欲。

②不可则止：正确合理的主张得不到实施就辞去。

【译文】

孔子说："大臣事君，只为行道以安民，道不可行，就辞去，所谓见机而作，不俟终日也。"

明伦 55

子路问事君[①]，子曰：勿欺也，而犯之[②]。

【注解】

①子路：姓仲名由，字子路，又字季路，春秋末鲁国卞［今山东省泗水县泉林镇，其后胤因避战事迁往微山县鲁桥（现济宁微山仲庙）］人。孔子得意门生，孔门十哲之一。

②犯：犯颜谏君。君有过举，必至祸国殃民。谏若不听，不可畏罪不谏，当犯颜直谏，使其悔改。

【译文】

子路问事君之道，孔子说："臣事君以忠，不要欺哄他。君有过不悔改，理当犯颜直谏，使其悔改，不当畏罪不谏，由他祸国殃民而不救。"

明伦 56

鄙夫可与事君也与哉[①]！其未得之也患得之[②]，既得之，患失

之[3]**，苟患失之，无所不至矣**[4]。

【注解】

①鄙夫：鄙陋没品德的人。与：疑辞。哉：叹辞。

②患得之：只愁权势得不来。

③患失之：愁到手的权位又失掉。

④无所不至：什么事都做得出来（权力小，就吮痈舔痔以媚上，权力大，就敢于弑父与君）。

【译文】

孔夫子说："鄙夫可参与事君吗？啊！他没得到权势禄位时，只愁得不到手，已得到手，又怕失掉了。倘愁失掉到手的权势禄位就什么坏事都做得出来！"

明伦 57

孟子曰：责难于君谓之恭[1]**，陈善闭邪谓之敬**[2]**，吾君不能谓之贼**[3]。

【注解】

①责难于君：胜己私以复天理，由常人学到圣贤所做所为，本是难事，责求君一定要做到。

②陈善闭邪：开陈善道，禁闭邪心。

③贼：贼害其君。恭形于外，敬存于中。

【译文】

孟子说："责求君做到克己爱民的难事，就是对君恭而有礼。

开陈善道，闭塞邪心就是敬君。倘说吾君不能为善，这是贼害他的君。”

明伦58

有官守者[1]，不得其职则去。有言责者[2]，不得其言则去。

【注解】

①官守：以官为守，各司其职。

②言责：以谏言为职责。

【译文】

孟子说：“有官职当守者，不得尽其职之所为则辞去其官职。有谏议责任者，三谏而不听则辞去。”

明伦59

王蠋曰：忠臣不事二君，烈女不更二夫。

【注解】

王蠋：齐国画邑人，按《通鉴》：“燕将乐毅破齐，闻蠋贤，使请，蠋以此言拒之，遂自经死。事二君：朝事秦君，暮事楚君。更二夫：夫死改嫁。

【译文】

王蠋说：忠臣不奉事两个君，烈女不更嫁两个丈夫。

以上明君臣之义

第三章　明夫妇之别

明伦 60

曲礼曰：男女非有行媒[①]，不相知名[②]。非受币[③]，不交不亲。故日月以告君[④]，齐（zhāi）戒以告鬼神[⑤]，为酒食以召乡党僚友，以厚其别也[⑥]。娶妻不取同姓[⑦]，买妾不知其姓则卜之[⑧]。

【注解】

①行媒：媒人往来说媒。

②名：男女姓名。

③受币：接受聘礼。

④日月：结婚日期。

⑤鬼神：先祖。

⑥厚：重视。

⑦不娶同姓：为其近禽兽，且遗生理疾患。

⑧卜之：卜其姓氏

【译文】

曲礼说："男女不经媒氏往来说合，不相知名字。不接受聘礼，不交往不亲近。所以把结婚的日期上告于君，齐戒沐浴以告知先祖，具酒食以召乡党僚友参加婚礼，以隆重男女有别之礼。同姓百世不通婚姻，这都是重视男女婚姻。买妾若不知姓氏，就用占卜决疑。"

明伦 61

士婚礼曰[①]：父醮（jiào）子[②]，命之曰："往迎尔相[③]，承我宗事[④]，勖（xù）率（shuài）以敬[⑤]，先妣之嗣[⑥]，若则有常[⑦]。"子曰"诺，惟恐弗堪[⑧]不敢忘命。"父送女，命之曰："戒之敬之，夙夜无违命[⑨]。"母施衿（jīn）结帨（shuì）[⑩]，曰："勉之敬之，夙（sù）夜无违宫事[⑪]。"庶母及门内施鞶（pán）[⑫]，申之以父母之命[⑬]，命之曰："敬恭听宗尔父母之言[⑭]，夙夜无愆（qiān）[⑮]，视诸衿鞶[⑯]。"

【注解】

①士婚礼：《礼记》篇名。

②醮：古冠、婚礼所行的一种简单仪式。尊者对卑者酌酒，卑者接受敬酒后饮尽，不需回敬。醮子：酌酒命子亲迎。

③相：扶助。

④宗事：宗庙祭祀之事。

⑤勖：勉力。率：倡导。

⑥先妣：亡母。嗣：继承。

⑦若：你。有常：经常持敬。

⑧堪：能。

⑨夙：早。违：违逆。命：翁婆之命。

⑩衿：衣带。帨：佩巾。

⑪宫事：事亲供衣食之事。

⑫庶母：父之妾。鞶：大带。

⑬申：重申。

⑭宗：遵。

⑮愆：过错。

⑯视诸衿鞶：视衿鞶则回忆起父母的教言。

【译文】

士婚礼说："子将亲迎，父酌酒使儿子饮并教育儿子说：'去迎接你的内助，继承我宗庙祭祀之事，勉力用敬倡帅她，她是你母亲的继承人，你要经常保持恭敬来帅导她。'儿子应答说：'是，只怕不能遵循父亲所教，始终不敢忘了父命。'女子出嫁，父送女，命女说：'要戒惧敬慎，早晚不要逆翁婆的命令。'母亲给女儿施衣带挽佩巾并说：'勉力啊，敬畏啊，从早到晚不要逆违供养事亲之事。'庶母到门内为女施大带，重申她父母的命令，命她说：'你要恭恭敬敬地遵从你父母教言，早晚不可有错误。视这衿鞶，以回忆父母之命。'"

【评述】

真氏曰："夫之道在敬身以帅其妇，妇之道在敬身以承其夫。故父教子曰勉帅以敬，父送女曰戒之敬之，夙夜无违命。夫妇之道尽于此矣。"

明伦 62

礼记曰：夫婚礼，万世之始也[①]，取于异姓，所以附远厚别也[②]。币必诚，辞无不腆[③]，告之以直信[④]，信事人也，信妇德也[⑤]。一与之齐，终身不改，故夫死不嫁。

男子亲迎，男先于女，刚柔之义也。天先乎地，君先乎臣，其义一也。执挚以相见，敬章别也[⑥]。男女有别，然后父子亲；父子亲，然后义生；义生，然后礼作；礼作然后万物安。无别无义，禽兽之道也[⑦]。

【注解】

①夫婚礼，万世之始也：有婚礼然后成夫妇，有夫妇然后有父子，父子传世，所以是万世之始。

②附：托。附远：附托远嫌之义，以防止习俗轻慢淫秽。厚别：尊重男女有别。

③币：送聘礼以致敬。币诚：不掺假。辞：用以道情，腆：善。辞腆：措辞全好。

④告之以直信：币诚辞腆就是告妇以正直诚信。

⑤信事人也，信妇德也：信是人事交往的正道，又是妇女的品德。

⑥一与之齐，终身不改：一与丈夫结婚终身不可改变。

⑥执挚以相见，敬章别也：男子亲迎时以舒雁为挚见礼，所以致敬又以彰著男女有别之义。

⑦禽兽之道：禽兽的道路。人为万物之灵，绝不可和禽兽走一条路。

【译文】

《礼记》说："婚礼是子孙万世的起头，娶异姓的女子为妻，所以附托远嫌之义，尊重男女有别。纳币必须真诚，致词无不善，这是告诉她以正直诚信。信是人事交往的正道，信又是妇女的品德。一与其夫合婚，终身不再改变。

男子亲迎是男先于女，是刚先柔后的礼义；天施而后地生是天先乎地，君主倡而臣主和，是君先乎臣；这和男先于女是一样的道理。执雁以相见，既以致敬尽礼，又以彰显男女有别。只为男女有别，然后父子才能相亲；父子既亲，然后慈孝之义生；义生然后子事父之礼作，礼作则人人以礼自律，而万物才能安泰。无别无义，是禽兽的道路，人类万万走不得！”

明伦 63

娶妇之家，三日不举乐。思嗣亲也[①]。

【注解】

①思嗣亲也：自思娶妇之后，继父母主祭，又为一世人，父母年老，不能久于人世，不忍举乐。

【译文】

礼记说：“娶妇的家，三天不作乐，是人子思娶妇之后，将继父母主祭，父母不能久在人世了，因此不忍举乐。”

明伦 64

内则曰：礼始于谨夫妇[①]**，为宫室，辨外内。男子居外，女子居内。深宫固门**[②]**，阍侍守之**[③]**，男不入，女不出**[④]。**虽婢妾衣服饮食，必后长者。**

【词解】

①礼始于谨夫妇：先王制礼所以正伦理，笃恩义，夫妇是人伦之始，所以礼始于谨夫妇。

②深宫固门：深宫则外人不得而入，门固则强者不得而启。

③阍：守门人。侍：守室人。

④男不入，女不出：男非其时不入，女非其礼不出，所以远亵狎禁淫乱。正是男女有别，然后父子亲。

【译文】

内则说："礼从谨夫妇做起，造宫室以别内外，男子居外室，女子居内室。深幽其宫，固守其门，阍人守门，侍人守宫。男不入内，女不出外，虽丫环小婆子衣服饮食，也要长幼有序，年幼者务必在年长的后面。"

明伦 65

男女不通衣裳[①]**。男子入内，不啸不指**[②]**。夜行以烛**[③]**，無烛则止**。

【注解】

①不通衣服：男女衣服异制，所以不通用衣服。

②不啸不指：男子入内庭，不能蹙口出声而啸，不可用手指画，骇人视听。

③烛：蜡烛，指灯笼。

【译文】

内则说："男女不通用衣服，男子入内庭，不长啸，不指画。夜行时掌上灯笼照亮，没有灯笼就止步。"

明伦 66

孔子曰：女有四不取[①]，逆家子不取[②]，乱家子不取，世有刑人不取[③]，世有恶疾不取[④]。妇有五去，不顺父母去，淫去[⑤]，妒去[⑥]，多言去[⑦]，窃盗去[⑧]。有三不去，有所取无所归不去，与共三年丧不去，前贫贱后富贵不去。凡此圣人所以顺男女之际[⑨]，重婚姻之始也。

【注解】

①取：同娶。

②逆家：忤逆不孝的家庭。

③世有刑人：累世犯法，恶性遗传。

④世有恶疾：世代传染，恶疾不绝。

⑤淫去：淫则乱族。

⑥妒：妒则乱家。

⑦多言：多言以离间亲族。

⑧窃盗：窃盗则身败名裂。

⑨凡：所有的，总计。

【译文】

孔夫子说："女有四种不可娶，忤逆不孝之家的女子不可娶，乱伦无礼之家的女子不可娶，世世有罪犯家的女子不可娶，辈辈害恶疾家的女子娶不得。妇有五种罪恶当休退：不孝顺父母的该休，淫乱无耻教而不改的该休，妒嫉无情教而不改的该休，翻舌挑唆教而不改的该休，偷盗财物教而不改的该休。有三种情况不可休，无家可归的，该休也不能休；同她多年奉养父母，又服过三年丧的，该休也不能休；从前家贫，后富贵了，该休也不可休。所有这些礼义，都是圣人用以理顺男女的际遇，慎重婚姻初始的。”

以上明夫妇之别

第四章　明长幼之序

明伦 67

孟子曰：孩提之童[①]，无不知爱其亲也[②]，及其长也[③]，无不知敬其兄也。

【注解】

①孩：婴儿。提：拖上会走的幼儿；是两三岁的小子。

②爱其亲：才有知识，就知爱自己的父母亲。

③及其长也，无不知敬其兄也：到他长大了一些就知敬兄，此见孝弟之心出于天性，所以孟子说人性是善的。

【译文】

孟子说："小孩子始有意识，莫不知爱他父母亲的，到他长大了一些，莫不知尊敬他哥哥的。"

明伦 68

徐行后长者谓之弟[①]，疾行先长者谓之不弟。

【注解】

①长者：哥哥及年长于自己的人。弟：顺从和敬爱兄长。

【译文】

慢一点跟随在长者后面行走的，叫敬长；快步行走在长者前面的，就是不敬长。

明伦 69

曲礼曰：见父之执①，不谓之进不敢进②，不谓之退不敢退，不问不敢对。

【注解】

①父之执：父亲的同志、朋友。

②谓之：叫他。

②对：答问。

【译文】

曲礼说："拜见父亲的同志、朋友像见父亲一样，不叫他进前，不敢进；不叫他退去，不敢退去；不问他，不敢妄言。"

明伦 70

年长以倍①，则父事之；十年以长②，则兄事之；五年以长，则肩随之③。

【注解】

①年长以倍：长者四十，己二十，长者六十，己三十。

②十年以长：年龄比自己大十岁，和兄年相似。

③肩随：肩后随行。

【译文】

曲礼说："年龄比自己大一倍的，当用事父之礼奉事他，大十岁的就用事兄的礼事他，大五岁的在他肩后随行。"

明伦 71

谋于长者[1]，必操几杖以从之[2]，长者问，不辞让而对[3]，非礼也。

【注解】

①谋于长者：疑事不能自决，向长者请教。

②操：操执。几：古人席地而坐时有靠背的坐具。

③不辞让而对：没有谦辞退让之意，轻率地对答。

【译文】

曲礼说："就长者谋事，必操执凭几拐杖跟随长者，长者问话，不谦辞退让而对答，不是事长者的礼节。"

明伦 72

从于先生[1]，不越路而与人言[2]。遭先生于道[3]，趋而进[4]，正立拱手，先生与之言则对，不与之言则趋而退。从长者而上邱陵，则必向长者所视[5]。

【注解】

①从于先生：随从老师行路。

②不越路而与人言：不越过跟从先生走的路和别人说话。

③遭：碰到，遇见。

④趋：急走。

⑤则必向长者所视：向长者所视，所以致敬，且备答长者因所见而问。

【译文】

曲礼说："随从先生走路，不越过跟从先生走的路和他人说话。在路上遇见先生，急走到先生跟前，拱手正立以示尊敬，先生与他说话就应对，不与他说话就急速退去。跟随长者上邱陵，就一定要向长者所看的方向看。

明伦 73

长者与之提携①，则两手捧长者之手②。负剑辟咡③诏之④，则掩口而对⑤。

【注解】

①提携：拖上走。

②捧：两手承托（用以奉承长者）。

③负剑：负谓置之于背，剑谓挟之于旁，像负剑的形状。辟：避开。咡：口耳之间。

④诏：告知，告戒。

⑤掩口而对：用手掩口对答，不使口臭触秽长者。

【译文】

曲礼说："长者拖上走路，就用两手捧长者的手。背负、旁挟避口告戒，小子就掩住口应对。"

明伦 74

凡为长者粪之礼[①]，必加帚（zhǒu）于箕上，以袂（mèi）拘（jū）而退[②]，其尘不及长者，以箕自向而扱（xī）之[③]。

【注解】

①粪：扫除垃圾。

②袂：衣袖。拘：遮蔽。

③扱之：把尘物挤入箕中。扱：敛取，收取。

【译文】

曲礼说："凡是给长者扫地的礼。必把帚放在簸箕上，用袖子遮蔽尘土，旋退旋扫，使尘土不得扬及长者，以箕自向，把尘物挤入箕中。"

明伦 75

将即席[①]，容毋怍（zuò）[②]，两手抠（kōu）衣，去齐（zi）尺[③]。衣毋拨[④]，足毋蹶（juě）[⑤]。先生书册、琴瑟在前，坐而迁之[⑥]，戒勿越。坐必安[⑦]，执尔颜[⑧]，长者不及，毋儳（chàn）言[⑨]。正尔容，听必恭，毋剿（chāo）说[⑩]，毋雷同[⑪]，必则古昔[⑫]，称先王。

【注解】

①即席：就席而坐。

②怍：面色改变（惭愧）。

③齐：长衣下部的缉边。

④拨：拨扬。

⑤蹶：急匆。

⑥坐而迁之：跪下移开书册琴瑟。

⑦安：不动不摇。

⑧执尔颜：正颜色，不可喜怒无常。

⑨儳：插嘴。儳言：杂入长者之先而言。

⑩剿说：因袭他人说法。

⑪雷同：附和人言。

⑫则古昔：以古昔圣贤之言为准则。

⑬称先王：称述先王事迹。

【译文】

曲礼说："学生将就席位侍先生坐，要谨慎容仪，不要失容自取羞愧。两手抠住衣缝去地一尺，就不至踏上衣襟倾跌失容。行须小步，衣不要摔动，足不要急匆。先生的书册琴瑟在脚前，当跪下挪开，且戒不要跨越过去。坐时要坐稳，不要摇动。正你的颜色，不要忽喜忽怒。长者问不到你，你就不要参言。端正你的容仪，听师长的教诲必须恭敬，不要因袭别人的话以应对，不要附和他人的话，发言以古昔圣贤之言为准则，要称述先王的事迹。"

明伦 76

侍坐于先生，先生问焉，终则对[①]。请业则起[②]，请益则起[③]。

【注解】

①终则对：等问话说完对答，欲尽闻所问之旨，且不敢参断先生的问话。

②请业：请授学业。

③请益：请增授学业。

【译文】

侍坐于先生之侧，先生有所问，等问话说完才能对答。请学业时就站起来请。认为所请学业不够学，请求增加，也要正立以请。

明倫77

尊客之前不叱狗[①]，让食不唾[②]。侍坐于君子，君子欠伸[③]，撰杖屦[④]，视日早暮[⑤]，侍坐者请出矣。

【注解】

①不叱狗：恐惊尊客因而不叱狗。

②让食不唾：礼让之食，不唾弃，恐人疑其鄙恶主人的饭食。

③欠：气乏打呵欠。伸：体疲展懒腰。表示要休息。

④撰杖屦：挪手杖、鞋，表示要出去。

⑤视日早暮：看时日早晚表示另有事做。

【译文】

尊客之前不喊狗，是怕惊了尊客，礼让之食不要唾弃，只怕主人认为你嫌他供的饭菜不好吃。陪君子坐时，君子打呵欠，展腰挪手杖挪鞋，看时日早晚，陪坐的人应当请求退去，莫防碍君子休息、行动或应付他事。

明伦 78

侍坐于君子，君子问更端[1]，则起而对。

【注解】

①端：事物的一头。更端：更换另一件事。

【译文】

陪君子坐时，君子另外有问，就起来对答。

明伦 79

侍坐于君子，若有告者，曰："少间[1]，愿有复也[2]。"则左右屏而待[3]。

【注解】

①少间：欲占一点时间。

②有复：有事禀告。

③屏：退避。

【译文】

陪君子坐时，若有人禀告君子："少给一点时间，愿有事禀告。"就知是私事不欲他人与闻，左右陪坐的人就要自动退避，等那人走后再陪坐。

明伦 80

侍饮于长者，酒进则起，拜受于尊所[1]。长者辞[2]，少者反席

而饮[3]。长者举未釂（jiào）[4]，少者不敢饮。

【注解】

①尊：同樽，酒器，尊所：置酒樽的地方。

②辞：挡住不许拜。

③反席：返回坐位。

④釂：饮尽杯中酒。

【译文】

《曲礼》说："陪长者饮酒，看见酒进就起来，到放酒盅的地方跪拜受酒。长者挡住不要拜，少年就返回席位饮酒。长者举杯没喝完杯中酒时，少年不敢饮。"

明伦 81

长者赐，少者贱者不敢辞。

【译文】

长者恩赐，少年和卑贱人只可接受不可推辞。

明伦 82

御同于长者[1]，虽贰不辞[2]。偶坐不辞[3]。

【注解】

①御：侍奉。

②贰：盛馔外又加珍馐。

③偶坐：偶然侍坐非有素约。

【译文】

侍奉长者一同吃饭，虽加进珍馐，也不敢推辞，因为这是主人敬长者的盛馐。偶然陪长者坐，主人设筵相待，不敢推辞，因为这不是给自己设的。

明伦83

侍坐于君子，不顾望而对[①]，非礼也。

【注解】

①顾望：顾：顾自己，望：望君子。论语说："未见颜色而言谓之瞽。"

【译文】

侍坐在君子跟前，不左右顾侍，不仰望君子颜色而应对，就是无礼。

明伦84

少仪曰[①]：尊长与己逾等[②]，不敢问其年。燕见（xiàn）不将命[③]。遇于道见则面[④]，不请所之[⑤]。侍坐弗使，不执琴瑟，不画地，手无容，不翣（shà）也[⑥]。侍射则约矢，侍投则拥矢，胜则洗而以请。

【注解】

①《少仪》：《礼记》篇名。

②逾等：是祖和父的行辈。

③燕见不将命：私见不使人传命，因为不是宾主的缘故。

④则面：遇尊长在路上，尊长愿见就快走到面前。

⑤不请所之：不请问走向那里。

⑥翣：扇子。

【译文】

《少仪》说："尊长年龄与己父相等或是长辈，就不敢问他的年纪。平时拜见前不使人传命。遇尊长在路上，尊长愿见就快走到面前，不可请问所往。侍坐时尊长未指使，就不可擅自鼓琴瑟，不无故画地，不弄手为容，不煽扇取凉，所以致敬也。侍长者射箭，就约束四矢取而射之。侍长者投壶，就拥抱四矢取而投之。己胜长者，就亲自洗樽酌酒请长者饮。长者胜己，就亲自酌酒跪饮。

明伦 85

王制曰：父之齿随行[①]。兄之齿雁行[②]，朋友不相逾[③]。轻任并[④]，重任分[⑤]。颁白者不提挈（qiè）[⑥]，君子耆（qí）老不徒行[⑦]，庶人耆老不徒食[⑧]。

【注解】

①父之齿：年龄与父相等。

②兄之齿：年龄和兄相似。

③逾：越过。

④并：一并负担。

⑤分：分担一半。

⑥颁白：头发间白。提挈：用手提物。

⑦君子：当官的。耆：六十岁。老：七十岁。徒行：步行。

⑧庶人：庶民百姓。徒食：没酒肉。

【译文】

《王制》说："年龄和父亲相似的，走路时跟随他后边走，和兄长年龄相等的随在肩后，像雁飞一样行。朋友并行，不相逾越。长者担轻担，少者就代他担上。担子太重的，自己担不动，就分担一半。头发间白的人，不能让他提挈东西，青壮年应当代劳。当官的六七十岁，当坐车行，不步行。庶民百姓，活到六七十岁，非肉不饱，每食需有酒肉，不能徒食。"

明伦 86

论语曰：乡人饮酒，丈者出[①]，斯出矣[②]。

【注解】

①杖者：老人古时六十杖于乡。杖者出：老人酒后离开酒席。

②斯：就

【译文】

《论语》说："孔子和乡人饮酒，老人一出，孔子就随上出。老人不出不敢先出，老人一出不敢后出，圣人敬老之礼，可以为万世法。"

以上明长幼之序

第五章　明朋友之交

明伦 87

曾子曰：君子以文会友[①]，以友辅仁。

【注解】

①君子：道德和学问修养极高的人的统称。朱子曰："讲学以会友则德益明，取善以辅仁则德日进。"

【译文】

曾子说："君子用诗书六艺之文和师友会讲，以穷理则道明，取朋友之善以辅吾本心之全德——仁。朋友之交列于五伦，其重可知。"

明伦 88

孔子曰：朋友切切偲偲[①]。兄弟怡怡[②]。

【注解】

①切切：教告诚恳周到。偲偲：劝勉详尽。

②怡怡：和悦。

【译文】

孔夫子说："朋友以劝善规过为义，必须诚恳周到，忠告而善道之，以尽朋友有信之道。兄弟以情为重，当怡怡和悦以全手足之情。惟圣人为能经纶天下之大经，于此可见。"

明伦 89

孟子曰：责善[①]，朋友之道也。

【注解】

①责善：责求朋友履行善道。

【译文】

孟夫子说："责求朋友履行善道，是交友的正道。"

明伦 90

子贡问友[①]，子曰：忠告而善道之[②]，不可则止[③]，毋自辱焉。

【注解】

①子贡：复姓端木名赐，字子贡。春秋末年卫国（今河南鹤壁市浚县）人。孔子的得意门生，孔门十哲之一，"受业身通"的弟子之一，孔子曾称其为"瑚琏之器"。曾任鲁国、卫国之相。他还擅于经商之道，曾经经商于曹国、鲁国之间，富致千金。"端木遗风"指子贡遗留下来的诚信经商的风气，后世有人奉之为财神。子贡善货殖，有"君子爱财，取之有道"之风，为后世商界所推崇。孔子殁，弟子守墓三年离去，他在墓旁再守了三年，一共守了六年。

②忠告：尽己之心告以善道。善道：好其言辞以劝其为善。

③不可则止：劝之不听就停止劝告。

【译文】

子贡问交友之道，孔夫子说："尽己之忠心，告以善道，善其言辞以规过劝善，反复劝告而不听，就停止劝说。不要数劝见疏，自取侮辱。"

明伦 91

孔子曰：居是邦也[1]，事其大夫之贤者，友其士之仁者。

【注解】

①居是邦也：住在这个国里。

【译文】

孔夫子说："住在这个国里，上有大夫，下有士人，师事大夫中的贤大夫，取友于士人中的仁人，以为进德之辅助，则品德容易长进。"

明伦 92

益者三友，损者三友。友直[1]、友谅[2]、友多闻，益矣。友便辟[3]、友善柔[4]、友便佞[5]，损矣。

【注解】

①直：端正，不弯折；公正，正直。

②谅：诚实；信实。

③便辟：容止足恭而不正直；谄媚逢迎。

④善柔：善于媚悦而不诚实。

⑤便佞：能言巧语而无远见卓识。

【译文】

孔夫子说："与己有益的朋友有三种，与己有损的朋友有三种。朋友直言不讳，能使己闻过知改；朋友诚信无伪，能辅己立诚；朋友多闻见，能解惑启明，辅己明理，这三友都对自己有益。便辟的人不肯劝善规过，善柔的人没有诚心，便佞的人没有实学，和这三类人交往，都于己有损害。"

【评述】

择友时应该选择益友，且勿与损友相交。朱子说："友直就能听到自己的错误，友谅则辅己诚心长进，友多闻则质疑解惑可以辅己明理。友便辟的人，熟习应酬不肯直言以规过劝善，善柔的人善于媚悦而不真诚，便佞的人凭能言巧语应付人，和益友恰恰相反，都是有损害于自己的人。"

明伦 93

孟子曰：不挟（xié）长①，不挟贵②，不挟兄弟而友③。友也者，友其德也④，不可以有挟也。

【注解】

①挟：自恃，挟持。挟长：自恃年长不肯忘年下交。

②挟贵：自恃官高权大，不知谦恭礼下。

③挟兄弟：挟兄弟之权势，无诚心以下贤。

④友其德：友他的德行。

【译文】

孟夫子说："交朋友不能自恃年长，自恃富贵，挟持兄弟之权势。交朋友是交其德行，不可有所挟持。有所挟以交友，是无诚心，不能取得朋友之益。"

明伦 94

曲礼曰：君子不尽人之欢，不竭人之忠[①]，以全交也[②]。

【注解】

①竭与尽意同。

②全：成全。

【译文】

《曲礼》说："君子忠以尽己，恕以待人，不竭尽人对自己的欢爱，不竭尽人对自己的忠诚，方可成全朋友的交情。"

明伦 95

凡与客入者[①]，每门让于客[②]，客至于寝门，主人请入为席，然后出迎客。客固辞[③]，主人肃客而入[④]，主人入门而右，客人入门而左。主人就东阶，客就西阶。客若降等[⑤]，则就主人之阶，主人固辞，然后客复就西阶。主人与客让登，主人先登，客从之，拾级聚足[⑥]，连步以上，上于东阶则先右足，上于西阶则先左足。

【注解】

①凡：是不论贵贱长幼。

②每门：指大门、内门、卧室门。

③辞：推辞。固辞：礼有三辞，初曰礼辞，再曰固辞，三曰终辞。

④肃：揖。主人肃客而入：客辞不先入门，主人揖客而先入以导之。

⑤降等：等列卑于主人。

⑥拾：当作涉。级：台阶。聚足：两足相并。

【译文】

《曲礼》说：凡与来客入家的，每门让客先入，客到寝室门，主人先入布好坐席，然后出来迎客。客固辞不许，主人揖客先入，主人入门在右面，客入门在左面。主人就东阶，客就西阶，客的等列比主人低，就不敢当客，就就东阶随主人升堂。主人固辞，然后客复就西阶客位。主人和客让登，主人先登，客从之。登涉台阶必两足相聚一阶，然后连步再上一阶，上东阶先用右足，上西阶先用左足，主客相向而行以致敬。

明伦 96

大夫士相见，虽贵贱不敌①，主人敬客则先拜客，客敬主人，则先拜主人。

【注解】

①大夫士相见，虽贵贱不敌：大夫比士贵，士比大夫贱。不敌：不同等。

【译文】

《曲礼》说："大夫士相谒见，贵贱虽不同而年有老幼，德有高下。主人当敬客就先拜客，客敬主人就先拜主人。”

明伦 97

主人不问，客不先举。

【译文】

主人不请问来意，客人不先发言。

以上明朋友之交

第六章　总论明伦

明伦 98

孔子曰：君子之事亲孝，故忠可移于君；事兄弟，故顺可移于长[①]；居家理[②]，故治可移于官。是故行成于内[③]，而名立于后世矣。

【注解】

语见《孝经》。

①长：官长、师长、年长。

②理：治理，能使家人父父子子兄兄弟弟夫夫妇妇叫做理。

③内：家内。

【译文】

孔夫子说："学道的君子事亲尽孝道，所以忠心可以移到事君；事兄能尽弟道，所以恭顺可移于事长；居家能理家，所以治理的政策可移于当官行政理民。是孝弟慈之德行成于家，就可以事亲之礼事君，以事兄之礼事长，以慈幼之心爱民，可以齐家，可以治国，可以为法于天下后世，而名立于后世了。"

明伦 99

天子有诤臣七人[1]，虽无道[2]，不失其天下。诸侯有诤臣五人，虽无道，不失其国。大夫有诤臣三人，虽无道，不失其家[3]。士有诤友，则身不离于令名[4]。父有诤子，则身不陷于不义。故当不义，则子不可以弗争于父，臣不可以弗争于君。

【注解】

此亦《孝经》之语。

①诤臣：谏诤之臣，如谏议大夫。

②无道：修为及政令不顺人性，不合道理。

③不失其国、家：纳谏以改过迁善而不暴虐以害民，所以能保其社稷宗庙，而不失其位。

④令名：好的名声。

【译文】

孔夫子说："天子有谏诤之臣七人，虽是无道之君，也不致丧失天下，诸侯有五个谏臣，虽无道不失他的封国，大夫有三个诤臣，虽无道不失他的家，士人有诤友，就不失好名誉，父有诤子，本身就不会陷于不义。所以当君父有不义之时，儿子不可以不争于父，臣不可以不争于君，谏诤使其改过，行于道义。"

明伦 100

礼记曰：事亲有隐而无犯[1]，左右孝养无方[2]，服勤至死[3]，致丧三年[4]。事君有犯而无隐[5]，左右就养有方，服勤至死，方丧三

年[7]。事师无犯无隐[8]，左右就养无方[6]，服勤至死，心丧三年[9]。

【注解】

①隐：隐微谏诤。犯：犯颜强谏。父子主恩，有过而犯则伤恩，所以有隐无犯。

②左右就养无方：或左或右，就近孝养，不拘方位，盖事事皆当理会。

③服勤：服行勤劳之事。

④致丧：致极哀伤之情。

⑤事君有犯而无隐：君臣主义，有过而隐，就与容悦相近了。所以只能犯颜谏诤而不能隐讳其过错。

⑥左右就养有方：应当各尽职守。

⑦方丧：比方亲丧一样。

⑧事师无犯无隐：师者师其道，谏虽不听，不必犯颜。有过应当疑问，不必隐晦。

⑨心丧：身虽无衰麻，而心中常哀戚。

【译文】

《礼记》说："事亲者，亲有过则婉言劝谏，不可犯颜强谏，左右就近奉养，不拘方位，勤劳以养亲。亲殁后致极哀情，服丧三年。事君只能犯颜谏诤而不能隐讳其过错，左右就养有方，不得越俎代庖，惟自尽职守，服勤本职事务。君丧比方亲丧。奉事老师不犯颜谏诤，也不隐晦其过，左右就近奉养，不拘方所，勤劳奉侍，师卒虽不服齐衰，而心中哀伤三年，如居亲丧。"

明伦 101

栾共子曰[1]：民生于三，事之如一，父生之，师教之，君食之[2]。非父不生，非食不长，非教不知。生之族也[3]，故一事之[4]，

惟其所在，则致死焉[5]。报生以死[6]，报赐以力[7]，人之道也。

【注解】

①栾共子：晋大夫，名成。

②食：养。君食之：君王受民拥戴，组织人民有序生活，使人人各得其养。

③族：类。君父师都是人之所由以生存者，所以说生之族也。

④故一事之：事之如一。惟其所在，则致死焉：君父师有灾难，则致死以赴救。

⑥抱生以死：谓报君父师之德。

⑦抱赐以力：以力抱答恩赐。

【译文】

栾共子说："人民生存于三族，奉事这三族应当一样。父生之，师教之，君食之。非父则无自生，无食则不能成长，不教则不知义。君父师是人得以生存的族类，所以要一样奉事，若其有难则致死以赴救。生己之德当以死报答，赐予之恩当以力报答，这是人所当行之路。"

明伦 102

晏子曰[1]：君令臣共[2]，父慈子孝，兄爱弟敬，夫和妻柔，姑慈妇听，礼也。君令而不违[3]，臣共而不贰[4]，父慈而教[5]，子孝而箴（zhēn）[6]，兄爱而友，弟敬而顺[7]，夫和而义[8]，妻柔而正[9]，姑慈而从[10]，妇听而婉[11]，礼之善物也[12]。

【注解】

①晏子：名婴，字平仲，齐大夫。

②令：命令。共：供职。

③不违：不悖道。

④不贰：莫有二心。

⑤教：躬行道义以身教育子女。

⑥箴：箴谏、劝告。

⑦顺：顺从兄长。

⑧义：事事合宜。

⑨正：正身以正家。

⑩从：从礼从义。

⑪婉：柔顺无违。

⑫物：事。

【译文】

晏子说："君出命令，臣供职奉行；父亲慈爱子女，子女孝顺父母；兄友爱弟，弟恭敬兄；夫和乐待妻，妻柔顺从夫；婆婆慈爱儿媳，媳妇听婆婆的指导；这样才符合天理人情，当然也是古圣制定的礼节。君下令不悖道义，臣供职不存二心。父慈爱严于身教，子孝顺不忘劝谏。兄爱弟又有切磋之益，弟敬兄当有和顺之气。夫虽以和乐待其妻，亦必以大义率其妻，妻固当柔顺从夫，也要正诤助夫不当面谀。婆婆慈爱儿媳应顺从礼法，不可骄惯放纵，媳妇要听婆婆的话，要容貌柔顺和颜悦色。凡此十德，是礼中最好的事理。"

明伦 103

曾子曰：亲戚不悦[1]，不敢外交[2]，近者不亲[3]，不敢求远[4]，

小者不审[5]，不敢言大[6]。故人之生也，百岁之中，有疾病焉，有老幼焉。故君子思其不可复者而先施焉[7]。亲戚既没，虽欲孝，谁为孝。年及耆艾，虽欲悌，谁为悌。故孝有不及，悌有不时，其斯之谓与?

【注解】

①亲戚：父母兄弟妻子。

②外：外界人。

③近：家人宗族邻里。

④远：远方。

⑤小：小事。

⑥大：大事。又小指家庭，大指邦国天下。

⑦不可复：不可复得。

【译文】

曾子说："家人父子还不相亲，就不敢交往外人，近而亲族邻里还不能相亲相爱，就不敢求与远方人相友好，小而家人还不能齐，就不敢说治国平天下的大事。况人有急先之务，当先尽力也，顾不得向外求远务大。所以人之一生不过百年，百年之内有疾病危害，有老幼的变化，老就哀衰，就易病，病后精神不能支持，就得死，死则不可复活。所以君子思念不可复得父兄，先尽孝弟之心。假如父母已殁，虽欲尽孝心，为谁孝呢？兄长已殁，虽欲敬兄，为谁敬呢。所以尽孝有不能及，尽悌有不及时的时候，说得就是事父兄有不及孝敬的时候呢。"

【评述】

人之行，以孝弟为先，穷理尽性，必本于孝弟，“孝弟也者，其为人之本与?”父兄既殁，则孝弟无所施，故君子以孝弟为急先之务，一日养不以三公换者为此也。

明伦 104

官怠于宦成①，病加于小愈②，祸生于懈惰③，孝衰于妻子④。察此四者，慎终如始。诗云；靡不有初⑤，鲜克有终⑥。

【注解】

①宦成：当官的有功劳成绩。

②小愈：病情好转。病加于小愈：病有好转就放松禁忌，导致复发必至加重。

③祸生于懈惰：人在难中自然小心勤慎，不敢怠慢，及平居无事自认为万事大吉，未免松懈懒惰不加预防，祸患就由此生出。粗心大意的人当知警戒。

④孝衰于妻子：人在少小时，都知爱慕父母，及其有妻子就慕妻子，而慕父母之心就渐渐消减了，须知大孝终身慕父母，这点孝心万万衰减不得，为人子的要明白这个道理。

⑤靡：没有。

⑥克：能。

【译文】

当官有了成绩，就自恃功高势重，不复勤政爱民。病有好转就放松禁忌，导致复发加重。祸患生成于懈怠懒惰，不知警戒之时。孝敬父母之心衰退于只爱慕妻子儿女。详察这四件事理，慎终就像慎始一样才好。诗经上说：“没不有好的开端，很少有好的结果。”是说对此四事，要慎始慎终，千万不可粗心大意。

【评述】

当官有了成绩，就自恃功高势重，躺在功劳簿上安然享受，不复勤政爱民，只知贪富贵，而无爱国爱民之心的人往往如此，为官的人当深以为戒。

明伦 105

荀子曰[①]：人有三不祥，幼而不肯事长，贱而不肯事贵，不肖而不肯事贤，是人之三不祥也[②]。

【注释】

①荀子：名况，战国赵（今山西运城临猗县）人，

②祥：吉祥。

【译文】

荀子说：“人有三种不吉祥的事，一是年幼的不肯尊敬、听从年长的，二是低贱者不肯尊敬、事奉尊贵者，三是品行低下的人不肯听从贤能的人。这是人最不吉祥的三种事，有一于是，灾祸将殃及其身”

明伦 106

无用之辩[①]，不急之察[②]，弃而不治[③]。若夫君臣之义，父子之亲，夫妇之别，则日切磋而不舍也[④]。

【注释】

①辩：辩论，申辩。

②察：仔细看。

③治：治理；修整。

④切磋：用骨、角制作用具或精美饰品时，先切裁使其成形，再磋磨而致其精美。切：以刀锯裁物，使成形质。磋：以鑢、钖磋磨，使其光滑润泽。比喻道德学问上的互相研讨、砥砺。

【译文】

没有切实意义的论辩，无关紧要之事的察看，皆可舍弃而不予理会。至于君臣如何以道义行事爱及百姓，父子如何达到慈孝而相亲，夫妇如何有别而夫义妇顺，这才是每个人需要天天详细切磋的重大问题，要像治骨角那样细切精磋，理会其中博大精深的道德学问。

【评述】

辩论无用的言辞，体察无关紧要的事情，不但无益，反害于心，应当舍弃而不予理会。至于君臣大义，父子亲情，夫妇和顺，是人类有序而和睦的大道，是人伦日用之大事，应当朝夕讲论践习，就像治骨角那样细切精磋，反复理会其中博大精深的道德学问，已精而益求其精。推己及人，使各尽其当然之实，自可以为天下后世法。

以上总论明伦

内篇（三）

第三卷　敬身

孔子曰：君子无不敬也[①]，敬身为大；身也者，亲之枝也[②]，敢不敬与？不能敬其身，是伤其亲，伤其亲，是伤其本。伤其本，枝从而亡。仰圣模[③]，景贤范[④]，述此篇以训蒙士[⑤]。

【注解】

①敬：恭敬；端肃。恭在外表，敬存内心。

②亲之枝：身之于亲，犹树木的枝条，亲之于身，犹木之根，根深则枝茂，根伤则枝枯，可不敬吗？③仰：仰慕。

④景：景仰。圣贤之言，天下后世所取法，因称模范。

⑤蒙：昏迷。

【译文】

孔夫子说："君子敬而无失，无所不敬。只有敬身为大，因为这个身是父母所生，和亲之枝干一样，敢不敬吗？不能敬其身，是伤损其亲，伤其亲，是伤了自己的根本，伤了根，枝干从而死亡。仰慕圣人之楷模，景仰贤人的典范，述此敬身篇以教训小学生和不精明事理的人。"

第一章 心术之要

敬身1

丹书曰[①]**：敬胜怠者吉**[②]**，怠胜敬者灭；义胜欲者从**[③]**，欲胜义者凶**。

【注解】

①《丹书》：书名。师尚父姜子牙所以告武王的书。

②敬：古人说："敬，德之聚也，能敬必有德。"欲学道，首先要主敬。怠：懈怠不敬。

③义：心之制，事之宜。欲：耳目口鼻四肢之欲。君子当以敬胜怠，义胜欲，不可懈怠从欲以自取凶祸。

【译文】

师尚父以《丹书》告武王说："敬胜过怠的人，事无不吉，怠胜过敬的人，是自取灭亡；义胜过欲的人，百事顺遂，欲胜过义的人，必遭受凶祸。可不戒吗？"

敬身2

曲礼曰[①]：毋（wú）不敬[②]，俨若思[③]，安定辞[④]，安民哉。

【注解】

①曰：说。

②毋：禁止之辞（不要）。敬：一切行为准则都以“敬”为基础，能敬必有德。

③俨若思：敬的容貌。

④安定辞：敬的言辞。

⑤安民哉：敬的效果。

【译文】

《曲礼》告人说：“不要不敬，主敬的人容貌严肃庄重，如有所思考的样子，言语沉稳确切，有条有理，如此修己以敬，可以安百姓矣。”

傲不可长[①]，欲不可纵[②]，志不可满，乐不可极。贤者狎而敬之[③]，畏而爱之，爱而知其恶，憎而知其善，积而能散，安安而能迁[④]。临财毋苟得[⑤]，临难毋苟免[⑥]，狠毋求胜[⑦]，分毋求多[⑧]，疑事毋质，直而勿有[⑨]。

【注解】

①傲：夸张自己藐视别人。

②欲：贪心。纵：放纵，不加约束。

③狎：亲近而不庄重。

④安安：安于所便安。迁：迁善。

⑤临财毋苟得：临财思义，非义之财，虽一毫而莫取。

⑥苟：随便。临难毋苟免：面临危难时不要苟且逃避。

⑦狠毋求胜：与人有争执不可求胜，忿时思难。

⑧分毋求多：分要均平，不求多得。

⑨疑事毋质，直而勿有：没完全明白的事理，不要下断语，直陈己所见让人抉择；已经明白的事理，亦不要自夸早已知道。

【译文】

《曲礼》说："长傲则丧德，不可使傲气滋长；纵欲则忘义，不可让欲望放纵；志满则人离，求善的志向不可自满；乐极则生悲，享乐要适可而止。贤人对于亲狎的人也很尊敬，对于畏敬的人能亲爱；对于所爱的人能知他的过错，对于所憎恶的人能察知他的好处；虽能积财亦能散施济贫，安其所安而能改正过错迁移到善。临财思义，不取非义财物；面临君、父、师之难，就拼命以救之，不忍苟且偷生；与人斗很，不要求胜；与人分财，不要求多。心有所疑之事，要虚心求教，不要随便下断语，陈己所见让人抉择；已经明白的事理，亦不要自夸，以长傲遂非。"

【评述】

矜己慢物，则德丧而悔尤交集，戒之惟恐不力，岂可长乎。纵欲则败度，欲胜义必凶，寡之犹恐不尽，岂可纵乎？志满则人离，乐极则生悲。惟贤者为能明察事理，故于其所亲近习狎而能敬之，于所畏敬而能爱之，于所爱而能知其恶以求其改，于所憎而能知其善。能积财而又能散施以济穷困，能安其所安而又能迁徙从善。此皆贤者之所为，吾辈当取法也。君子见利思义，非义之财，一芥不取。报生以死，见危授命，子臣幼之行理应如此，岂可苟免。斗狠争胜，忘其身以及其亲，学道之人，自不为此。与人分财当重辞让，要以多得为耻，岂可求多。既有疑，当谦逊求教，岂可以身质言语。应当直陈己见，让人抉择，切勿强辞夺理。

敬身3

孔子曰：非礼勿视[①]，非礼勿听，非礼勿言，非礼勿动[②]。

【注解】

①礼：礼是发于人性自然，合于人生需求的行为规范。是符合天理、人情、法度的节奏和文饰。是人类社会活动的仪式和准则。非礼：不合礼节；就是私意私欲。勿：禁止之辞。是自我作主，以为克己复礼之机。

②视听言动四者，身之用也，用于非礼，则人欲横流，天理灭亡！故当克胜己私，恢复天理以为仁。但有一些不循道理处，便是非礼，便是不仁。此际工夫，非明不能察，非勇不能决，非诚不能守。所以不要以为易，也不要以为难。只在切实做克己复礼工夫，真积力久，自有所得。程子四箴（zhen），发明透彻，所宜详玩。此录于后。

一　视箴

心兮本虚，应物无迹，操之有要，视为之则，蔽交于前，其中则迁，制之于外，以安其内，克己复礼，久而诚矣。

二　听箴

人有秉彝（yi），本乎天性，知诱物化，遂亡其正，卓彼先觉，知止有定，闲邪存诚，非礼勿听。

三　言箴

人心之动，因言以宣，发禁躁妄，内斯静专。矧是枢机，兴戎出好，吉凶荣辱，惟其所召，伤易则诞，伤繁则支，己肆物忤，出悖来违，非法不道，钦哉训辞。

四　动箴

哲人知几，诚之于思，志士励行，守之于为，顺理则裕，从欲惟危，造次克念。战兢自持，习与性成，圣贤同归。

【译文】

孔夫子说：凡是非礼的事物，不要看，凡是非礼的言语、声音不要听，凡是非礼的话不要说，凡是非礼的思念、行为，不要动。这就是克己。己私克尽，礼全恢复，私欲净尽，天理流行不息，便是仁。所以要克己复礼以为仁。

【评述】

非礼的就是私意，就是己，本心为私欲蒙蔽，攻克己私没有勇气，就难取胜，必须刚决果断以攻之，才能战胜己私，以复于礼。礼是天理之节文，人事之仪则，复礼就是复天理，天理在人心，就是仁。克胜己私，就是为仁的工夫，必使视、听、言、动尽去非礼，则私意无所容，而仁可复矣。

敬身4

出门如见大宾[①]，使民如承大祭[②]。己所不欲[③]，勿施于人[④]。

【注解】

①大宾：尊贵的宾客（古乡饮礼，推举年高德劭者一人为宾，称“大宾”）。

②大祭：古代重大祭祀之称。包括天地之祭、禘祫之祭等。

③不欲：不愿意、不希望。

④施：给予、强加。

【译文】

孔夫子说："敬是修身的根本，一举一动都要敬，出门就好像去接见尊贵的宾客，使民就好像身临重大祭祀一样敬重。自己不愿意的，就不施加给别人，自己不愿意别人怎样对待自己，就不要那样对待别人。"

【评述】

所谓"己所不欲，勿施于人"，就是用自己的心推及别人；自己希望怎样生活，就想到别人也会希望怎样生活；自己不愿意别人怎样对待自己，就不要那样对待别人；自己希望在社会上能站得住，能通达，就帮助别人站得住，通达。总之，从自己的内心出发，推及他人，去理解他人，对待他人。"己所不欲，勿施于人"是儒家思想的精华，也是中华民族根深蒂固的信条，是仁人爱人的具体做法。孔子所强调的是人应该宽恕待人，应提倡"恕"道，唯有如此才是仁的表现。恕以及物，则私意无所容而心德全备。程子曰："孔子言仁，只说出门如见大宾，使民如承大祭。看其气象，便须心广体胖，动容周旋中礼。惟谨独，便是守之之法。"或问："出门使民之时，如此可也；未出门使民之时，如之何？"曰："此俨若思时也，有诸中而后见于外。观其出门使民之时，其敬如此，则前乎此者敬可知矣。非因出门使民，然后有此敬也。"

敬身5

居处恭[1]，执事敬[2]，与人忠[3]。虽之夷狄，不可弃也[4]。

【注解】

①恭：庄严肃穆。

②敬：主一无适。

③忠：尽自己能尽的心力。

④虽之夷狄，不可弃也：蛮夷戎狄，不通王化，知道者少。风气野蛮，人到夷狄，容易同化，但是学道的人，虽到夷狄也不可抛弃恭敬忠。

【译文】

孔夫子说："平居独处要庄严肃穆。执事，就要主一无适以敬事。与人相接要尽自己能尽的心力，又要把恭敬忠永远坚持，就是到了夷狄，也不可丢掉。"

【评述】

程子曰："此是彻上彻下语，圣人元无二语。"

敬身6

言忠信[1]，行笃敬[2]，虽蛮貊（mò）之邦行矣[3]，言不忠信，行不笃敬，虽州里[4]，行乎哉？

【注解】

①此答子张问行之语。朱子曰：尽己之谓忠，以实之谓信。

②笃：厚。敬：敬畏。

③蛮：南蛮。貊：北貊。

④州里：二千五百家为州，二十五家为里。

【译文】

孔夫子对子张说："说话忠信，做事笃实敬慎，虽到蛮貊之邦，也能行得通，言不忠信，行不笃敬，虽在自家州里中，能行通吗？"

敬身7

君子有九思：视思明[1]，听思聪[2]，色思温[3]，貌思恭[4]，言思忠，事思敬，疑思问[5]，忿思难[6]，见得思义[7]。

【注解】

①明：辨明善恶邪正，是非曲直。

②聪：听清微言大义以及诐淫邪遁之辞藻。

③色：脸色。

④貌：容貌，身容。

⑤疑思问：有疑不问，则疑不能解，理无从明，君子有疑就思问。

⑥忿思难：忿不思难，必至忘身及亲，能思难，忿怒自息，不至创祸危亲。

⑦见得思义：见得不思义，就贪污丧己，能思义，则财上分明，不至污秽其德。

【译文】

孔夫子说"君子要在九个方面用心思考：看，就思考要看得很清楚。听要考虑听得很明白。脸色思其文雅温和。动容貌就思庄重恭敬。说话要考虑言辞忠信诚实，做事必思认真敬慎。有疑就思询问以释疑解惑，遇忿怒要思考其危难，不能创祸危亲。见得思考是否合于仁义，则财上分明，不至污秽其德。

【评述】

天生蒸民，有物有则，九思所以思其则，以践其行也。人所以自离于道，由于不思，能思则本心之明自能显露，而不为私欲所蔽矣。九思是君子修身践行的主要方法。

敬身8

曾子曰：君子所贵乎道者三①，动容貌②，斯远暴慢矣③，正颜色，斯近信矣④，出辞气⑤，斯远鄙倍矣⑤。

【注解】

①贵：重视。

②容貌：全身的容仪。

③远：动词，渐行渐远。暴：粗暴。慢：怠慢。貌曰恭，暴慢与恭正相反，所以必须远去。

④近信：合乎诚信。近：动词，越走越近。

⑤辞：言语。气：声气。鄙：粗野。倍：悖理。言曰从，鄙俗背理，与从正相反，所以要远去。

【译文】

曾夫子说："君子所重视的道有三条，振动容貌时，必以恭敬的容貌，把粗暴怠慢绝远。端正颜色，要持守诚信，不可色庄，匿怨令色。出辞气必须顺理，绝远鄙俗背理语气。"

敬身9

曲礼曰：礼不逾节[①]，不侵侮[②]，不好狎[③]，修身践言[④]，谓之善行。

【注解】

①逾：逾越。节：上下的等级。

②侵：侵犯。侮：侮辱。

③狎：亵狎。逾节、侵侮、好狎三事是礼之所禁，必须尽去。

④践言：实践诺言。

【译文】

曲礼说："先王之礼，不许逾越节度，不许侵凌侮慢人，制止亵狎，能修身以践行诺言，称为善于行礼的人。"

敬身10

乐记曰[①]：君子奸声乱色[②]，不留聪明[③]，淫乐慝礼[④]，不接心术[⑤]，惰慢邪辟之气[⑥]，不设于身体，使耳目、鼻口、心知[⑦]、百体，皆由顺正，以行其义。

【注解】

①乐记：《礼记》篇名。

②奸声：奸邪的声音。乱色：淫乱的颜色。

③不留聪明：奸声不留于耳，乱色不留于目。

④淫乐：淫乱的乐章。慝礼：坏恶的礼节。

⑤不接心术：一概绝远，不和心术接近。

⑥惰：懒惰。慢：怠慢。邪僻：不端正。

⑦知：智。

【译文】

《乐记》说："君子目不视邪色，耳不听淫声，奸声乱色不入于耳目。君子敬以直内，对于淫乐慝礼深恶而痛绝之，不接于心术。君子自修不使不仁者加乎其身，所以惰慢邪辟的习气，不施于身体。使己之耳目鼻口心智百体，皆由顺理正道，以行其道义，则自养之功成矣。"

【评述】

真氏曰：君子之所以自养者无他，内外交致其功而已，奸声乱色，不留聪明，养其外也。淫乐慝礼，不接心术，养其内也。惰慢之气自内出者也，邪辟之气自外入者也。二者不设于身体，如此则外而耳目鼻口百体，内而心知，皆由顺正以行其义，自养之功毕矣。

敬身11

孔子曰：君子食无求饱[①]，居无求安[②]，敏于事而慎于言[③]，就有道而正焉[④]，可谓好学也已。

【注解】

①食无求饱：不贪口腹，心不用于饮食。

②居无求安：不求安闲，心不用于享乐。

③敏于事：敏于穷理力行之事，惟恐行不顾言。慎于言：庸言之信，修辞立诚，口不道非礼之言，只怕言不顾行。

④有道：道积于身的君子。就有道而正焉：亲就有道之人，以证自己所学是否中正，不敢自以为是。就：接近、靠近，这里指拜访问学于有道之人。

【译文】

孔夫子说："君子不贪口腹，不求安乐，终身敏于穷理力行，惟恐行不顾言，言不顾行。亲就有道之人，以证其学之是否中正；谦虚逊顺，不敢自以为是。如此可以称为好学的人了。"

敬身12

管敬仲曰①：畏威如疾②，民之上也；从怀如流③，民之下也；见怀思威，民之中也。

【注解】

①管敬仲：名夷吾，字仲，谥敬，被称为管子、管夷吾、管敬仲。齐国大夫。

②威：刑法。疾：疾病。

③怀：贪欲。

【译文】

管仲说：凡是害怕刑威，就像害怕疾病一样，这是百姓中的上等人。追从利欲，像水往下流一样，是百姓中的下等人。见利唾手可得，能想起刑威，不敢苟得，是百姓中的中等人。

以上明心术之要

第二章　威仪之则

敬身13

冠义曰[①]：凡人之所以为人者，礼义也。礼义之始，在于正容体，齐颜色，顺辞令[②]。容体正，颜色齐，辞令顺而后礼义备[③]。以正君臣，亲父子，和长幼。君臣正，父子亲，长幼和，而后礼义立[④]。

【注解】

①冠义：《礼记》篇名。

②顺辞令：理顺辞令，③备：完备。

④立：成立。

【译文】

《冠义》说："凡人之所以为人而异于禽兽者，为其有礼义呢，礼义的起头，在于端正容仪肢体，整齐颜色，理顺辞令。及至容体正，颜色齐，辞令顺，而后礼义完备。就可以用礼义正君臣，亲父子，和长幼。及至君臣正，父子亲，长幼和，而后礼义得以成立，而有以异于禽兽矣。”

【评述】

《孟子》曰：“人之所以异于禽兽者几希。”正谓人类独有礼义，而禽兽不得与有焉。羔羊虽有母子之情，而无君臣之义；蜂蚁虽有君臣之义，而无贞节之行；鸿雁虽有贞节之行，而无君臣父子之礼。人则能尽伦理，明人道，此其所以异于禽兽也。但以世教衰，民不兴行，所为有类于禽兽，甚至不如禽兽者，盖有之矣。乃竟有丧心病狂，倡为礼教食人之说，遂使庸庸万众，竟不知天爵之贵。

敬身14

曲礼曰：毋侧听①，毋噭（jiào）应②，毋淫视③，毋怠荒④。游毋倨⑤，立毋跛⑥，坐毋箕⑦，寝毋伏⑧。敛发毋髢（dì）⑨，冠毋免⑩，劳毋袒⑪，暑毋褰裳⑫。

【注解】

①侧听：侧耳以听；在旁偷听。

②噭应：高声急应，声气不柔。

③淫视：流转眼珠斜看。

④怠荒：容止放纵，不自检束。怠：懒惰。荒：放荡。

⑤倨：傲慢。

⑥跛：偏任一足，不正立。

⑦箕：两展其足，形如箕状。

⑧伏：覆身卧，心肺不得舒。

⑨髢：散着头发。

⑩免冠：脱冠。

⑪袒：露臂。

⑫褰：揭起。

【译文】

《曲礼》说："不要侧身听话，不要高声急应，不要游移斜视，不要放纵容止，不自检束。游行时不要傲慢，站立要正立，坐不要伸足似箕，寝不要覆卧。头发要梳紧，不要散乱。冠不要脱去，虽劳不能露臂。天气再热，也不能揭起下裳。凡此十二种表现，都是不敬。敬身的人，绝不使此类不敬之态加于己身。"

【评述】

这些都是不敬的表现，因而要严加制止。莫使不敬的形态加于己身，此之谓敬身。

敬身15

登城不指①，城上不呼②。将适舍③，求毋固④。将上堂⑤，声必扬⑥。户外有二屦，言闻则入，言不闻，则不入⑦。将入户⑧，视必下⑨。入户捧扃⑩，视瞻毋回⑪；户开亦开，户阖亦阖⑫；有后入者，阖而勿遂⑬。毋践屦⑭，毋踖（jí）席⑮，抠衣趋隅⑯，必慎唯诺⑰。

【注解】

①不指：城上指，使见者疑惑。

②不呼：城上呼，使听者惊疑。

③适舍：往就主人的馆舍。

④求毋固：有所求于主人，不要固执求得。

⑤上堂：升主人的堂。

⑥声必扬：扬其声使室内知有来客。

⑦户外有二屦，言闻则入，言不闻则不入：古人脱屦在户外，客虽众，脱屦于户内者止一人，有二屦并户内一屦为三个人，三人聚而语声不闻于外，必是密谋，故不入。

⑧入户：入主人房间。

⑨视下：视不举目。

⑩扃（jiǒng）：门关木。入户捧扃：入户时，两手当心，就像捧扃。

⑪视瞻毋回：目视不要回转。

⑫户阖亦阖：户之开阖，一切同前，不欲违逆主人之意。

⑬勿遂：不尽阖。嫌于拒止后来人。

⑭毋践屦：不要踏别人的鞋。

⑮踖：践踏。毋踖席：古人即席必脱鞋，不以鞋践席。

⑯抠衣趋隅：两手抠衣，不使践踏跌蹶以失容，趋向席角，以示谦谨。

⑰必慎唯诺：必须慎重应对。

【译文】

《曲礼》说："登城不可举手指物，在城上不要呼叫，只怕骇人视听。将往主人之家，求物不要强求。将上主人的堂，先扬声呼主人，使主人有备，不至失容。户外有二人屦，知室内是三个人，说话能听着，就可以入，若听不清，可能是商议机密，就不要入户打扰。入户时，有如捧扃，目视不要回转，原来户开就不要闭，户闭就随手关闭。还有后入的人，不要闭严。不要踏别人的鞋，不要踩踏坐席，两手抠衣，趋向席角。与主人坐，必须谨慎应对。”

敬身16

礼记曰：君子之容舒迟①，见所尊者齐（zhāi）遬（sù）②，足容重③，手容恭，目容端④，口容止⑤，声容静⑥，头容直⑦，气容肃⑧，立容德⑨，色容庄⑩。

【注解】

①容：容仪，姿态。舒：舒适；身心愉快。迟：和缓。

②齐：严肃恭敬。遬：谨饬。

③足容重：稳健不轻飘。

④端：不邪视。

⑤止：不妄动。

⑥声容静：不哕不咳。

⑦直：不倾颓。

⑧肃：屏气似不息。

⑨德：中立不倚，庄严有德之气象。

⑩庄：庄敬。

【译文】

《礼记》说：“君子平时的容仪舒适和缓，见了所尊敬的人，就恭敬谨饬，以敬所尊。足容稳重，手容恭肃。目容端正，口容静止，声容肃静，头容端直，气容平肃，立容德庄，色容庄穆。”

【评述】

朱子曰：“九者皆敬之目，即此便是涵养本原之法。”

敬身17

曲礼曰：坐如尸①，立如齐（zhāi）②。

【注解】

①尸：祭祀时服死者衣冠代表死者受祭的人。

②齐：心中湛然纯一，肃然警惕，将以交于神明。

【译文】

《曲礼》说："坐着如同像神之尸一样庄重，立如将祭神的斋戒者一样端正。"

【评述】

人之为学，最要主敬，主敬者坐则如尸，立则如斋。朱子曰："皆主敬之目也。"

敬身18

少仪曰：不窥（kui）密①，不旁狎②，不道故旧，不戏色。毋拔来③，毋报往④，毋渎神⑤，毋侚枉⑥，毋测未至⑦。毋訾（zī）衣服成器⑧，毋身质言语⑨。

【注解】

①窥：从孔隙或隐蔽处偷看。不窥密：机密之事最忌泄露，己却窥视之，万一其谋败露，主事者势必仇汝。所以窥密正是自取灾害。

②旁狎：亲昵狎侮嬉戏。相处过于亲密，为戏侮之容色而不相互尊重，则能反目成仇，所以不要旁狎。

③拔来：是说不是渐长而来，乃是拔出来的，突然而来，势必不能持久。

④报往：退却之速，像跑报一样快，《论语》谓“其进锐者其退速。”进锐退速，对学问事功都有害。

⑤渎神：亵渎鬼神以求福，是不智。敬鬼神而远之，可谓智矣。渎神者其戒诸。

⑥徇枉：曲从邪枉。知其为邪枉，就当速改，岂可曲从守旧，以败德害事。

⑦测未至：预测未至。贤者观人，如见肺肝，不用逆料而后觉，以料事为明者，往往逆诈而不信，不自知其愚也。

⑧訾：诋毁，厌恶。布帛做成衣服，木材做成器具，不能改作，訾之无补。

⑨身质言语：言语之际，疑则阙之，不可自我质正，恐有失误；物理精微，不易辨，有疑就问，可进于明，以身质言语，是不虚心求知。质：抵押（人质）。

【**译文**】

《少仪》说：“不要偷视旁人的机密，不要狎侮熟悉的朋党，不说故旧过去的事故，不要有戏侮的颜色。不要速来速往，有进锐退速之过。不要媚神求福，不要徇往习恶，耻过作非。以诚信待人，不要逆诈不信，预测未至。不要诋毁衣服成器，使人沮丧。不要强辞质言，以损汝明。”

敬身 19

论语曰：车中不内顾，不疾言，不亲指。

【**译文**】

《论语》说：“（门人弟子记夫子）在车中，不回转看车内的东西，不紧急说话，不亲手指画。”

敬身20

曲礼曰：凡视上于面则傲，下于带则忧，倾则奸。

【译文】

《曲礼》说："大凡目视高于人的头面是骄傲自满，目中无人。目视低于人的带就知他心有忧虞，头伸不直。倾邪流视，必有奸邪不正的心思梗在心胸之中。"

【评述】

这是以视之高下倾斜观人之法。吕氏说："视上于面者其气骄，知其不能下人矣。下于带者其神夺，知其忧在其心矣。视淫则容侧，必有不正之心存乎胸中矣。"

敬身21

论语曰[①]：孔子于乡党，恂恂如也[②]，似不能言者。其在宗庙、朝廷，便便言[③]，唯谨尔。朝，与下大夫言，侃侃如也[④]；与上大夫言，訚（yīn）訚如也[⑤]。

【注解】

①本节是门人记孔夫子言语，因地因人而不同，无不恰当其可，所谓时中也。

②恂恂：诚实的样子。

③便便言：详问而极言以辨明。

④侃侃：刚强正直。

⑤訚訚：和悦而正直地争辩。

【译文】

《论语》说："孔子在乡党宗族之中，恭敬诚实，好像不善说话的样子。他在宗庙之中，朝廷之上，对于礼仪政事，必然分辨明晰，剖析毫芒，言无不尽，但很谨慎。在朝堂和下大夫谈论，侃侃而谈，直言不讳；和上大夫谈论时，和悦之中，寓谏诤之意。"

【评述】

可见圣人之容貌言语，因时因地因人而不同，无不中理，即此可以识时中矣。朱子曰："乡党，父兄宗族之所在，故孔子居之，其容貌辞气如此。宗庙，礼法之所在，朝廷政事之所出，言不可以不明辨，故详问而极言之，唯谨而不放尔。"

敬身22

孔子食不语①，寝不言②。

【注解】

范氏曰："圣人存心不贰，当食而食，当寝而寝，言语非其时也。"

①语：答述。

②言：自言。

【译文】

孔子吃饭时，虽有人请问，也不回答。睡觉时，也给人答问题呢，但不自言。

敬身23

士相见礼曰：与君言，言使臣；与大夫言，言事君；与老者言，言使子弟；与幼者言，言孝弟于父兄；与众言，言忠信慈祥；与居官者言，言忠信。

【译文】

《士相见礼》说："对君说话，要说君使臣以礼的事。对大夫说话，要说精忠报国的事。对老人说话，要说教育子女指使子弟的事。对幼年说话，要说孝顺父母，恭敬兄长的道理。对众人说话，要说言必忠信，行要慈祥的道理。对做官的说话，要说如何忠于君，如何信于民的事。"

【评述】

古语说："君子口里莫乱道，不是人伦是世教。"《易》曰："君子以教思无穷，容保民无疆。"此之谓与？

敬身24

论语曰：席不正不坐。

【译文】

《论语》中门人记夫子处必以正的事，说："我夫子动必以正，席设的不正都不坐。"

【评述】

谢氏曰："圣人心安于正，故于位之不正者，虽小不处。"

敬身25

子见齐（zi）衰（cui）者①，虽狎必变②，见冕（miǎn）者与瞽（gu）者③，虽亵（xiè）必以貌④。凶服者式之⑤，式负版者⑥。

【注解】

①齐衰：丧服。

②狎：平素亲狎的人。变：改变容色。

③冕：官帽。瞽：盲人。

④亵：平常相见。貌：礼貌。

⑤式：车前横木。式之：手抚车轼俯首以示哀。

⑥负版者：持邦国地图户籍的人。

【译文】

门人记夫子哀有丧，尊有爵，矜残废，重民俗的容貌。说：“夫子见到穿丧服的，虽是很亲密的人，也必定变成严肃的容色。看见戴官帽和盲目的人，虽是平常相见，必以礼貌对之。坐车时，遇见穿丧服的人，手抚车轼俯首以示哀，遇见背负国家图籍的人，抚车轼俯首以示尊敬。”

敬身26

礼记曰：若有疾风、迅雷①、甚雨，则必变②，虽夜必兴③，衣服冠而坐④。

【注解】

①迅雷：迅急的雷霆。

②变：改变容色。

③兴：起床。

④坐：跪。

【译文】

《礼记》记孔夫子容貌之变说："倘若有飙疾大风、炸雷、大雨，就必改变平时容色，显出畏惧的容色，虽在夜卧时，必急起床，穿戴整齐，跪坐以敬天怒。"事天如事亲，敬天之怒，不敢自安也。

敬身27

论语曰：寝不尸[①]，居不容[②]。

【注解】

①尸：仰卧似死人。寝不尸：寝时自然收敛，不仰卧如死人。

②容：容饰。居不容：平居不为容饰。

【译文】

《论语》门人记夫子之寝处无不合道，乃云夫子之寝，敬而不肆。始终莫有仰卧如尸之容，平居时不为容饰。

敬身28

子之燕居[①]，申申如也[②]，夭夭如也[③]。

【注解】

①燕居：私自居处。

②申申：形容舒展。

③夭夭：颜色愉悦。

【译文】

夫子在私自居处之时，但见其身体敬庄，形容舒展，颜色愉悦。

【评述】

孟子所谓“仁义礼智根于心，其生色也，睟（suì）然见于面，盎于背，施于四体，四体不言而喻。”于夫子燕居之容可见矣。

敬身 29

曲礼曰：并坐不横肱（hóng）[1]，授立不跪，授坐不立。

【注解】

①横：左右撑起。肱；手臂由肘到肩的部分。

【译文】

《曲礼》说：“与人并排坐，不能横起大臂，妨碍同坐的人。给立着的人送物品，不要跪。给坐的人送东西，不要立。”

敬身 30

入国不驰[1]，入里必式[2]。

【注解】

①国：国都。

②式：通“轼”。以手抚轼表示尊敬的礼节。

【译文】

《曲礼》说：“入国都，不要驰驱车马，以免碰伤人。入里必式，以礼敬里中年高有德的人。”

敬身 31

少仪曰：执虚如执盈[①]，入虚如有人[②]。

【注解】

①执虚：拿着未盛物的器具。

②入虚，进入空虚无人的房屋。

【译文】

《少仪》说：“执虚器当如执满装汤液的器物那样敬事，进入空虚无人的房屋如有主人一样恭敬。”

【评述】

学子为学，事事处处莫不敬，这就是主敬。

敬身 32

礼记曰：古之君子，必佩玉[①]，左徵（zhǐ）、角[②]，右宫、羽[③]，趋以采荠[④]，行以肆夏，周旋中规[⑤]，折旋中矩[⑥]，进则揖之[⑦]，退则扬之[⑧]。然后玉锵鸣也，故君子在车，则闻鸾和之声[⑨]，

行则鸣佩玉，是以非辟之心，无自入也。

【注解】

①佩玉：佩带玉石。

②左徵角：身左佩的玉音中徵、角。

③右宫羽：身右佩的玉音中宫、羽。

④趋：从寝门外走应门，当小步快行，因名趋。采荠：诗歌名。

⑤周旋：先直行去，又绕个圈转回来，叫周旋。

⑥折旋：先直行又折而横行，其方如矩，叫折旋。

⑦揖：进而前身略俯，如将揖。

⑧扬：退而后，身略仰，因名扬。

⑨鸾和：古代车上的两种铃子。鸾声：马佩戴的串铃声。和声：车上的轼铃声。

【译文】

《礼记》说："古时的士大夫，必佩带玉石。左边佩的玉，声中徵、角之音，身右佩的玉，声中宫、羽之音。趋而进，歌采荠之诗以为节；缓而行，歌肆夏之诗以为节；周旋当中规，折旋当中矩。进而前，身微俯似揖之状，退而后，身微扬之，然后佩玉之声，锵锵而鸣，如奏乐然，而杂念不生。所以君子在车中，就听到鸾和玲声，行就听见佩玉之鸣声，是以心有所主，而邪僻之心，无从而入。"

【评述】

宫音属土，声重浊；商音属金，声次浊；角音属木，其声平，羽音属水，声轻清；徵音属火，声次轻。佩玉之声，以五音为准，身动则玉鸣，有似奏乐。古之君子所以必佩玉以制止非辟之心，进退俯仰各得其节，佩玉锵锵而鸣，自然和谐。

敬身33

射义曰[①]：射者进退周还[②]，必中礼，内志正，外体直，然后持弓矢审固，持弓矢审固，然后可以言中[③]，此可以观德行矣[④]。

【注解】

①射义：《礼记》篇名。

②方氏曰："进退者，升降之节，周还者，揖让之容。"

③言中：说射中目标的事。

④观德行：动必合礼，而志正体直，惟有德者能之，故可以观德行。

【译文】

《射义》说："射箭的人，动容周还必合于礼法，内而心志正，外而身体直，然后才能执持弓箭审重稳固，持弓矢详审稳固，然后可以说射中的事，射箭可以观察人有德与无德。"

【评述】

内志正然后持弓矢审，外体直然后持弓矢固，惟能固，故其力足以至的，惟能审，故其巧能以中的。动必合礼，而志正体直，惟有德者能之，古语说："射以观德行。"其此之谓与？

以上明威仪之则

第三章　衣服之制

敬身34

士冠礼[1]，始加，祝曰：令月吉日[2]，始加元服[3]，弃尔幼志[4]，顺尔成德[5]，寿考维祺[6]，介尔景福[7]。再加，曰：吉月令辰[8]，乃申尔服[9]，敬尔威仪[10]，淑慎尔德[11]，眉寿万年[12]，永受胡福[13]。三加，曰：以岁之正，以月之令，咸加尔服[14]，兄弟俱在[15]，以成厥德，黄耇（gǒu）无疆[16]，受天之庆。

【注解】

①士冠礼：《仪礼》篇名，古代男子二十岁举行冠礼，筮日筮宾，三加而三祝之，始加用缁布冠。

②令：善。

③元：首。元服：冠，帽子。

④尔：汝。

⑤顺：顺从。

⑥祺：祥瑞。

⑦介、景：皆作大解。再加用皮弁。

⑧辰：时辰。

⑨申：重申。

⑩威：有威可畏。仪：有仪可象。

⑪淑：善。

⑫眉寿：老人以寿眉做寿证。

⑬胡福：无穷之福。胡：长久。三加用爵弁。

⑭咸：都。

⑮兄弟俱在：祝其无故。

⑯黄：发白而后黄。耇：面色如冻梨色，也是长寿征象。无疆：无界限。

【译文】

《士冠礼》说："始初加冠的祝辞说：'好月份吉利日，开始给你加冠，要知加冠后就成了成年人，不再是幼子了，抛弃你幼时的意志，顺从你成人的品德，能如此，就可以得到长寿吉祥，以扩大你的大福。'再加冠，祝辞说：'吉月好时辰，乃重给你加冠，敬慎你成人的威仪，好好慎重你的品德，将来秀眉生出，寿考万年，永远享受幸福。'三加，祝辞说：'用年岁的正善，和月之令善，全部加上你的冠冕，祝你兄弟无故而都在，以成就你的德性，黄发梨面，寿长无限，享受天赐的福庆。'"

【评述】

冠礼之仪，庄重严肃。二十岁是人生的一个转折点，告别少年时期，肩负家庭及社会责任，德性及能力将有一个较大的提升。三加三祝，美好的未来展现在眼前，等待你去实现。

敬身35

曲礼曰：为人子者，父母存，冠衣不纯素[①]**。孤子当室**[①]**，冠衣不纯彩。**

【注解】

①纯：镶边；边缘。冠饰衣缘。

②孤：幼子无父为孤子。

【译文】

《礼记》说，“做人子的，父母健在时，冠饰和衣缘都不用白色，表示喜庆。孤子当家，冠饰和衣缘不用彩色，表示哀伤。”

敬身36

论语曰：君子不以绀緅（zōu）饰[①]**，红紫不以为亵（xiè）服**[②]**。当暑，袗（zhēn）絺（chī）绤（xī）**[③]**，必表而出之**[④]。

【注解】

①绀：深青扬赤色，斋服也。緅：降色。三年之丧饰练服用色。饰：领缘。

②亵服：私居用的便服。

③袗：穿单衣。絺：细葛布。绤：粗葛布。

④表而出之：先着里衣，把絺绤穿在外面。

【译文】

《论语》记夫子衣服之制说：“我夫子不用绀緅色做缘饰，只为绀是斋服之色，緅是练服之饰，所以不用这二种色布做缘饰。红紫间色不正，夫子不用以为平常在家穿的衣服。当暑热之时服葛布服，先着里衣，把葛布服穿在表外，不使体肤外露。

敬身38

去丧[①]，無所不佩[②]。

【注解】

①去丧：服满三年丧后除去丧服。

②佩：佩玉。君子無故玉不去身。

【译文】

除去丧服后，佩所宜佩戴的玉佩和佩饰。

敬身38

孔子羔裘玄冠不以吊[①]

【注解】

①羔裘：小羊皮袍，色黑，和玄冠都是吉服。丧主素，吊丧必服素，所以哀死。

【译文】

夫子不穿黑色羔羊皮袍，戴黑色帽子去吊丧，必服素服以吊，所以哀死者也。

敬身39

礼记曰：童子不裘，不帛，不屦絇（qú）[①]。

【注解】

①屦：鞋。絇：屦头饰。古者十五为成童，童子尚未成人，所以不得穿皮袄，不得穿绸缎，不饰鞋头，以示不得与成人一样。

【译文】

《礼记》说："年尚未冠的童子，不许服裘帛，不许在鞋头做装饰。童子不能服成人的服装。"

敬身 40

孔子曰：士志于道①，而耻恶衣恶食者，未足与议也

【注解】

①道：日用事物当行之理，人之所以为人的道理。

【译文】

孔夫子说："士有志于实行圣人之道，若以恶衣恶食为耻，其识趣卑鄙极矣，是不值得与他谈论道的。"

以上明衣服之制

第四章　饮食之节

敬身41

曲礼曰：共食不饱，共饭不泽手[①]。毋抟饭[②]，毋放饭[③]，毋流歠（chuò）[④]，毋咤（zhà）食[⑤]，毋啮（niè）骨[⑥]，毋反鱼肉[⑦]，毋投与狗骨[⑧]。毋固获[⑨]，毋扬饭[⑩]，饭黍毋以箸[⑪]。毋嚃（tā）羹[⑫]，毋絮羹[⑬]，毋刺齿[⑭]，毋歠醢（hāi）[⑮]。客絮羹，主人辞不能亨[⑯]；客歠醢，主人辞以窭（jū）[⑰]。濡肉齿决[⑱]，干肉不齿决，毋嘬（chuāi）炙[⑲]。

【注解】

①泽：渍污。

②抟：把东西捏聚成团。

③放：纵肆。

④流歠：恣饮无节。歠：饮。

⑤咤食：吃东西时口中作声。

⑥啮：用嘴咬。

⑦返鱼肉：鱼肉有刺，不惯食，也不可反于盘中。

⑧毋投与狗骨：敬主人之盛馔。

⑨固获：坚欲得之。

⑩扬饭：嫌于欲食之急。

⑪饭黍：吃米饭。箸：筷子。

⑫嚃羹：大口吞食菜羹。

⑬絮羹：调拌菜羹。

⑭刺齿：刺去牙缝肉菜。

⑮歠醢：品尝醢味。醢：肉酱。

⑯辞不能亨：谦辞自家不会调味。

⑰辞以窭：谦辞家贫无力具味。窭：贫穷。

⑱齿决：用齿咬断肉。

⑲炙：烤肉。嘬：大口吞食。吃烤肉要细嚼，不要大口吞食。

【译文】

《曲礼》说："与会共食不可求饱，与人共饭应手无渍污。不要抟聚饭，不要放开肚皮大吃，不要饮酒无节，不要口食有声，不要嚼骨头，不要把口里的鱼肉返入盘里，不要把骨头投给狗。不要把夹不住的肉菜硬要夹到，不要扬饭。吃米饭要用匙，不要用筷子。不要吞食羹中肉菜，不要调羹汤，不要通刺牙缝，不要品尝醢味。客调羹，主人谦辞不会烹调，客品尝醢味，主人谦辞因家贫不能具味。鲜肉可用齿咬断，干肉须切断不要用牙咬。不要吞食烤肉。"

【评述】

聚餐吃饭，最能显示出一个人的道德修养，餐桌上的一言一行，都要中规中矩。不懂得尊重别人的人，是对自己的不尊重，敬身就无从谈起。海吃猛喝，污言秽语，酩酊大醉，借酒发疯，伤害了别人，更伤害了自己。

敬身42

少仪曰：燕侍食于君子[①]，则先饭而后已[②]。毋放饭[③]，无流歠（chuò）[④]，小饭而亟之[⑤]，数噍（jiào）[⑥]，毋为口容[⑦]。

【注解】

①燕：安闲，闲居。

②先饭：尝食之礼。后已：后吃毕；寓劝食之意。

③放饭：放肆无节的吃。

④流歠：恣饮如流的喝。

⑤小饭：小口吃饭。亟之：快咽下去以备敬答君子之问。

⑥数噍：快嚼。噍：咀嚼。

⑦毋为口容：不要弄口做容。

【译文】

《少仪》说："闲居奉陪君子吃饭，就先吃而后吃毕，不要放开吃，不要如水流不止地喝，少吃些饭快咽下去以备答问。快点嚼，不要把口甩动了。"

敬身43

论语曰：食（si）不厌精[①]，脍（kuài）不厌细[②]。食饐（yi）而餲（āi）[③]，鱼馁（něi）而肉败[④]，不食[⑤]，色恶不食，臭恶不食[⑥]，失饪不食[⑦]，不时不食[⑧]，割不正不食[⑨]，不得其酱不食[⑩]。

肉虽多，不使胜食气[11]，唯酒无量，不及乱[12]，沽酒市脯（fǔ）[13]，不食，不撤姜食[14]，不多食[15]。

【注解】

①食：饭。

②脍：生肉先切薄如荷叶，再切成细条，又切成细脍，调以盐、酱、醋、味精即可食。食精则可口，脍细易消化，故不厌。食饐：饭伤于熟湿。餲：食物过期而腐臭变味。

④馁：鱼肉坏烂。肉败：肉腐烂。

⑤不食：鱼馁肉败，则有毒不可食。

⑥色恶、臭恶：虽未败而色味已变，则有毒不能食。

⑦饪：烹调生熟失宜。

⑧不时：五谷未成、果实未熟之类，食之足以伤人，故不食。

⑨割不正：切肉不方正者不食，为其离正。

⑩不得其酱不食：食肉用酱，各有所宜，不得则不食，恶其不备。

⑪胜食气：食以谷为主，肉胜食气则难消化。

⑫不及乱：酒以为人合欢，故不限量，乱则失礼，不能醉酒及乱。

⑬沽酒市脯：从市上买来的酒，恐不洁。

⑭撤姜：姜可以通神明，去秽恶，故不撤去。

⑮不多食：饮食自倍，肠胃乃伤。

【译文】

《论语》说："饭食不讨厌制做精良，脍细则容易消化。食物败坏变味、鱼坏烂、肉腐败则不食；色恶臭恶虽未腐败而色味已变，则有毒不能食；不合烹调生熟之节度则不食；五谷、果实未到成熟之时不食，肉切不方正不食，肉食没有合宜的酱则不食。

食以谷为主，肉虽多，不使超过吃主食的量；酒为人合欢，虽不限量，但不能乱志失礼。买酒于市脯恐不洁，故不食；食必有姜，不过量多食。”

敬身44

礼记曰：君无故不杀牛，大夫无故不杀羊，士无故不杀犬豚。君子远庖厨[①]，凡有血气之类，弗身践也[②]。

【注解】

①远庖厨：孟子曰：“君子之于禽兽也，见其生，不忍见其死，闻其声，不忍食其肉。是以君子远庖厨也。”庖：杀牲房。

②践：翦（jiǎn）杀。

【译文】

《礼记》说：“国君无祭祀、礼宾客的事故不杀牛，大夫无事故不杀羊，士无事故不杀猪狗。君子远离庖厨，凡是有血气的生物，不亲自翦杀。”

敬身45

乐记曰：豢（huàn）豕为酒[①]，非以为祸也，而狱讼益繁，则酒之流生祸也。是故先王因为酒礼，一献之礼，宾主百拜，终日饮酒而不得醉焉，此先王所以备酒祸也。

【注解】

①豢：喂养。豢豕：养猪。

【译文】

《乐记》说："养猪造酒不是用来创祸的，而因此闹起的狱讼越来越多，就是饮酒无节生出的凶祸。因此缘故，先王因而制为饮酒礼，一献的礼，宾主相拜上百次，礼节多饮酒少，整天饮酒也不醉，这是先王用礼成人欢乐且防备酒祸。"

敬身46

孟子曰：饮食之人①，则人贱之矣，为其养小以失大也②。

【注解】

①饮食之人：贪口腹的人。

②养小以失大：体有小大，口腹是小体，心性是大体。为贪饮食丧失了天性，就被人看不起。

【译文】

孟子说："贪图饮食的人，人就看不起他，只为他只养小体而丧失了大体。"

以上明饮食之节

内篇（四）

第四卷　稽古

孟子道性善[1]，言必称尧舜[2]，其言曰："舜为法于天下，可传于后世，我犹未免为乡人也[3]，是则可忧也[4]，忧之如何[5]，如舜而已矣[6]。"

【注解】

①道：称道。性：人的本性，人所禀于天以生之理，浑然至善。性善：性由天赋，天理本善所以人性皆善。

②尧：姓伊祁，名放勋，古唐国（今山西运城绛县古绛镇）人，五帝之一。尧十三岁辅佐挚，封于陶地，十五岁改封于唐地，所以尧号曰陶唐氏。十八岁，尧代挚为天子，都于蒲阪。尧立七十年得舜，二十年后尧老，舜代替尧执政，尧让位二十八年后逝世。开创了帝王禅让先河。《史记》说：尧帝"其仁如天，其知如神，就之如日，望之如云。"接近他如太阳一般，远望他如云霞一样灿烂。富有而不骄横，高贵而不傲慢。"能明驯德，以亲九族"。尧设置谏言之鼓，让天下百姓尽其言；立诽谤之木（华表的雏形），让天下百姓攻击他的过错。帝尧德高望重，人民倾心于帝尧。他严肃恭谨，光照四方，上下分明，能团结族人，使邦族之间团结如一家，和睦相处。尧为人简朴，吃粗米饭，喝野菜汤。自然得到人民的爱戴。尧舜之性，与乡人同是天赋，由于尧舜能全其本性，所以钦明孝友之德为法于天下，传至后世历千万年而不灭没，盖由天性浑全，无一毫人欲之私以蔽其本性，所以为圣人。

③乡人：一般平常人，比之圣人有天壤之差，但他的本性和尧舜是一样的。

④是则可忧也：这就值得忧愁了。是：这个；则：就；可：值得。

⑤忧之如何：忧虑自己应该像什么（人一样）。

⑥已：停止；可以。矣：了。

【译文】

孟子说性善，必称道尧舜的德行，来证实人的本性本来就是善的，他说："舜能孝敬父母，友爱兄弟，成为天下人效法的榜样，还可传到后世，我还不免是个平平常常的乡里人，这就值得忧愁了，忧虑自己应该像什么样的人一样呢？应该刻苦学习，躬行实践，和舜的品行、才智一样就可以了。"

摭（zhí）往行[①]，实前言[②]，述此篇，使读者有所兴起。

【注解】

①摭：拾零。往行：过去圣贤的所作所为。

②实：证实。前言：前几篇言论。

【译文】

采摭已往圣贤的行为，证实前篇立教、明伦、敬身的言论，述稽古一篇，以激励后学奋发向善之心，使读小学书的人有所感发兴起。

第一章　实立教

实：用先圣先贤的行为，证实立教明伦敬身的可行性及实际做法。

稽古 1

太任文王之母[①]，挚任氏之仲女也[②]，王季娶以为妃[③]。太任之性，端一诚庄，维德之行。及其娠文王[④]，目不视邪色，耳不听淫声，口不出傲言。生文王而明圣[⑤]，太任教之，以一而识百，卒为周宗。君子谓太任为能胎教[⑥]。

【注解】

①太任：周文王的母亲。

②挚任氏之仲女也：挚，国名；任氏，挚国国君姓任；仲，排行第二。

③王季：文王的父亲。妃：公侯的妻子。

④娠：妊娠；怀孕。

⑤圣：最崇高的。圣人：指道德、智能极高的人。

⑥胎教：胎儿以母之气血而发育，其母能够眼不看邪恶的颜色，耳不听淫乱的声

音，口不出骄傲的言语，举止端正，思虑纯正，胎儿受此正气的养育遗传，会形成聪明睿智的先天生性，称此为胎教。君子：为学而成德之人。

【译文】

太任是周文王的母亲，她是挚国（任姓）国君的二女儿，王季娶她做了妻子。太任的性格端正纯一，诚实庄严，做事尽做合乎道德的事。及到她怀孕文王时，眼睛不看邪恶的颜色，耳朵不听淫乱的声音，口不说骄傲的话，养成一身正气。文王受到这种正气的养育，形成聪明睿智的先天生性，太任教给他一个事理，他就能推理判断识得许多事物之理，终于成为周朝百世之宗。有品德的人说太任是能在怀胎时教养孩子。

【评述】

文王在胎中感受母亲德育之气，自然生来明圣，才德出众，太任为千古能胎教的第一圣母。

稽古2

孟轲之母，其舍近墓[①]，孟子之少也，嬉戏为墓间之事[②]，踊跃筑埋，孟母曰："此非所以居子也[③]"。乃去舍市，其嬉（xì）戏为贾（gǔ）衒（xuàn）[④]，孟母曰："此非所以居子也"。乃徙舍学宫之旁[⑤]，其嬉戏乃设俎豆[⑥]，揖让进退[⑦]，孟母曰："此真可以居子矣"。遂居之。

【注解】

①舍：房子。墓：坟墓。

②嬉戏：游戏，玩耍。

③非所以居子也：不是孩子住的地方。以：用；居：住。

④贾衒：商人夸耀自己的货物，吸引人购买。贾：商人。衒：夸耀。

⑤乃徙舍学宫之旁：乃：于是。徙：迁移。学宫：学校。宫：宫室。

⑥俎豆：祭器。

⑦揖让进退：揖，作揖；让，相互谦让；进退，进入退出。皆为祭祀先祖，接待宾客时的动作、仪容。

【译文】

孟轲的父亲死得早，孟轲小时候和母亲居住在临近公墓的地方，经常看到埋葬死人的场面，他在玩耍时就效仿哭号、跳踊等动作，学做筑坟葬埋等工作，孟母说："这不是孩子住的地方"。就迁移到街市上住，孟子玩耍时学习经商，衒耀叫卖，孟母说："这也不是孩子住的地方"。于是迁居到学校的旁边，孟子玩耍时模仿设置俎豆等礼器，学习相互作揖，辞让升降进退等祭祀先祖、接待宾客的礼节，孟母说："这才是孩子居住的好地方"。就定居在这里了。

【评述】

小子蒙昧无知，习于善则善，习于恶则恶，不可不慎也。孟母深明此理，故能三迁教子。墓间之事踊跃筑埋，乃人子悲痛之真情，恐孩子以为嬉戏而不能解其义，又惧以悲哀伤心也。市井之气，唯利是图，趋利则背义，使人丢弃远大的志向。

孟子幼时，问东家杀猪何为？母曰："欲啖（dàn）汝[①]。"既

而悔曰："吾闻古有胎教，今适有知而欺之②，是教之不信③。"乃买猪肉以食之。既长就学，遂成大儒。

【注解】

①欲啖汝：想给你吃。啖：吃。

②适：方才。

③教之不信：用不信实教导孩子。之：指孟子。信：诚实。

【译文】

孟子小时候，问东家杀猪做啥？孟母说："想给你肉吃。"立即又后悔地说："我听说古人怀胎就有胎教，现在孩子适才有了知识，我却哄他，是用不信实教导孩子。"就买了些猪肉给孟子吃，以证实前言不虚。孟子既而学习圣人之道，终于成为博学多才的大儒。

【评述】

人生一世，以忠信为怀，若不忠信，至于虚诈作伪，则事事虚假，人格丧尽，不得为人矣。孟母买肉，不开儿子不信之端，卒使孟子成为大儒。今人事事哄孩子，而犹望子成龙，不思之甚也。孟母之教子，规范千古，其识见高远为千古第一慈母，今之为人母者当以为法。

稽古3

孔子尝独立，鲤趋而过庭①，曰："学诗乎②？"对曰："未也。""不学诗，无以言③。"鲤退而学诗。他日，又独立，鲤趋而过庭，

曰："学礼乎[④]？"对曰："未也。""不学礼无以立[⑤]。"鲤退而学礼。

【注解】

①鲤：孔鲤，字伯鱼，孔子之子。趋：快走。庭：庭院。

②诗：春秋以前的诗篇、乐章，经孔子节删编纂为《诗经》三百篇。

③不学诗，无以言：读诗能通达事理而心气和平，故能出言有章。不读诗则词汇贫乏，辞不达意。

④礼：《周礼》、《仪礼》、《礼记》，合称三礼。《周礼》讲官制和政治制度。《仪礼》记述有关冠、婚、丧、祭、乡、射、朝、聘等礼仪制度。述动静起居容仪，应事接物准则。《礼记》是儒家有关各种礼仪制度的论著，其中既有礼仪制度的记述，又有关于礼的理论及其伦理道德、学术思想的论述。

⑤不学礼无以立：学礼则品节详明，德行坚定，行为文明，不以礼则举止无节，行为粗狂。

【译文】

孔鲤答陈亢说：夫子曾独立，鲤从庭中走过，夫子问鲤说："学诗了吗？"鲤回答说："没有学。"夫子教导说："不学诗则无恰当词汇用来说话。"鲤退下去就学诗。另一天，又独立，鲤恭敬地走过庭院，夫子说："学礼了吗？"鲤回答说："没有学。"夫子说："不学礼，无以立身行道。"鲤退下来就学礼。

【评述】

由此可见孔子家中父慈子孝，闺门之内如同朝廷。鲤以父在敬趋过庭，礼仪谨严。孔子以诗礼教子，鲤听父教之后，就学诗学礼，善遵严父之教，不愧为圣人之子。其子子思受其遗传，成为继承发扬圣道之大贤。

稽古 4

子谓伯鱼曰：“汝为周南、召南矣乎[1]？人而不为周南、召南[2]，其犹正墙面而立也与[3]？”

【注解】

①汝：你。为：学而习之。

②周南、召南：《诗经·国风》二篇名，记述文王修身齐家以治岐，教化大行，南方侯国亦被其化而风纯俗美。

③正墙面而立：面向墙站在墙跟前。

【译文】

孔子对儿子伯鱼说：“你学习《周南》《召南》二篇诗了吗？人不学习周南、召南（不领会其中修身齐家治国平天下的道理），就像面对着墙站在墙跟前一样。

【评述】

文王的风化自北而南，周公、召公分治王畿左右侯国，以宣文王修身齐家治国的风教，故南国被文王之化，风纯俗美，虽妇人女子亦知以礼自重，宜室宜家，中庸所谓知远之近，知风之自，知微之显，可与入德矣者是也。周南、召南所言皆修身齐家的事，不学这二篇诗，比如面向墙壁而立，一个事物都看不见，一步也走不前去，也就是说，不懂得修己治人之道，而想治国平天下，连一步都行不通。

立教篇所述母教父教皆足以为万古教子之法，不有胎教则生性愚顽，难以教育。所居无良好环境，幼子习染上恶习邪行不易纠正。不以诗礼教之，则无以明礼修行。不学二南则不知远之近，风之自，而昧于慎独之理。无以修身齐家而不能闻君子之大道矣。治国当以尊德为要，以教化为务，以修己为先。二南尽是文王、后妃修身齐家以及教化通行南国的事，这是人生切近身心最要紧的榜样。

稽古5

虞舜（shùn）①，父顽母嚚（yín）象傲②。克谐以孝③，蒸蒸乂④。不格奸⑤。

【注解】

①舜：是中国上古三皇五帝中的五帝之一。姓姚名重华，字都君。生于诸冯（今山东诸城），都城在蒲阪（今山西运城永济）。受尧的“禅让”而称帝于天下，其国号为“有虞”。帝舜、大舜、虞帝舜、舜帝皆虞舜的帝号，故后世以“舜”简称。

②父：舜父名瞽瞍，母是继母，弟名象（继母所生）。顽：德义是做人的常规，顽是不按德义的常规办事。嚚：谗毁貌。口不说实话，捏造事实在瞽瞍面前说舜的不是。傲：傲慢不恭。

③克谐以孝：能和气的孝顺父母。克：能。谐：谐和。

④蒸蒸：进而又进，不止息。蒸：进。乂：治，自己修治自己。

⑤不格奸：不至违法乱纪，做出恶事。格：至。

【译文】

虞帝舜的父亲身不则德义的常规，继母口不说真情实话，象傲慢不恭，日以杀舜为事。处境这样困难，而能在父母毒打、弟弟谋杀之下，极其和气地孝顺父母，友爱弟弟。慢慢感化，卒使父母和弟弟，进一步，又进一步地自己修治自己，没做出违法乱纪的坏事。

稽古6

万章问曰：舜往于田，嚎泣于旻天[①]，何为其嚎泣也？孟子曰：怨慕也[②]，我竭力耕田，躬为子职而已矣，父母之不我爱，于我何哉[③]？帝使其子九男二女，百官、牛羊、仓廪备，以养舜于畎亩之中。天下之士，多就之者，帝将胥天下而迁之焉[④]。为不顺于父母，如穷人无所归[⑤]。天下之士悦之，人之所欲也，而不足以解忧。好色，人之所欲，妻帝之二女，而不足以解忧。富，人之所欲，富有天下，而不足以解忧。贵，人之所欲，贵为天子，而不足以解忧。人悦之，好色、富贵，无足以解忧者，惟顺于父母可以解忧。

人少则慕父母，知好色则慕少艾[⑥]，有妻子则慕妻子，仕则慕君，不得于君则热中[⑦]。大孝终身慕父母。五十而慕者，予于大舜见之矣。

【注解】

①嚎泣于旻天：叫天嚎哭。旻天：天生万物而怜悯之，因名旻天。

②怨慕也：怨自己不会事亲，而思慕父母爱我。

③于我何哉：我做错了什么使父母愤怒，而不爱我呢？④帝：尧帝。胥：看，观察。迁之：移交给舜。

⑤如穷人之无所归：像穷苦人无家可归，言其怨慕迫切之甚。

⑥艾，美好。

⑦不得：失意不得宠。热中：心中烦燥发热。

【译文】

孟子的学生万章问说："舜到田间做农活，望天啼哭，为什么嚎哭呢？"孟子说："他怨恨自己不会事亲，而思慕父母能爱他，所以嚎哭呢。他认为自己尽力做农活，亲身做好了人子应做的事，父母不爱我，是我哪里还没做好？得罪了父母，我为啥如此无知，连父母都不会侍奉呢？当时舜的孝名人人都知，帝尧闻知，赏识舜的孝行，命他的九个儿子去舜那里向舜学习，两个女儿嫁为舜妻，文武百官供舜役使，牛羊仓廪全备，以养舜在农村。天下的贤士，多来历山就舜学道，眼看着尧将要把天下让给舜了，但是因为得不到父母的慈爱，舜就像穷苦人无家可归一样惶惶不安。受天下士人的喜爱是人所同欲的，舜受到天下善士的喜爱，不能解他的忧愁；美色是人所同欲的，娶天子的两个女儿为妻，不能解他的忧愁；富是人所欲的，富有天下不能解他的忧愁；贵是人所欲得的，贵为天子不能解他的忧愁。天下的名士喜爱他，人所喜悦的美色富贵同时都得到了，而没能解忧，只有父母慈爱他才可以解他的忧。"

"世人年幼时，就爱慕父母，知好色就慕俊美小女，有妻子就慕妻子，做了官就慕君，得不到君的宠任就心中烦闷不安，把慕父母的心早忘了。大孝子终身只知慕父母，年已五十仍慕父母的，我于大舜见到了。"

【评述】

人小时候慕父母与大舜一样，因知人性本善。及至慕少艾，慕妻子，慕君，则丧其慕父母之心，乃是私欲蔽了本性，丧了良心，才与圣人霄壤不牟。圣人之心，天理纯粹，不以人欲间之。是故终身慕父母，而不以毁誉欢戚美色富贵动其心而有外慕。孟子所谓大人者，不失赤子之心者也。人同此心，心同此理，所以有智愚贤不肖者，只在良心之存与不存耳，惟圣贤能存其本心以终身，故能全其本性。中人以下者，气拘物蔽，不知天爵之贵，放其良心而从欲，故愈趋愈下，甘心为禽兽而不耻，可悲也已！

稽古7

杨子曰：事父母自知不足者，其舜乎？不可得而久者，事亲之谓也。孝子爱日。

【译文】

杨子说：奉事父母虽已尽心竭力，而自认为还是做得不够好的人是舜吧！不可得而久的，是奉事父母的时间。生老病死是人的常规，只怕一旦云亡而抱恨终天，所以孝子爱日。

【评述】

父母生之教之诲之饮之食之数十年，子才能自立。及能养亲时，而亲已老矣，人老则死，是自然规律，虽尽心孝养能有多少时日，及至亲死而才悔，已无济于事，所以孝子常记父母之年，一日养不以三公换。世风不古，日趋洋化，盖有不养其亲之人，是禽兽不若也。人不孝其亲，就是衣冠禽兽，曾羔乌之不如，而犹自命为人，殊不知怪。却不自窥其形影，可不哀哉！

稽古8

文王之为世子[①]，朝于王季日三[②]。鸡初鸣而衣服至于寝门外[③]，问内竖之御者曰[④]：今日安否何如[⑤]？内竖曰安，文王乃喜。及日中又至，亦如之。及莫又至[⑥]，亦如之。其有不安节，则内竖以告文王，文王色忧，行不能正履[⑦]，王季复膳[⑧]，然后亦复初。食上必在视寒暖之节，食下问所膳。命膳宰曰：末有原，应曰诺，然后退。

【注解】

①文王：周文王（前1152～前1056年），姬姓，名昌，季历之子，侯爵，华夏族，周王朝奠基者。其父季历死后，继承西伯之位，故又称西伯昌，共在位50年。《周易》为其所演。死后葬于陕西咸阳周陵。公元前1046年，周武王姬发灭商建周时，追尊他为文王。世子：诸侯嫡长子继世为君者。

②朝于王季日三：世子朝君每天二次，文王朝其父王季每天三次。

③寝门：寝宫的门。

④内竖；宫内小臣。御者：值日奉侍君的人。

⑤何如：详细情况怎么样？

⑥莫：同暮（晚上）。

⑦不能正履：因忧愁乱了脚步。

⑧复膳：恢复平日饭量。

【译文】

文王做世子时，朝见王季问安每天三次。鸡叫头次把朝服穿整齐走到寝宫门外，问内小臣值班的人说："阿父今天安康不安康？详细情况怎么样？"内小臣说："很安康。"文王一听就欢喜。到中午朝见也和早朝一样，到晚朝君亦和中午一样。王季起居饮食有不安节时，内竖就把病状告诉给文王，文王一听就忧色满面，奔去视疾就乱了脚步。王季病好了，恢复了平时饭量，文王才把愁容解了，和起先一样。每次进馔时，必先察看饮食冷热是否适宜，食后撤馔时问膳宰说："君侯所食多少？"命令膳宰说："下次进新鲜饭菜，不要进剩饭。"应曰："是。"文王然后退去。

【评述】

人老多病，病重则危及性命，孝子事亲，唯恐有疾，故每日三次问安，一旦有疾，就忧形于色，行不能正履，疾病全愈后，才不复忧。每次进饭，先察看饭菜饮食寒暖之节，饭后问所食多少，处处留神孝养，以尽人子爱亲之心，而无一息之或忘，才是人子的分内事。今世一些人跟从洋化，丧其本心，至有不养其亲，甚至虐待者，清夜自思，此身从何处来，何以能有今日，你也有孩子，将来不奉养你，又虐待你，你觉得怎样？古语云："庶人老而无子，如坠沟壑。"今有子不如无子，能不伤心吗？

稽古 9

文王有疾，武王不说冠带而养①，文王一饭亦一饭，文王再饭

亦再饭。

【注解】

①说：同脱。冠：礼帽。带：大腰带。

【译文】

文王偶然有疾，武王不脱冠不解带昼夜奉养，文王因病不想吃饭，每天只吃一顿饭，武王忧愁父病只能吃进一顿饭，文王病轻了，每天吃两顿饭，武王忧愁稍解也能吃两顿饭。

【评述】

子女有病，父母愁得夜间睡不着，白天吃不下饭，这是爱儿女心切，只怕儿女一病不起。父母有病儿女也会忧愁亲病，唯恐病情恶化。但是当今社会，儿女不知孝敬父母的逐渐增多，有些忤逆子女不肯养亲，亲病时不请医诊治，亲死后也不甚哀，这种人还算人吗？

周朝累世仁孝，所谓孝顺生的孝顺子，也由于家中礼义熏陶，子女耳闻目见，无有不善，所谓习于善则善。而无礼之家全不讲礼，孩子自幼所闻所见皆是恶的，所谓习于恶则恶也。积善之家必有余庆，正如长孙夫人言："愿新妇有子有孙皆得如新妇孝敬，则崔氏之门安得不昌大乎？"既而果然。王祥之孝亲，王览之爱兄，至东晋时独有余庆，当时所称王谢之家之王即王祥之后。世之愚者不知天命，反逆败德，无所不为，及至家败人亡之时，犹不知悔改而怨天尤人，以重其罪，愚之甚也。

稽古10

孔子曰：武王、周公其达孝矣乎[①]？夫孝者，善继人之志[②]，善述人之事者也。践其位[③]，行其礼，奏其乐，敬其所尊[④]，爱其所亲[⑤]，事死如事生[⑥]，事亡如事存[⑦]，孝之至也。

【注解】

①达孝：通天下的人皆称其孝。

②人：先公周文王。

③其位之“其”指先公言。武王身为天子，不忍改其父之道，一切照旧。周公制礼，遂以先公之礼乐为周王之礼乐，所谓践其位，行其礼，奏其乐也。

④其所尊：是先公先祖及人臣。

⑤其所亲：是先公的子孙臣民。

⑥事死如事生：亲没则朝夕哭奠，照常设席，丧必尽礼，是事死如事生。

⑦事亡如事存：举大事，封大臣，必在宗庙举行，四时致祭，有故必先告庙，谓事亡如事存。

【译文】

孔子说：武王、周公的孝是通达于孝道，天下诸侯大夫及士庶人通称其孝。所谓孝者，能善于继承父母的志向，善于叙述先人的事业。文王之志，欲明明德于天下，因殷纣阻之而未治，武王、周公继之，然后大行，即所谓善承继父亲的心志。文王视民如伤，欲使民为尧舜之民，而武王、周公继之，救民于水火之中，而登之衽席之上。武王已平殷乱，身为天子，一切不改其父之事，践其位，行其礼，奏其乐，敬其所尊，爱其所亲，事死如事生，事亡如事存，其孝达到极致。

稽古11

《淮南子》曰[1]：周公之事文王也，行无专制，事无由己。身若不胜衣，言若不出口，有奉持于文王，洞洞属属[2]，如将不胜，如恐失之，可谓能子矣。

【注解】

①《淮南子》：书名。

②周公：名旦，是周文王的儿子，有大功于王室，被封为周公。

②洞洞：朴实恭谨。属属：用心专一。

【译文】

周公奉事他父周文王，事无大小都不专裁，必禀命而后行，一切事都不由自己作主。身容委婉就像力不能胜任衣服之重，言语慎重，像有话说不出口。有所奉持于文王，朴实恭谨，用心专一，像不能胜任，又像将要跌落的样子，可说是能尽人子之道了。

【评述】

人子事亲要孝敬兼至，周公行无专制，事无由己，极其孝顺，身若不胜衣，言若不出口，有奉持于文王，洞洞属属，如不胜，如将失之，极其恭敬，孝敬兼至，尽人子道矣。夫周公，大圣也，其才之美，人莫能及，而事事不敢自专，慎言似不能言者。世之人不自知其昏愚，认为父母无知，事事由自己专裁，明明错了还不认错，父母稍加指责就反对，无理强辩，不肯屈下，既不孝又不敬以伤父母之心，清夜自思，能不有愧于心乎！

稽古 12

孟子曰：曾子养曾晳[①]，必有酒肉，将彻，必请所与[②]。问有余，必曰：有。曾晳死，曾元养曾子，必有酒肉，将彻，不请所与，问有余，曰：亡矣，将以复进也。此所谓养口体者也。若曾子则可谓养志也，事亲若曾子者可也。

【注解】

①曾子：名参，鲁国南武城人。曾子是儒家正统思想的正宗传人，上承孔子之道，下开思孟之学，对孔子的思想一以贯之。编《论语》、著《大学》、写《孝经》、著《曾子十篇》，后世尊奉为“宗圣”。是配享孔庙的四配之一。曾子终年70岁；葬于山东省嘉祥县满硐乡南武山脚下。今嘉祥县南建有曾子庙、曾林（曾子墓）。曾晳：曾子的父亲。曾元：曾子的儿子。

②请所与：请问想给谁赠送（酒肉）。

【译文】

孟子说：“曾子奉养曾晳，每顿饭必有酒有肉，将撤馔时，必请问所当赠与者。其父若问酒肉有余否？必曰：‘有。’曾晳死后，曾元奉养曾子，亦必有酒肉，将撤，不请问所赠与。曾子问酒肉有余否？曰：‘没有了。’将所余酒肉留着复进呢，这就叫养口体。像曾子那样，就可说是养亲人的心志。事亲像曾子那样才可以。”

稽古 13

孔子曰：孝哉闵子骞[①]，人不间与其父母昆弟之言[②]。

【注解】

①闵子骞：名损，字子骞，现宿州埇桥区曹村镇闵祠村人，孔子高徒，在孔门中以德行与颜回并称，是孔门十哲之一。他为人所称道，主要是他的孝，作为“二十四孝子”之一，是中华民族文化史上的先贤人物。孝哉：赞称其孝顺之词。

②间：隔阂、隔离。昆弟：兄弟。

【译文】

孔子说：闵子骞真是孝顺啊！父母兄弟说他孝，和外人称赞他孝顺的话是一样的，没有什么情感隔阂。”

稽古 14

老莱子孝奉二亲[1]，行年七十，作婴儿戏，身著五色斑斓之衣[2]。尝取水上堂[3]，诈跌仆卧地，为小儿啼，弄雏于亲侧[4]，欲亲之喜。

【注解】

①老莱子：春秋晚期楚国（湖北荆门）人。

②著衣：穿衣。

③尝：曾。

④雏：小鸡。

【译文】

老莱子尽孝奉养父母，年过七十，做婴幼儿玩耍，身穿着五色斑斓的花衣裳，曾经挑桶担水上堂，假装跌倒，爬在地上，学小孩啼哭，或玩弄小雏在父母亲的身边，表示他还是小孩子，希望父母欢喜。

【评述】

老莱子年过七十，双亲犹健在，疑二亲见儿衰老，怕死在他们的头里，常有不死之叹。因穿上花衣服，学小儿玩要，以悦亲心。今之婴孩爱慕父母，胜过老莱子，及长则爱慕之心渐衰。父母已老，竟有不愿奉养者，此因货利熏心，丧尽良心而不自知。清夜扪心，能不自愧？若能以老莱子的心为心，保持幼时慕亲心态，则愉色婉容，承欢膝下之心，油然而生。

稽古15

乐正子春[①]，下堂而伤其足，数月不出，犹有忧色。门弟子曰："夫子之足瘳矣[②]，数月不出，犹有忧色，何也？"乐正子春曰："善如尔之问也，吾闻诸曾子，曾子闻诸夫子曰：'天之所生，地之所养，惟人为大，父母全而生之，子全而归之，可谓孝矣。不亏其体，不辱其身，可谓全矣。故君子跬步而不敢忘孝也。[③]'今予忘孝之道，予是以有忧色也。一举足而不敢忘父母，是故道而不径[④]，舟而不游，不敢以先父母之遗体行怠[⑤]。一出言而不敢忘父母，是故恶言不出于口，忿言不返于身，不辱其身，不羞其亲，可谓孝矣。"

【注解】

①乐正：姓。子春：名。曾子门弟子。

②瘳：病好了。

③跬：半步。行走时举足一次为跬，举足两次为步。

④道而不径：道是大路，径是小路。

⑤行怠：走危险的路。怠：懈散不谨。

【译文】

曾子的弟子乐正子春，下堂跌伤了脚，几个月不出门，仍面带忧色。门弟子问他说：“夫子的脚好了，几月不出，还有忧色，这是为什么？”乐正子春说：“你问的极好，我曾听我的先生曾子说，曾子听孔夫子说：‘天所生地所养的万物之中，只有人是最灵的，人的身体灵性，父母生的是浑全的，儿子一生战战兢兢守身，直到老死无有损伤，可称为孝。不亏损身体，不辱贱身体，可称为全。所以明理君子一步一趋不敢忘了孝道。’今我忘了孝道而伤足，何以对亲对师对天地？内心有疚，我所以有忧愁的颜色。一抬脚不敢忘父母，所以走路不走小路，坐船过水而不游过去，不敢以父母遗留的身体走危险的路。一出言而不敢忘父母，所以恶言不从口出，则忿恨无礼的言语无从返到己身上。不辱贱身体，不遗羞父母，可称孝了。”

【评述】

乐正子春学于曾子，平日受教以为身体发肤，受之父母，临深履薄，不敢毁伤，必其保身甚严。一旦忽略，下堂伤足，不胜感伤，至数月不出，还有忧色。他的学生不明其故，因而问之。乐正子春因善其问，而说出了自己的本心。今之学生，每因一言不合与人持斗求胜，甚至打群架，被捕入狱，或被人打伤破面伤身成为残废，罪如邱山，试扪心自问，能对得起父母养育之恩吗？

稽古 16

伯俞有过[①]，其母笞（chī）之[②]，泣[③]。其母曰：“他日笞，子未曾泣，今泣何也?”对曰：“俞得罪，笞常痛，今母之力，不能使痛，是以泣。”

【注解】

①伯俞：姓韩名俞，周时人。

②笞：抽打。

③泣：流泪。

【译文】

韩伯俞有过错，他母亲笞责，他掉眼泪。他母亲说：“往日打你，你没流过泪，今天流泪为什么?”伯俞对母亲说：“俞得罪母亲，受笞常觉很痛，而今母亲的力弱，不能使我感到疼，因此伤心流泪。”

【评述】

人生不能无过，有过能得到父母指责，是最大的幸福。伯俞感伤母亲年老力衰而哭泣，是恐其不能久于人世，以后有过无人管，再想受慈母笞打，就得不到了。今人有过，父母一批评就反对，不肯认错，往往错上加错，至于违法乱纪，走上犯罪的道路，使父母担惊受怕。若能以伯愈之心为心，深感父母教育之恩，甘受笞责，改过自新，既能得到父母的喜悦，又能使自己不犯错误，这该多好啊！

故曰：父母怒之，不作于意[①]，不现于色[②]，深受其罪，使可哀怜，上也。父母怒之，不作于意，不现于色，其次也。父母怒之，作于意，现于色，下也。

【注解】

①不作于意：不起不服的意念。

②不现于色：不见不悦的颜色。

【译文】

所以说：父母责怪自己，不起不服的意念，不见不悦的颜色，深深地反省自己的罪过，使自己可以得到父母的哀怜，乃是上等人。父母怒责时，不起不服的意念，不见不悦的颜色，是次一等的人。父母怒责，心中不服，现出怒色，是下等人。

【评述】

禹闻善言则拜，子路人告之有过则喜，这是圣贤之行，人子受父母怒责，能深受其罪所以为上。若虽不反感，也不认罪，所以为次。若不服罪，而又反对，是无悔过之心，甘心走犯罪的道路，是最下等的人。

稽古 17

公明宣学于曾子[①]，三年不读书。曾子曰："宣，尔居参之门[②]，三年不学，何也？"公明宣曰："安敢不学？宣见夫子居庭[③]，亲在，叱咤之声未尝至于犬马[④]，宣悦之，学而未能。宣见夫子之应宾客，恭俭而不懈惰，宣悦之，学而未能。宣见夫子居

朝廷⑤，庄严临下而不毁伤，宣悦之，学而未能。宣说此三者，学而未能，宣安敢不学，而居夫子之门乎？”

【注解】

①公明宣：公明，姓，宣，名，曾子的学生。

②尔：你。

③庭：家庭。

④叱咤：怒骂声。

⑤朝廷：外院。

【译文】

公明宣求学于曾子，三年不读诗书。曾子说：“宣，你居参的门下，三年不学，为什么？”公明宣说：“怎敢不学？宣看见夫子居家，在父母前莫骂过狗马，宣喜爱先生的孝道，时时在学而未能学到。宣见夫子应接宾客，恭敬节制而不松懈懒惰，宣喜爱先生的敬德，时时在学而未能学到。宣见夫子居外庭处理政事庄严临下，而不毁伤其意，宣爱先生的慈德，时时在学而未能学到。宣喜爱先生的孝敬慈三个美德，学了三年还未学到，宣怎敢不学，而居夫子之门下呢？”

【评述】

孔子曰：“弟子入则孝，出则弟，谨而信，泛爱众，而亲仁。行有余力，则以学文。”可知人之为学，就是学习做人之道。公明宣以学道为先，学文为后，能知为学之先后轻重。曾子之学，首重力行，其所以问宣者，恐宣不知读书明理以致其知，而暗于诚意正心修身之道。及公明宣应对，知宣得其要点，故不复有所开导。今人为学，重文艺而轻道义，所以人才扭曲，风气不正，而腐化堕落的人与事屡见不鲜，甚至有犯上作乱者，噫！

曾子为孔门大贤，得传孔子之道。其为人师，现身说法。公明宣力学三年而未能，由曾子以身作则，学生仰慕深思而知之，而后躬行之。公明宣学师之行，而思知其心，学得其要矣。先力行而后学文，则不流于尚才华而轻道义，不至于终身读书，而不知圣贤一言为可用，卒成为侮圣言之人。

稽古 18

少连大连[1]，善居丧。三日不怠[2]，三月不懈[3]，期悲哀[4]，三年忧[5]，东夷之子也[6]。

【注解】

①少连大连：周朝逸民，与夷齐齐名。

②三日：亲始死，水浆不入口之时。

③三月：亲未葬之时。

④期：一周年。

⑤三年：居丧之期。

⑤东夷：东方边陲地区，远于京畿，礼俗较差。

【译文】

少连大连，最善于居丧。亲始没三日，虽水浆不入口，犹能尽礼而无怠意。灵柩在堂，疏食饮水，寝苫枕块之时，朝夕哭奠，事事尽礼，而不松懈，周年悲哀，三年忧戚，他是东夷人。

【评述】

人同此心，心同此理，少连大连是东夷人，而居丧尽礼，不但进于中国，而且善于礼矣。而京畿之人，反有弃礼义而行同蛮夷者，噫!

稽古19

高子皋之执亲之丧也[1]，泣血[2]，三年未曾见齿[3]，君子以为难。

【注解】

①高子皋：名柴，孔门七十二贤之一。执亲之丧：亲殁守丧。

②泣血：哭泣失声，如血出。

③见齿：笑则见齿。

【译文】

高子皋守亲丧时，哀伤至极，哭泣带血。居丧三年未曾笑露牙齿，君子认为不容易。

【评述】

丧礼以哀为主，观三子居丧尽礼，则其养亲尽孝于平时可知矣，所以为千古人子事亲之法。学者居丧读丧礼，想象古人哀痛之情，令人不止流涕矣。

稽古20

颜丁善居丧[1]，始死，皇皇兮[2]，如有求而弗得。既殡，望望兮[3]，如有从而弗及。既葬，慨然如不及，其反而息[4]。

【注解】

①颜丁：鲁国人。

②皇皇：犹言彷徨。

③望望：仰思貌。

④概然：感慨惆怅意。息：待，待其反。

【译文】

颜丁善于居丧，亲刚死后，彷徨踯躅好像有所寻求而寻不见的样子。既殓后仰望追思，好像有所追从而追不上的样子。已经葬后感慨惆怅，像不及从父母于地下的样子，由墓返家，又走走停停，如等待父母回家来。

【评述】

颜丁居丧始终不忍死其亲，始死时必欲找回，殡后仰望追思，葬后则慨然失望矣，归家后，又等待亲之归来。皆出于不忍死其亲之至情。今人亲死后食肉饮酒无异平日，既葬惟恐灵魂不去，请巫人作法念咒，驱逐出屋，何其甚也！

稽古21

曾子有疾，召门弟子曰："启予足[①]，启予手，诗曰：'战战兢兢[②]，如临深渊[③]，如履薄冰[④]。'而今而后，吾知免夫[⑤]，小子[⑥]。"

【注解】

①启：启开。

②战战：畏惧戒慎貌。兢兢：小心谨慎的样子。

③临渊：怕坠。

④履冰：怕陷。

⑤免夫：免于毁伤。

⑥小子：古人称门弟子为小子。

【译文】

曾子病危，召集门弟子说："看看我的脚，看看我的手，《诗经·小闵》篇上说：'小心谨慎啊，经常好像下临万丈深渊，又像站在薄冰上，一不小心，就会损伤身体。'而今我死后，我知我的身体得免损伤，弟子们！"

【评述】

孔子说："身体发肤，受之父母，不敢毁伤。"孟子说："守孰为大，守身为大。"曾子一生，戒慎恐惧，惟恐损伤父母之遗体。以为世路崎岖，很少坦途，稍为疏忽，即有亏体辱身之祸。所以常常如临深渊，如履薄冰，小心谨慎以守身，临终出示手足，以警告门人小子，使之莫忘保身之难。

稽古22

箕子者[①]，纣亲戚也[②]。纣始为象箸（zhu）[③]，箕子叹曰：彼为象箸，必为玉杯，为玉杯，则必思远方珍怪之物而御之矣。舆马宫室之渐自此始，不可振也。

【注解】

①箕子：名胥余，帝乙的弟弟，纣王的叔父，官太师，封于箕（今山西太谷、榆社

一带），作为中华第一哲人，在商周政权交替与历史大动荡的时代中，其道不得行，其志不得遂。武王克商，封箕子于朝鲜，不相臣属，建立东方君子国，其流风遗韵，至今犹存。

②纣：商王受。

③象著：象牙筷子。箸：筷子。

【译文】

箕子是纣王的叔父，纣开始造象牙筷子，箕子慨叹地说："他造了象牙筷子，必造玉杯，既造玉杯，则必思使用远方珍贵怪样的东西，从此私欲日甚，奢侈日增，香车俊马，琼宫瑶室渐及，从此开始，不可拯救了。

纣为淫泆（yì）[1]，箕子谏，纣不听而囚之[2]，人或曰："可以去矣。"箕子曰："为人臣，谏不听而去，是彰君之恶[3]，而自说于民[4]，吾不忍为也。"乃披发佯狂而为奴[5]，遂隐而鼓琴以自悲，故传之曰："箕子操[6]。"

【注解】

①淫：过分，无节制。泆：放荡。纣为淫泆：如宠妲己，为酒池肉林之类。

②囚：囚系。

③彰：彰扬。

④说：解说。

⑤佯狂：假装疯狂。

⑥操：琴曲。

【译文】

纣王行为贪欲放荡，抛弃礼法，箕子谏诤，纣不听而囚箕子于狱。人或对箕子说："可以去了。"箕子说："做人臣子，谏议不听而去国，是彰扬君的罪恶，等同自己解说于民以无罪，是张扬君恶于外而自己落好名，我不忍做这事。"于是披头散发，假装疯狂，扮成罪人，做奴隶做的事。从此匿藏不出，弹琴自悲而感伤殷朝败亡。所以传称其所作琴曲名曰"箕子操"。

王子比干者[①]，亦纣之亲戚也，见箕子谏不听而为奴，则曰：君有过而不以死诤（zhēng）[②]，则百姓何辜[③]。乃直言谏纣，纣怒曰：吾闻圣人之心有七窍，信有诸乎？乃遂杀王子比干，刳（kū）视其心[④]。

【注解】

①王子：殷王的皇子。比干：名。者：这个人。

②以死诤：不怕杀头同君争论是非。

③辜：罪。

④刳：剖开。

【译文】

王子比干也是纣的诸父，见箕子谏，纣不听而为奴，乃慷慨陈辞说："君有过错而不豁出死命谏诤，任君残害百姓，百姓有什么罪遭此大祸？"于是直言不讳地谏说，认为常此不改必有亡国杀身之祸。纣大怒说："只有圣人能知未来，你今能推知未来之事，难道你是圣人？我听说圣人的心有七个孔窍，你真的有吗？"就杀了王子比干，剞出心来看。

微子曰[1]：父子有骨肉，而臣主以义属。故父有过，子三谏而不听，则随而号之[2]。人臣三谏而不听，则其义可以去矣。于是遂行。

【注解】

①微：国名。子：爵名。微子：纣王庶兄。

②随而号之：号泣从命欲父哀怜而改之。

【译文】

纣兄微子说："父子有骨肉血统而臣主以义相附属，所以父有过错，子三谏而不听，则号泣而随之。人臣三谏而君不听，按义上说可以去国了。"于是抱祭器出走，欲存先人祭祀。

孔子曰：殷有三仁焉。

【译文】

孔子评论说："殷虽灭亡，尚有三个仁人。"

【评述】

朱子曰："心纯乎天理，而无一毫人欲之私，谓之仁。"董子曰："仁人者，正其谊，不谋其利，明其道，不计其功。"箕子以太师之尊，宁披发佯狂而为奴，也不去国以彰君之恶，忠君之仁也。比干宁死而不许纣王暴虐百姓，爱民之仁也。微子为存宗庙祭祀，而舍诸侯之位以远去，出于仁孝之心也。是故孔子曰："殷有三仁焉。”箕子、王子比干、微子所处之事不同，而心同出于至诚恻怛仁爱之心，甘心囚奴，捐躯殉国，为存宗祀而远去，同出于忠君爱民仁孝之心，为千古臣子楷范，宜夫子称殷有三仁在，犹汤之绪未湮也。

稽古 23

武王伐纣[1]，伯夷、叔齐叩马而谏[2]。左右欲兵之，太公曰：“此义人也”。扶而去之。武王已平殷乱，天下宗周，而伯夷、叔齐耻之，义不食周粟，隐于首阳山[3]，采薇（wēi）而食之[4]，遂饿而死。

【注解】

①武王伐纣：武王，周天子，名发。纣：殷王，名受。纣王慢神虐民，为酒池、肉林、炮烙之刑以残害忠良，贼虐谏辅，残害百姓。武王为救民，因而伐之。

②伯夷、叔齐：是孤竹国君的两个儿子，其父欲立叔齐，以继君位，叔齐让伯夷。伯夷说：“立你是父亲的命令，你为什么要让给我呢?”遂逃出去了，叔齐也不肯立而逃走。国中人立仲子为君，夷齐避纣之乱，居东海之滨，后来听得西伯昌善养老，遂到西岐当百姓。

③首阳山：陇南山名。

④薇：野草，可作菜吃，采其子可吃。

【译文】

武王东行将伐纣，伯夷、叔齐叩于马前谏武王说：“纣虽无道，君也，子虽贤，臣也。臣可伐君吗?”武王左右的人想杀他们，姜太公说：“这是深明君臣之义的人。”扶起来请夷齐走去。

后来武王已平殷乱，天下宗武王为周天子，而伯夷、叔齐以宗周为耻辱，义不食周朝的粮食，隐藏在首阳山中采薇菜吃，遂饿死在首阳山中。

【评述】

武王不忍万民被殷纣害死，故伐纣救民。伯夷、叔齐不忍废君臣大义，故叩马而谏。伐与谏，同出于仁义之心。故太公既佐武王伐暴以救民，又扶去伯夷、叔齐以存义，君子之行无不本诸仁义。如果不以仁存心而伐君，则是乱臣贼子行为；如果不以仁义而从君，则是助纣为虐的民贼。非仁之仁，非义之义，君子不为也。

稽古24

卫灵公与夫人夜坐①，闻车声辚（lín）辚②，到阙（quē）而止③，过阙复有声。公问夫人曰："知此为谁。"夫人曰："此蘧伯玉也④。"公曰："何以知之?"夫人曰："妾闻礼下公门，式路马⑤，所以广敬也。夫忠臣与孝子，不为昭昭申节，不为冥冥惰行。蘧伯玉，卫之贤大夫也，仁而有智，敬于事上，此其人必不以暗昧废礼，是以知之。"公使人视之，果伯玉也。

【注解】

①卫：国名。灵公：卫君庙号。

②辚辚：车行的声音。

③阙：宫门。

④蘧伯玉：卫大夫，名瑗。

⑤下公门，式路马：到公门下车，见路马必式，所以推广敬君之意。式：凭轼以致敬。路：君车。路马：拉路车的马。妾：夫人自称为妾，不敢以夫人自居也。

【译文】

卫灵公和夫人夜间同坐，听见车声辚辚，到宫门而停止，过宫门复辚辚有声。灵公问夫人说："知此人是谁。"夫人说这是蘧伯玉。公说你凭什么知道是蘧伯玉？夫人说妾听得古礼说："臣子过宫门要下车，见路马要凭轼敬礼，所以推广敬君之意。忠臣和孝子，不因显明处申展礼节，不因黑暗处惰废礼节；蘧伯玉是卫国的贤大夫，既仁且智，敬于事君，这个人必不因黑夜废礼，因此知他是蘧伯玉。"灵公差人去看，果然是伯玉。

稽古25

赵襄子杀智伯[①]，漆其头以为饮器[②]，智伯之臣豫让欲为之报仇，乃诈为刑人[③]，挟匕首，入襄子宫中涂厕。左右欲杀之，襄子说："智伯死无后，而此人欲为之报仇，真义士也，吾谨避之耳。"

【注解】

①赵襄子：名无恤。智伯：名瑶，都是晋国大夫。

②饮器：尿器。

③刑人：犯罪劳改的人。

【译文】

赵襄子杀了智伯，漆智伯头骨做尿具。智伯的臣豫让，想为智伯报冤仇，乃假装犯罪的人，挟持匕首，入襄子宫中粉刷厕所，准备杀襄子。被襄子的左右发现，欲杀豫让。襄子说：“智伯死了无后嗣做大夫的，而这个人想给他报仇，真是义士，我谨避之，不要杀他了。”

让又漆身为癞（lài）[①]，吞炭为哑[②]，行乞于市，其妻不识也。其友识之，为之泣曰[③]：“以子之才，臣事赵孟[④]，必得近幸，子乃为所欲为，顾不易耶，何乃自苦如此。”让曰：“委质为臣，而求杀之，是贰心也。吾所以为此者，将以愧天下后世之为人臣而怀二心者也。”后又伏于桥下，欲杀襄子。襄子杀之。

【注解】

①漆身为癞：漆身成漆疮，像大麻风似的。

②吞炭为哑：吞食炭使声音暗哑。

③为之泣：为他流出眼泪。

④赵孟：赵襄子。

【译文】

豫让后来又漆身成癞，吞炭成哑吧，在街上行乞讨要，他妻子认不出他。他的朋友认得是他，为他流眼泪说：“凭你的才能，以臣礼奉事赵孟，必得赵孟的亲近荣幸，那时你做你想杀赵孟的事，不是很容易吗？为什么像这样自讨苦吃呢？”豫让说：“委资见礼求为人臣，而又想杀他，是怀贰心也。我所以这样做，将用以羞愧天下后世之为人臣而怀着二心的人呢？”后来又伏藏在桥下，欲伺机杀襄之，被襄子发觉，把豫让杀了。

稽古26

王孙贾事齐闵王[①]，王出走[②]，贾失王之处，其母曰："女朝去而晚来[③]，则吾倚（yǐ）门而望，女暮出而不还，则吾倚闾（lǘ）而望[④]。女今事王，王出走，女不知其处，女尚何归。"王孙贾乃入市中曰："淖齿乱齐国，杀闵王，欲与我诛齿者袒右。"市人从之者四百人，与诛淖齿，刺而杀之。

【注解】

①王孙贾：姓王孙，名贾，齐大夫。

②王出走：燕破齐，齐王走莒，被楚人淖齿所杀。

③女：同汝。

④闾：里巷的大门。

【译文】

王孙贾奉事齐闵王，燕乐毅破齐，闵王出走莒，贾不知王所在。他母亲说："你早上出门晚上回来，我就倚家门了望你，你晚间出去不回来，我就在里门口了望你。你今当大夫，奉事齐王，王逃出京城，你连他所居的地方都不知道，你还回来干什么？"王孙贾受了他母亲的批评，鼓起勇气，就入市中号召群众说："楚人淖齿闹乱齐国，杀了闵王，这是国仇，想和我诛杀淖齿者，袒露出右臂。"市中人从王孙贾的四百人，同诛淖齿，把他刺杀了。

稽古27

臼季使过冀[①]，见冀缺耨（nòu）[②]，其妻馌（yè）之[③]，敬，

相待如宾。与之归，言诸文公曰[4]：“敬，德之聚也，能敬必有德，德以治民，君请用之。臣闻出门如宾，承事如祭，仁之则也。”文公以为下军大夫[5]。

【注解】

①臼季：晋大夫，名胥臣。冀：邑名，

②缺：人名，姓郄。耨：锄草。

③馌：送饭于田野。

④文公：晋君，名重耳。

⑤下军大夫：官名。晋有三军，即中军，上军，下军。

【译文】

臼季为晋使，路过冀城，看见冀人郄缺做农活，他的妻子给他送饭，很敬重地互相接待，像待宾客一样。臼季和郄缺一同回到京城，把郄缺夫妻相敬的情形，对文公说：“敬是品德聚会的工夫，能敬必有德，惟德可以治民，请君录用他。臣听的出门如见大宾，承事如承大祭，是为仁的准则。”文公把郄缺封作下军大夫。

【评述】

孔子说：“修己以敬，以安人，以安百姓。”人能敬，常存敬畏，则私意无所容，而心德全矣。故曰“能敬必有德。”修己以敬可以安人安百姓，故曰“德以治民。”臼季能识人于应酬之际，及其所论，则臼季之贤可知矣。晋文公闻臼季之言，即封郄缺为下军大夫，则霸主之英明可见矣。虽居乱世，而中华自古以德治国，任人唯贤的民主政治，于此时依然推行。

稽古28

公父文伯之母[1]，季康子之从祖叔母也[2]。康子往焉[3]，闖（wěi）门而与之言[4]，皆不逾閾（yu）[5]。仲尼闻之，以为别于男女之礼。

【注解】

①公父文伯：鲁大夫，名歜。其母庙号敬姜。

②季康子：鲁大夫，名肥。从祖叔母：祖父昆弟之妻。

③往焉：去见敬姜。

④**闖**门：开门。

⑤閾：门槛。

【译文】

公父文伯的母亲，是季康子的从祖叔母。季康子去见时，开门和他说话，敬姜不出门槛，康子不进门槛。仲尼听说了这回事，称赞季氏之妇懂得男女有别的礼节。

稽古29

卫共姜者[1]，卫世子共伯之妻也。共伯蚤死[2]，其妻共姜守义[3]，父母欲夺而嫁之[4]，共姜不许。作柏舟之诗[5]，以死自誓。

【注解】

①卫：国名。共姜：齐国女为共伯之妻故称共姜。

②蚤：同早。

③守义：固守妇女从一而终的节义。

④夺：夺其守义之节。

⑤柏舟诗：见《诗经·国风》。

【译文】

卫共姜这个人，是卫世子共伯的妻子，共伯死得早，他的妻子守义不改嫁。共姜的父母欲夺了她的节而嫁出她，共姜不允许，作柏舟诗说："之死矢靡它。"意思是到死不改嫁，这叫以死自誓。

稽古 30

蔡人妻，宋人之女也[①]。既嫁而夫有恶疾[②]，其母将改嫁之。女曰："夫之不幸，乃妾之不幸也，奈何去之。适人之道，一与之醮（jiào）[③]，终身不改。不幸遇恶疾，彼无大故[④]，又不迁妆[⑤]，何以得去。"终不听。

【注解】

①蔡、宋皆国名。

②恶疾：不能治愈的疾病。

③醮：合卺而饮，是婚礼的一项仪式。

④大故：大罪恶。

⑤妆：女子出嫁时的陪送物品。

【译文】

蔡国人的妻子是宋国人的女儿，已经结婚后，丈夫得了恶疾，女子的母亲怕给女儿传染上，将把女儿另行改嫁。女儿说："丈夫的不幸，就是我的不幸，怎么能离他而去嫁给别人呢？女子适人之道，一旦成婚，终身不改变。丈夫不幸染上恶疾，他没有罪，又没提出离婚，因什么离他而去？”最终也没有听她妈的话。

【评述】

人所以不同于禽兽，就凭着仁义道德。宋女不怕染上恶疾，甘心与丈夫同居，以自别于禽兽，知人之所以为人之道矣。

稽古31

万章问曰[①]：“象日以杀舜为事[②]，立为天子，则放之何也[③]？”孟子曰：“封之也，或曰放焉[④]。仁人之于弟也，不藏怒焉[⑤]，不宿怨焉[⑥]，亲爱之而已矣。”

【注解】

①万章：孟子弟子。

②象：舜的同父弟，继母所生。象日以杀舜为事：象靠父母骄纵，每天把杀舜当作他的事去干。

③放：置，置之一地，使不得去。

④或曰放焉：或有不知姓甚名谁之人，说是放了。

⑤藏怒：把怒气藏在心里。

⑥宿怨：把怨恨留在心里。宿，过夜。

【译文】

万章问孟子说：“象每天把杀舜当作事做，舜立为天子，为什么把象放了呢？”孟子说：“他把象封为诸侯了，或人不知，误以为流放了。仁人对于弟弟，不藏匿怒气，不留宿怨恨，只是一味亲爱他。”

【评述】

孟子曰：“人之有道也，父子有亲，君臣有义，夫妇有别，长幼有序，朋友有信。”又曰：“圣人，人伦之至也。”象欲杀舜，而舜不藏怒，不宿怨，只是亲爱之而已矣，为万世为兄弟者所师法，孟子所谓舜为法于天下，可传于后世者是也。

稽古 32

伯夷、叔齐，孤竹君之二子也[①]。**父欲立叔齐，及父卒，叔齐让伯夷，伯夷曰：“父命也。”遂逃去。叔齐亦不肯立而逃之，国人立其中子**[②]。

【注解】

①孤竹君：孤竹国的君主。

②中子：伯夷之弟，叔齐之兄。

【译文】

伯夷叔齐是孤竹国君的两个儿子，他父想立叔齐为君。父死后，叔齐让伯夷当君，伯夷说：“父命你当君，你不能不遵父命。”遂逃走了。叔齐也不肯当君而逃去，国中人把中子立为君。

【评述】

朱子曰：“伯夷以君命为尊，叔齐以天伦为重，故皆不肯立而逃之。”当一国之君，荣华富贵以终身，而夷齐让国而逃，是轻利禄而重道义。此与世人兄弟争财分门割户，患若贼仇，则天壤之别矣。

稽古33

虞芮之君相与争田①，久而不平，乃相谓曰：“西伯，仁人也②，盍往质焉③。”乃相与朝周。入其境，则耕者让畔，行者让路。入其邑，男女异路，斑白者不提挈④。入其朝，士让为大夫，大夫让为卿（qīng）⑤。二国之君感而相谓曰：“我等小人，不可以履君子之庭。”乃相让以其所争之田为闲田而退。天下闻而归之者四十余国。

【注解】

①虞、芮：皆国名。

②西伯：西伯侯周文王。

③盍：何不。质：正，评判。

④斑白：头发间白，五十岁以上的老人。

⑤卿：公卿。大夫：卿以下的官。士：大夫以下的吏。大夫有缺，从众士中选拔，则士互相推让。卿有缺，从众大夫中选拔，则大夫相互推让。

【译文】

虞国和芮国的国君，相互争讼边界的田地，很久不能和平，乃相与言说：“西伯是个仁人，为何不去听从他的评判呢？”他们一同去朝周。进入周国境内，看到耕地的人让地畔，走路的人让道路。进入了周的城市，看见男女不同路，老年人不用提重东西。

进了周国都城，听到士人让着当大夫，大夫让着当卿。二国的君受到感化，一同说：“我等争田的小人，不可以步履君子的朝廷。”于是相互推让他们所争的田地成了无国管理的闲田而退出周国。天下闻风归服西伯者，有四十多个国家。

【评述】

《论语》说：“君子不争。”君子无有人欲之私，故无所争。小人贪心不足，故见利必争。西伯是仁人，所过者化，民日迁善而不知为之者，故岐周礼让成风，而使虞芮之君感而化之，改争为让。孔子所谓“听讼吾犹人也，必也使无讼乎。”观二君感化之速，可以知“使无讼”之旨矣。

稽古 34

曾子曰：以能问于不能，以多问于寡，有若无，实若虚，犯而不较[①]。昔者吾友尝从事于斯矣[②]。

【注解】

①犯：侵犯。较：计较。

②友：马氏认为是颜渊，应该是。

【译文】

曾夫子说：“以能问于不能者，以多闻问于少闻者，有其能，有其智，而自视若无。道德充实，而自视若虚。有人侵犯他，他从不计较。过去我的朋友，曾是这样做了。”

【评述】

朱子曰："颜子之心，惟知义理之无穷，故有若无，实若虚，而好问于人。不知物我之有间，故犯而不较。"书曰："好问则裕，自用则小。"中庸曰："舜好问而好察尔言。"孟子曰："大舜有大焉，善与人同，乐取于人以为善，自耕稼陶渔以至为帝，无非取于人者，取诸人以为善，是与人为善者也，故君子莫大乎与人为善。"颜子几及于圣人，故其好问，有似于舜，这是做圣人的根基。

稽古35

孔子曰：晏平仲，善与人交，久而敬之。

【注解】

晏平仲：齐大夫，名婴。

【译文】

孔子说："齐大夫晏平仲，善于与人相交，交得越久越敬重所交之人。"

【评述】

伊川先生说："近世浅薄，以相欢狎为相与，以无圭角为相欢爱，如此者安能久。若要久，须是恭敬，君臣朋友皆当以敬为主也。"横渠先生说："今之朋友，择其善柔以相与，拍肩执袂，以为气合，一言不合，怒气相加。朋友之际，欲其相下不倦，故于朋友之间主其敬者，日相亲与，得效最速。"久而敬之，实为交友之道，能相敬则愈交愈亲，不敬则礼貌不周，语言放肆，最易伤其感情，而成绝交之患。孔子称晏平仲与人交，久而敬之，所以示天下后世以恭敬为交友之道。

以上明倫。

第三章　实敬身

稽古 36

孟子曰：伯夷①，目不视恶色，耳不听恶声。

【注解】

①伯夷：名允，商末孤竹国（今河北卢龙西一带）人，商末期孤竹国第七任君主亚微的长子，弟亚凭、叔齐。子姓，是契的后代。

【译文】

孟子说："伯夷，目不视非礼的容色，耳不听非礼的声音。"

稽古 37

子游为武城宰①。子曰："女得人焉尔乎？"曰："有澹台灭明者②。行不由径③，非公事④，未尝至於偃之室也。"

【注解】

①子游：姓言，名偃，字子游，亦称"言游"，吴国人，与子夏、子张齐名，孔子

的著名弟子，孔门十哲之一。宰：县令。

②澹台灭明：孔子弟子，复姓澹台，名灭明，字子羽。

③径：小而捷的路。

④公事：如饮射读法之类。

【译文】

子游任武城县令，孔子说："你得到有品行的人了吗？"回答说："我的下属澹台灭明，走路不走小道捷径，没有公事，就不到我的公寓里来。"

稽古 38

高柴自见孔子[1]，足不履影[2]，启蛰不杀[3]，方长不折[4]。卫辄之难，出而门闭。或曰，此有径[5]。子羔曰，吾闻之，君子不径。曰，此有窦[6]。子羔曰，吾闻之，君子不窦。有间，使者至，门启而出。

【注解】

①高柴：齐国人。东周春秋时期齐文公十八世孙，字子羔，又称高子皋，孔子学生。高柴在鲁、卫两国先后四次为官，鲁哀公十五年，卫国政变，高柴急忙逃离卫国。他以尊老孝亲著称，任卫国狱吏时，不徇私舞弊，按法规办事，为官清廉，执法公平，有仁爱之心，受到孔子的称赞、民众的赞扬。高柴曾游学兰陵，教授弟子，传播仲尼之道。

②不履影：不敢履孔子的影子，敬到极至。

③启蛰：禽兽怀胎、产卵期。

④长：草木发生。折：毁折。

⑤径：小路，这里指缺口。

⑥窦：出水孔。

【译文】

高柴自从跟随孔子学习以后，言行敬慎，不踩孔子的身影，不杀哺乳、怀胎、产卵时期的禽兽，不毁折初生发长的草木。卫辄拒父内乱时，子羔出逃，适逢城门关闭，守城的门役劝子羔从城墙的缺口出去，子羔说："我听夫子说'君子不逾缺'。"门役又劝他从出水孔逃出，子羔说："我听夫子说'君子不钻孔'。"过了一会儿，使者到了，城门开启而出（躲过了追兵）。

稽古 39

南容三复白圭[①]，孔子以其兄之子妻之[②]。

【注解】

①南容，孔子弟子。名，适。白圭：《诗经·大雅·抑》篇之辭说："白圭之玷，尚可磨也。斯言之玷，不可爲也。"三复：三次诵读。

②妻之：嫁为他的妻子。

【译文】

南容每日三次诵读"白圭之玷"诗句，可谓慎于言行，孔子把自己兄长的女儿嫁为南容妻子。

稽古 40

子路无宿诺。

【注解】

子路：姓仲名由，字子路，又字季路，春秋末鲁国卞（今山东省平邑县仲村镇）人。孔子得意门生，孔门十哲之一。宿：留，犹宿怨的宿。急于践言，不留其诺。

【译文】

子路答应了的事就立即办理，绝不拖到第二天。

稽古 41

孔子曰，衣敝缊袍①，与衣狐貉者立而不耻者②，其由也与。

【注解】

①敝：破旧。缊袍：以乱麻为絮的长棉衣。是穷人的衣服。

②狐貉：兽名，以其皮为裘。耻：谓愧其不如。

【译文】

孔子说："穿着破旧棉衣，与穿狐貉裘皮衣的人并立，不以贫穷自惭的人，就是仲由啊！"

【评述】

子路性情刚直，笃行圣人之道，不以贫富动其心。

稽古 42

郑子藏出犇（bēn）宋①。好聚鹬（yù）冠②。郑伯闻而恶之，使盗杀之。君子曰：服之不衷③，身之灾也。诗曰④：彼其之子，不称其服⑤。子藏之服不称也夫。

【注解】

①郑：周朝诸侯国。子藏，郑文公的儿子。犇：投奔。宋：周朝诸侯国。

②聚鹬冠：聚集鹬羽制作帽子。鹬：鸟名。

③衷：适当。

④诗：《诗经·曹風·候人》。

⑤不称其服：德与服不相称；言其德薄而服尊。

【译文】

郑国公子子藏投奔到宋国，爱戴鹬羽制作的帽子，郑伯听到后很厌恶，派人刺死子藏。君子说：“衣服不适当，是身体的灾难。《诗经》上说：‘曹国朝廷上那些人，与其服饰不相称。’子藏的服饰不相称啊！”

稽古43

公父文伯退朝①，朝其母。其母方绩。文伯曰：以歜（chù）之家而主犹绩乎？其母叹曰，鲁其亡乎！使僮子备官，而未之闻邪。居，吾语女。夫民劳则思，思则善心生；逸则淫，淫则忘善，忘善则恶心生。沃土之民不材，淫也。瘠土之民莫不向义，劳也。是故王后亲织玄紞（dǎn）②，公侯之夫人加以纮（hóng）、綖（yán）③，卿之内子为大带④，命妇成祭服⑤，列士之妻加之以朝服⑥。自庶士以下皆衣其夫⑦。社而赋事⑧，烝而献功⑨，男女效绩，愆则有辟，古之制也。吾冀而朝夕修我曰：必无废先人。尔今曰胡不自安，以是承君之官，余惧穆伯之绝嗣也。

【注解】

①公父文伯：名歜，谥文，敬姜之子，季康子的从叔。

②王后：皇后。玄：黑色。紞：王冠前后垂饰。

③纮：冠冕上的束带。綖：覆在冠冕上的装饰。

④内子，卿的適妻。大带：腰带。

⑤命妇：大夫之妻。

⑥列士：元士。

⑦庶士：下士。

⑧社：土神；春分祭社。事：农桑之属。

⑨烝：冬祭，献五谷布帛之功。

【译文】

公父文伯退朝后，去看望他的母亲，他的母亲正在纺线，文伯说："像我公父歜这样的人家，还要主母亲自纺线吗？"他母亲叹息说："鲁国要灭亡了吧？让你这僮子做官，而你没听过做官的道理吧？坐下来，我讲给你听。老百姓在劳作中才能思考，思考才能生善心。闲散安逸会导致人们过度享乐，过度享乐就会忘记美好的品行，忘记美好的品行就会产生邪念。居住在肥沃土地上的百姓品性不高，是因为富有而放纵不讲礼义；居住在贫瘠土地上的百姓，没有不讲道义的，是因为他们勤劳啊。

因此王后亲自编织冠冕上用来系瑱的丝带，公侯的夫人还要编织帽带及覆盖帽子的装饰品。卿的妻子要织腰带，大夫之妻要亲自做祭祀服装。元士的妻子还要做朝服。下士及百姓的妻子，要给丈夫做衣服穿。春分祭祀土地接着开始耕种，冬季祭祀时献上五谷布帛等事功，男女都祭上自己的劳动成果，有过失的人就要避开不能参加祭祀。这是上古传下来的制度！我希望你早晚提醒我说：‘一定不要废弃先人的传统。’你今天却说：‘为什么不自己图安逸啊？’以你这样的心态承担君王的官职，我恐怕你父亲穆伯要绝后了啊。”

稽古 44

孔子曰，贤哉回也[①]。一箪食[②]，一瓢饮[③]，在陋巷。人不堪其忧。回也不改其乐[④]。贤哉回也。

【注解】

①回：颜回（前521年～前481年），字子渊，春秋末鲁国曲阜人。十四岁拜孔子为师，此后终生师事之。在孔门诸弟子中，孔子对他称赞最多，不仅赞其“好学”，而且还以“仁人”相许。历代文人学士对他也无不推尊有加，宋明儒者更好“寻孔、颜乐处”。自汉高帝以颜回配享孔子、祀以太牢，三国魏正始年间将此举定为制度以来，历代帝王封赠有加，无不尊奉颜子。颜回列为七十二贤之首，孔庙四配之首，有时祭孔时独以颜回配享。贤：有德行、多才能、明白事理、通达大道。

②一箪食：用一个竹器盛饭而食（饭菜单一）。箪：竹器。食：吃饭。

③一瓢饮：一瓢水饮（无羹汤）。瓢：用葫芦干壳做成的勺。

④不改其乐：言不以贫穷简陋累其心而改其所乐。

【译文】

孔子说：“有德行、多才能、明白事理、通达大道的颜回啊！用一个竹器盛饭而食，一瓢水饮，住着狭小简陋的室屋，常人不能忍受那样的贫苦，而颜回志在成仁，不因贫苦改变他好学上达的乐趣。颜回的品质是多么高尚啊！”

【评述】

程子曰："颜子之乐，非乐箪瓢陋巷也，不以贫窭累其心而改其所乐也，故夫子称其贤。"又曰："箪瓢陋巷非可乐，盖自有其乐尔。其字当玩味，自有深意。"

以上敬身。

第四章　总论

稽古 45

卫庄公娶于齐东宫得臣之妹①，曰庄姜②，美而无子。又娶于陈，曰厉妫（guī）。生孝伯，早死。其娣戴妫生桓公③，庄姜以为己子。公子州吁，嬖人之子也④，有宠而好兵；公弗禁，庄姜恶之。

石碏（què）谏曰⑤：臣闻爱子教之以义方，弗纳于邪。骄奢淫泆，所自邪也。四者之来，宠禄过也。夫宠而不骄，骄而能降，降而不憾⑦，憾而能昣（zhěn）者鲜矣⑧。且夫贱妨贵，少陵长，远间亲，新间旧，小加大，淫破义，所谓六逆也。君义，臣行，父慈，子孝，兄爱，弟敬，所谓六顺也。去顺效逆所以速祸也。君人者将祸是务去，而速之，无乃不可乎。

【注解】

①卫庄公：卫国国君。齐东宫：齐国太子。得臣：齐国太子名。

②庄姜：卫庄公夫人。姜：齐国姓。

③娣：随嫁的妹妹。妫：陈国姓。厉、戴：皆谥号。桓公：卫桓公，名完。

④嬖：宠幸。

⑤石碏：卫大夫。

⑥义方：道德礼义。

⑦憾：不满，怨恨。

⑧眕：稳重，克制。

【译文】

卫庄公娶齐国太子得臣的妹妹为夫人，称为庄姜，美丽而没有儿子。庄公又娶陈侯之女厉妫，生子孝伯，早死。厉妫的妹妹戴妫生卫桓公，戴妫早死，庄姜把桓公收养为自己的儿子。公子州吁是卫庄公宠妾的儿子，受庄公宠爱。州吁爱好战事，庄公不予禁止，庄姜憎恶他的恶劣行为。

卫大夫石碏劝谏卫庄公说："臣听说爱儿子就要教给他道德礼义，不能叫他学习不正确的东西。骄横、奢侈、荒淫、放荡，就是邪恶的根源。产生的原因是家长过分宠爱造成的。受宠爱而不骄横，骄横而能自贬抑，自抑而无怨恨，怨恨而能克制的人是比较少的。况且下贱妨碍尊贵，年少欺侮年长，疏远离间亲近，新人离间旧人，弱小压迫强大，淫乱破坏道义，叫做六样悖逆行为。国君仁义，臣下恭行，为父慈爱，为子孝顺，为兄爱护，为弟恭敬，这是六件顺理的事。背离顺理的事而效法违理的事，就会加速招致祸害。领导民众的君主，应当尽力除掉祸害，而现在却加速祸害的到来，这是不行的吧？"

稽古 46

刘康公[①]，成肃公[②]，会晋侯伐秦。成子受脤（shèn）于社不敬[③]。刘子曰：吾闻之，民受天地之中以生，所谓命也。是以有动作、礼义、威仪之则[④]，以定命也。能者养之以福，不能者败以取祸。是故君子勤礼，小人尽力。勤礼莫如致敬。尽力莫如敦笃。敬在养神，笃在守业。国之大事，在祀与戎。祀有执膰[⑤]，戎有受脤，神之大节也。今成子惰，弃其命矣，其不反乎。

【注解】

①刘康公：刘国国君，子爵。成肃公：成国国君，子爵。

③脤：祭社稷所用的肉，盛以脤器，故称脤。

④威仪：庄重严肃的行事进退仪式。

⑤膰：祭肉。神之大节：与神交会的大礼节。

【译文】

刘康公、成肃公会晋厉公讨伐秦国，成肃公在社坛接受祭肉时懈怠不敬。刘康公说："我听说，人受天地中和之气而降生，就是秉受了天的命令。所以就有动作、礼义、威仪的准则，用来安定人的生命。能顺循准则礼义就是培育自己的幸福，不能顺循准则礼义就是败坏天命而自取灾祸。所以有德行的人勤于礼义，庶民也是尽力而为。勤礼莫过于恭敬，尽力莫过于敦厚笃实。恭敬在于供奉神灵，笃实在于安守本分。国家中的大事，就是祭祀和作战。祭祀时供献祭肉和作战前接受祭肉的仪式，是人神交接的重大礼节。现在成肃公那么怠惰，是不要自己的命了。恐怕他不能回到本国了吧?”

稽古 47

卫侯在楚，北宫文子见令尹围之威仪[①]，言于卫侯曰：令尹其将不免。诗云，敬慎威仪，维民之则。令尹无威仪，民无则焉。民所不则以在民上，不可以终。公曰，善哉！何谓威仪。对曰：有威而可畏，谓之威。有仪而可象，谓之仪。君有君之威仪，其臣畏而爱之，则而象之，故能有其国家，令闻长世。臣有臣之威仪，其下畏而爱之，故能守其官职，保族，宜家。顺是以下皆如是，是以上下能相固也。卫诗曰，威仪棣（dì）棣[②]，不可选也[③]。言君臣、上下、父子、兄弟、内外、大小，皆有威仪也。周诗曰，朋友攸摄[④]，摄以威仪。言朋友之道，必相教训以威仪也。故君子在位可畏，施舍可爱，进退可度[⑤]，周旋可则，容止可观，作事可法，德行可象，声气可乐，动作有文，言语有章，以临其下，谓之有威仪也。

【注解】

①文子：名括，卫国大夫。围：楚令尹名。

②棣棣：雍容娴熟貌。

③选：选择。

④攸：所。摄：辅助。

⑤度：计量。

【译文】

卫侯在楚国，卫国大夫北宫文子见到楚国令尹围的行事进退仪式，对卫侯说："楚令尹不会逃脱灾祸。《诗经》上说：'行事进退恭敬谨慎，是百姓取法的准则。'令尹没有威仪，百姓也就没有取法的准则。不是百姓的准则而居上位，不会有善终的。"卫侯说："你说得对，什么叫威仪呢？"北宫文子回答说："有威严庄重的仪容则可畏，称为威；有合于礼法准则的仪式可供效法，称为仪。君有君的威仪，他的臣僚畏敬而且爱戴他，以君为准则而效法，所以能保全国家，将好的名声长留后世。臣有臣的威仪，他的下属畏敬而且爱戴他，才能保住官职，保护好家族，维系家庭和睦。都像这样有威仪，就能上下相亲相安。《卫诗》说：'威仪雍容娴熟，习以为常，除此之外，没有选择。'是说君臣、上下、父子·兄弟、内外、大小，都有威仪。《周诗》说：'朋友所辅助的，是辅助威仪。'是说朋友相交之道，就是相互以威仪教训。所以君子在位有威可畏，施舍令人喜爱，进退有常规可遵循，交际应对可为准则，神态举止值得观赏，处事施政有法有度，品性行为可供效法，声音气息令人喜悦，动作有文才，言语有条理，如此去管理下属，可称为有威仪。"

以上通论

外篇（一）

第五卷　嘉言

诗曰[①]：“天生烝民[②]，有物有则[③]，民之秉彝（yí）[④]，好是懿（yì）德[⑤]。”历传记[⑥]，接见闻[⑦]，述嘉言[⑧]，纪善行，为小学外篇。

【注解】

①诗：《诗经·大雅·烝民》。

②烝民：众民。

③物：事物。则：法则。

④秉：执持。彝：常道，法度。秉彝：持执常道。

⑤懿德：美德。

⑥历传记：选择汉魏以来的传记。

⑦接见闻：承接近时的所见所闻。

⑧嘉言：合乎民彝物则的言语。

⑨善行：合乎民彝物则的行为。

【译文】

诗经大雅烝民篇上说：“上天生养众人，有一物件必有一物理。例如有耳目就有聪明之德，有父子就有慈孝之心，所以人所持执的常性，自然爱好这美德。选择汉代以来传记上所载的言和行，承接我所耳闻眼见贤人的言行，凡是合乎民彝物则之言，就叫嘉言，我就传述这嘉言，合乎民彝物则的行为是善行，我就记录为善行，把嘉言善行作为小学书的外篇。

第一章　广立教

嘉言1

横渠先生曰[①]："教小儿，先要安详恭敬[②]，今世学不讲[③]，男女从幼便骄惰坏了[④]，到长益凶狠，只为未尝为子弟之事[⑤]，则于其亲，已有物我，不肯屈下，病根常在，又随所居而长，至死只依旧。"

【注解】

①横渠：地名，在陕西眉县。先生：姓张名载，眉县横渠镇人，字子厚，号横渠，世称横渠先生，北宋时期著名的儒学家、教育家、思想家，"关学"创始人，是配享孔庙的先贤之一。横渠书院是张载读书讲学著书立说的地方。

②安：安静。详：详细。恭：谦恭。敬：敬畏。

③不讲：专务记诵，学作诗赋文章以求功名，不讲求培养道德品质。

④骄：骄傲，不受教训；惰：懒惰，不听指使。

⑤子弟之事：子弟事亲事长的事，即洒扫应对左右奉养等事。

【译文】

横渠先生说："教育小孩子，先要教的气象安静，做事详细，容貌谦恭，心存敬畏。今世人不讲学，因而不会教孩子，男的女的，从小时就骄傲，不受父兄教训，懒惰不听指使，而骄生惯养坏了。到长大越加凶狠，只因为未曾做子弟该做的事，对他父母已经有了你我的区别，不肯屈居父母之下，而要和父母争高低，这个骄惰病根长期存在，又随所居地位，所接人物而增长，直到老死只依旧如此。”

为子弟则不能安洒扫应对①，接朋友则不能下朋友②，有官长则不能下官长，为宰相则不能下天下之贤。甚则至于循私意，义理都丧，也只为病根不去，随所居所接而长。

【注解】

①安：安心。洒：浇泼水洒地。扫：扫地。应：应声。对：答对。

②接：应接，接触。下：动词，谦下。

【译文】

因为骄惰所以做子弟就不能安心去做洒扫应对等事，接待朋友就不能谦下于朋友，有官长就不能谦下以事官长，当了宰相就看不起天下的贤人，严重时可达到遵循私心私意，把义理都丧失完。也只为骄惰的病根没有除去，又随所居地位所接人物而增长。

【评述】

朱子说：“古者小学，教人以洒扫应对进退之节，爱亲敬长隆师亲友之道，皆所以为修身齐家治国平天下之本。”秦汉而后，学绝道丧，学生自幼入学，专务记诵，学作诗赋文章以求功名，而心性之教皆废，男女从幼便骄惰坏了，所以贤人常少而世不平治。时至今日，学生不但不做为子弟的事，而耳闻目见全是欧风美雨，不务实事，你争我夺，异日学生长大，难于承当社会责任，实在令人心寒。

嘉言2

杨文公《家训》曰①：童稚之学②，不止记诵，养其良知良能③，当以先入之言为主④。日记故事⑤，不拘今古，必先以孝弟、忠信、礼义、廉耻等事，如黄香扇枕⑥、陆绩怀橘（jú）⑦、叔敖阴德⑧、子路负米之类⑨。只如俗说，便晓此道理，久久成熟，德性若自然矣。

【注解】

①杨文公：姓杨，谥文，字大年，宋浦城人。《家训》：书名，家中教训小儿的书。

②童稚：小孩子。

③良知：生来自有的知识。良能：不学就会的能力。

④先入之言：最先听到的话影响最深。首先要给孩子讲述培养品性的言语。

⑤故事：古今贤人已做的事。

⑥黄香扇枕：黄香，字文强，九岁即能孝亲，夏则扇枕席，冬则以身温被。

⑦陆绩怀橘：陆绩，字公纪，年六岁，见袁术。术出橘令食，绩怀三枚，拜辞堕地。术笑曰："陆郎作宾客，而怀橘也。"绩曰："将以归奉母也。"术大奇之。

⑧叔敖阴德：楚令尹孙叔敖，姓蔿，名艾，少时出郭见两头蛇，杀而埋之。归而泣，母问故，对曰："闻见两头蛇者死，今见之，恐去母而死也。"母曰："蛇今安在。"对曰："恐他人又见之，因杀而埋之。"母曰："闻有阴德者，天报以福，汝不死也。"后为楚相。

⑨子路负米：子路姓仲名由，孔子弟子，少时自食藜藿，为亲负米百里之外。

【译文】

杨文公《家训》中说：小学生为学，不仅仅是记诵文史，必须涵养其天生的良知良能，应当以先入之言为主，每天多记故事，不拘今时古代，必先把孝弟忠信礼义廉耻等故事，如黄香扇枕、陆绩怀橘、叔敖阴德、子路负米之类。只用通俗话说，孩子就晓得这个道理，久而久之，德性成熟，习惯成自然了。

【评述】

孔子曰："行有余力，则以学文。"秦汉而后，重视文章诗赋，而不以德行为先，父师之教务记诵，为词章，而先王之教荡然矣。遂使乡无善俗，世乏良才，世道之衰，皆由于此。杨文公《家训》以德行为先，而后代主文教者，曾不介意，何哉！良知良能得之天性，当其幼时，以格言至论养之，使之不失其赤子之心，则可以立身行道，而全其人所以为人之道矣。

嘉言3

明道程先生曰①：忧子弟之轻俊者②，只教以经学念书，不得令作文字。子弟凡百玩好，皆夺志，至于书札，于儒者事最近，然一向好著③，亦自丧志。

【注解】

①明道程先生：程颢（1032～1085年），字伯淳，世称明道先生。北宋著名理学家，洛阳人。早年与弟程颐师事周敦颐。宋仁宗嘉祐年间进士，曾任太子中允、监察御史。他与弟程颐被世人合称为"二程"。二程的思想学说以"理"为万物

的本原，认为“万事皆出于理”。提出了事物“有对”的朴素辩证法思想。主张“涵养须用敬，进学在格致”的修养方法。程颢是配享孔庙的先贤之一。

②忧：担心。担心子弟不能成才。轻俊：性情轻浮而才气俊秀。

③好著：过分爱好。

【译文】

明道先生说：“忧虑子弟轻俊的人，只教之读经书，讲明义理，不得使他作文章。子弟所有玩好，都能夺志，比如写字，和读书人的事最近，然一直努力于写字，也自然能丧志。

嘉言4

伊川程先生曰[①]：教人未见意趣[②]，必不乐学[③]。欲且教之歌舞[④]，如古诗三百篇[⑤]，皆古人作之，如关雎之类[⑥]，正家之始，故用之乡人，用之邦国，日使人闻之。此等诗其言简奥，今人未易晓。别欲作诗，略言教童子洒扫应对事长之节，令朝夕歌之，似当有助。

【注解】

①伊川先生：程颐，字正叔，明道先生弟，北宋著名理学家。宋仁宗末年，任职太学。他与兄程颢，被世人合称为“二程”。二程著述被后人合编成集，收录较全的是《二程集》。程颐是配享孔庙的先贤之一。

②意趣：意向兴趣。

③乐：喜好。

④歌舞：歌诗舞蹈。

⑤古诗三百篇：即《诗经》三百篇。

⑥关雎：《诗经·国风·周南》篇名，歌颂文王修身齐家化行于国之始。

【译文】

伊川先生说："教人见不到意向乐趣，必不爱学。我想暂且教学生歌唱舞蹈，古诗经有三百篇诗，如《关雎》一类的诗，是周文王求得太姒为妻，教化始行，为正家的起始。所以乡人歌唱它，邦国也歌唱它，天天能使人听到此诗。但这类诗，言语简要，意义深奥，如今人不容易晓得。另想作诗，用简易的诗句教孩子洒水、扫地、应声、对话等奉事长者的礼节，使早晚歌唱，似乎有助于小子学习的意趣。

【评述】

古诗国风一篇之中，反复咏吟，使人感发好善恶恶之心，小雅大雅对于善者美之，恶者刺之，三颂歌功颂德，读之可以兴起好善恶恶之心。今之学校，学生唱歌，列为课程，但歌词之中很少有培养学生德行之词，所以得不到感发善心的益处。有的学生无法无天，在家不孝顺父母，在校殴打师长，甚可叹也！

嘉言5

陈忠肃公曰[①]：幼学之士，先要分别人品之上下[②]，何者是圣贤所为之事，何者是下愚所为之事。向善背恶，去彼取此，此幼学所当先也。颜子孟子[③]，亚圣也，学之虽未至，亦可为贤人。今学者若能知此，则颜孟之事我亦可学。言温而气和，则颜子之不迁，渐可学矣。过而能悔，又不惮改，则颜子之不贰，渐可学矣[④]。知埋鬻（yù）之戏[⑤]，不如俎豆，念慈母之爱，至于三迁[⑥]，

自幼至老，不厌不改，终始一意，则我之不动心，亦可以如孟子矣。若夫立志不高，则其学皆常人之事，语及颜孟则不敢当也。其心必曰："我为孩童，岂敢学颜孟哉！"此人不可以语上矣。先生长者见其卑下，岂可与之语哉！先生长者不肯与之语，则其所与语皆下等人也。言不忠信，下等人也；行不笃敬，下等人也；过而不知悔，下等人也；悔而不知改，下等人也。闻下等之语，为下等之事，譬如坐于房舍之中，四面皆墙壁，虽欲开明，不可得矣。

【注解】

①陈忠肃公：姓陈，名瓘，字莹中，号了斋，谥忠肃，宋延平（福建沙县城西劝忠坊）人。

②别：区别。

③颜子：姓颜名回字子渊，孔子弟子。颜子被列为七十二贤之首，有时祭孔子时独以颜回配享。唐太宗尊之为"先师"，唐玄宗尊之为"兖公"，宋真宗加封为"兖国公"，元文宗又尊为"兖国复圣公"。明嘉靖九年改称"复圣"。山东曲阜有"复圣庙"。孟子：姓孟名轲字子舆，孔子之孙子思的弟子。

④不迁怒：怒于甲者不移怒气于乙。孔子称颜子为好学，不迁怒，不贰过。

⑤埋鬻之戏：筑埋、买卖的游戏。鬻：卖。

⑥三迁：孟母三次迁居教子。孟子少时，其舍近墓，嬉戏为踊跃筑埋，后迁于市，戏为买卖，后居学宫之旁，其嬉戏乃设俎豆，揖让进退。

【译文】

陈忠肃公说：小学生先要分别人的品格的上等和下等，辨明什么是圣贤所做的事，什么是下愚人所做的事。向善背恶，去掉恶的取得善的，做圣贤做的事，不做下愚人做的事，这是学生应当先知道的道理。颜子孟子都是亚圣，学他们虽然赶不上，亦可成个贤人。而今学生若晓得这个道理，就是颜子孟子所做的事，我们也可以学着做。言语温柔而气象和平，则颜子的不迁怒，渐可学了。有过错而能悔恨，又不怕改正，则颜子的不二次重犯已经犯过的过错，渐可学了。知筑埋、买卖的玩耍，不如俎豆，感念慈母的慈爱，至于三次搬迁住处，自幼至老，不厌烦，不改变，自始至终只是一个意念，我就这样不动心，亦可以像孟子一样了。假若立志不高尚的人，他学的就都是平常人的事，说到颜子孟子，就不敢当了。他心里一定说："我是小孩子，怎敢学颜孟哪!"这个人不可以给他说上等话了。先生长者见他卑下，不肯给他说!先生长者倘不肯和他说话，那就和他说话的都是下等人呢。语言不忠信的人，是下等人，行为不笃敬的人，是下等人，有错误不后悔的人，是下等人，错了不改的人，是下等人。耳里听到的都是下等人的话，每天做的是下等事，正如坐在房舍里面，四面全是墙壁，全无透明处，虽想开明，是不可得到的。

嘉言6

马援兄子严敦[①]，并喜讥议，而通轻侠客。援在交趾[②]，还书诫之曰：吾欲汝曹闻人过失，如闻父母之名，耳可得闻，口不可得言也。好议论人长短，妄是非正法，此吾所大恶也，宁死不愿闻子孙有此行也。龙伯高敦厚周慎[③]，口无择言，谦约节俭，廉公有威。吾爱之重之，愿汝曹效之。杜季良豪侠好义[④]，忧人之忧，

乐人之乐，清浊无所失[⑤]，父丧致客，数郡毕至。吾爱之重之，不愿汝曹效也。效伯高不得，犹为谨敕（chì）之士[⑥]。所谓刻鹄（hú）不成尚类鹜（mù）者也[⑦]。效季良不得，陷为天下轻薄子，所谓画虎不成反类狗者也[⑧]。

【注解】

①马援：字文渊，汉茂陵人，著名军事家，封伏波将军。他的："老当益壮、马革裹尸"的气概甚得后人崇敬。兄子严敦：马援兄长的儿子马严马敦。

②援在交趾：马援在现在的越南统兵。交趾：汉朝交趾郡，郡治在今越南河内。

③龙伯高：名术，京兆人。

④杜季良：名保。侠：立气势，作威福，结私交以立强的人。

⑤清浊：犹言善恶。

⑥敕：告诫，整治。

⑦鹄、鹜：两种鸟，略相似。

⑧狗、虎：两种兽，大不相同。

【译文】

汉朝马援的兄长之子马严马敦，都爱讥笑人，议论人，而交通轻薄的侠客。马援在交趾寄书信告诫他们说："我望想你辈听到人的过失，像听到你父母的名字一样，耳可以听，口不可以说。爱谈论他人的长短，妄说国法的是非，这是我最憎恶的行为，宁死不愿听到子孙有这样的行为。龙伯高为人，敦笃厚重，周详谨慎，口里说的全是正经话，没有错话可以拣择，其品德恭谦约束节制俭省，廉洁公正而有威仪。吾爱他，敬重他，愿你们学他。杜季良为人，豪爽任侠好义气，忧虑他人的忧愁，快乐他人的快乐，交游不论好坏，无所遗失。父丧待客，数郡的人都来行情。我爱他，敬重他，不愿你们来学他。为什么？只为学伯高学不成，仍可以成为谨慎自修自治的人，正是人常说的刻鹄莫刻像，还类似鹜鸟呢。学季良学不成，陷落为天下轻薄之人。正是人常说的画虎不像反像狗一样，差的太大了。

【评述】

伯高、季良各有所取，而伯高之行可以保身家，可以益社会，可以为典范。杜季良的行为，足以危身家，乱社会，而引人误入歧途。所以马援不欲子孙学季良。

嘉言 7

汉昭烈将终[①]，敕（chi）后主曰[②]：“勿以恶小而为之[③]，勿以善小而不为[④]。”

【注解】

①昭烈帝：蜀汉刘备。

②敕：告诫。后主：刘禅，昭烈之子。

③勿以恶小而为之：因为小恶能积成大恶，所以虽小恶亦不可为。

④勿以善小而不为：大善由小善积累而成，为善要从小善做起。

【译文】

汉昭烈将去世时，告诫他的儿子后主说：“不要以为恶小而为小恶，不要认为是小善而不肯为。

【评述】

不矜细行，终累大德，积小恶可成大恶，怎敢做小恶！为山九仞，功亏一篑。积小善才能成大善，怎能认为善小而不做！《易》曰：“君子以顺德，积小以高大。”孔子说：“善不积不足以成名，恶不积不足以杀身。”昭烈之言合乎易道，故为千古名言。凡欲有为者，皆当刻骨铭心，不可或忘。

嘉言 8

诸葛武侯诫子书曰[①]：君子之行，静以修身，俭以养德，非澹（dàn）泊无以明志[②]，非宁静无以致远。夫学须静也，才须学也，非学无以广才，非静无以成学，慆（táo）慢则不能研精[③]，险躁则不能理性[④]，年与时驰，意与岁去，遂成枯落，悲叹穷庐，将复何及也。

【注解】

①诸葛武侯：诸葛亮（181～234年），字孔明，号卧龙，琅琊阳都（今山东临沂市沂南县）人，三国时期蜀汉丞相，杰出的政治家、军事家。在世时被封为武乡侯，谥曰忠武侯；后来的东晋政权为了推崇诸葛亮的军事才能，特追封他为武兴王。代表作有《前出师表》《后出师表》《诫子书》等。发明木牛流马、孔明灯等。诸葛亮在后世受到很大的尊崇，成都有武侯祠，大诗人杜甫也有赞扬诸葛亮的《蜀相》名篇传世。

②澹泊：恬静淡泊，心地安然，不为名利所动。

③慆慢：怠惰傲慢。

④险躁：险僻躁动，不宁静。

【译文】

诸葛武侯《诫子书》说：君子的行为，用静修身，用俭养德。若不恬静淡泊，就莫有用上表明志向的；若非宁静，再莫有凭着致远的；不学习，就莫有用上扩大才能的了；不宁静，就莫凭着成就学业的。怠惰傲慢，心不在焉，就不能钻研精深的事理。险僻躁动而不静，就不能理顺性情。如此则理无由明，性无由成，有生之年，与时月驰去，学道之意，与岁时蹉过，及至年老身衰，如草木枝枯叶落而将死，抱悲叹于穹庐之中，虽欲有为，将复何及呢。

【评述】

武侯认为静为动本，养性情于未发之前，所发无不善，故可以为修身之本。俭能养廉，能俭则不为外物所诱，拿俭来养自己的德。澹泊本是俭，奉身澹泊，不迩声色，不殖货利，心里清净光明，才能明志，若纷华侈糜，就无以表明大志。宁静本是静，若心不养静而妄动，心不在焉，视而不见，听而不闻，何以能驯致于远大的德业。原来学由静中来，才由学中造，若不勤学，才干就无从广大，若不习静，学问就不能成。不静则慆而淫泆，慢而放纵，必不能深究精微之理。险以僻拗，躁以妄动，必不能修治性情。有生之年，随时俱驰，学道之意，同岁逝去，到老一事无成，就像草木枝枯叶落一般，此时悲叹在穹室里，到底能悔得及吗？

嘉言9

柳玭（pín）尝著书[①]，诫其子弟曰：坏名灾己[②]，辱先丧

家[3]，其失尤大者五，宜深志之！

【注解】

①柳玭：字直清，唐柳公绰之孙，仲郢之子。

②坏名灾己：毁坏名誉，给自己造灾难。

③辱先丧家：羞辱先人，丧败家风。

【译文】

柳玭曾著书，诫敕子弟说："毁坏名誉给自己造灾难，且辱及先人丧败家风的人，他的过失更大的有五个，应该深刻地记住。"

其一：自求安逸，靡甘澹（dàn）泊，苟利于己，不恤人言。

【译文】

其一，自求安逸，不甘心澹泊，有利于己的就做，不顾他人议论。

【评述】

逸豫足以亡身，奢侈足以败家，放于利而行多怨。不勤不俭，并非小失。见利忘义，必招凶祸，这是坏名灾己辱先丧家的开始，不可不戒。

其二：不知儒术[1]，不悦古道，懵（měng）前经而不耻[2]，论当世而解颐[3]，身既寡知，恶人有学。

【注解】

①儒术：儒家的学术与治术。

②懵：昏蒙糊涂。

③解颐：张口便笑貌。

【译文】

其二，不晓得儒者的学术与治术，不喜悦古圣相传之道。不懂前人《经》书而不知羞耻，论及当世俗论而谈笑不休，自身既孤陋寡闻，知道的很少，反憎恶他人有学问。

【评述】

儒者所谓学术治术，是明明德、新民之道，不知儒术，则终身昏昧，狃于习俗，而不知人所以为人之道，非小失也。《六经》所载，皆圣贤之言与行，不明经书中的道理，即无以明其德，无知妄作，必至坏名灾己，辱先丧家，不可不深志之。

其三：胜己者厌之，佞己者悦之[1]**，唯乐戏谈，莫思古道，闻人之善嫉之，闻人之恶扬之，浸渍颇僻**[2]**，销刻德义，簪（zān）裾（jū）徒在**[3]**，厮（sī）养何殊**。

【注解】

①佞己：以巧言奉承自己。

②浸渍颇僻：渐积偏颇邪僻而沉溺。

③簪：别在头发上的一种首饰。裾：衣服的前后襟。

【译文】

其三，厌恶德行胜过自己的人，喜悦巧言奉承自己的人，惟爱戏耍谈笑，莫肯深思古圣相传之道，听到人有善行就嫉妒，听到人有恶行就宣扬，渐积偏颇邪僻而沉溺。德义日渐销烁侵蚀，簪裾空在头身，实是衣冠禽兽，和饲养的猪狗有什么区别？

【评述】

好善恶恶，人之常情，若闻人之善而妒嫉，只怕他的善被人知道，是不愿人为善。闻人之恶而宣扬，只怕他的恶名不被人知，其用心如此，必招众人厌恶唾弃，而心术日坏，德义日销，天性全无，不得为人了。此坏名灾己，辱先丧家之大者，不可不戒。

其四：崇好优游①，耽（dān）嗜（shì）曲糵（niè）②，以衔杯为高致③，以勤事为俗流，习之易荒，觉已难悔。

【注解】

①崇好优游：崇尚爱好安闲玩乐。

②耽：沉溺。耽嗜：过度嗜好。曲：造酒大曲。糵：造酒用药。酒由曲糵酿造，故称酒为曲糵。

③衔杯：饮酒。

【译文】

其四，崇尚爱好安闲玩乐，溺嗜醺酒，把饮酒当作清高雅致，把勤劳职事当作流俗之人，习以为常，容易荒唐废事，后虽觉悟也难追悔了。

【评述】

爱好游山玩景，旷工废事，溺嗜号呼饮酒，以衔杯者为清高，以勤事者为流俗，势必亡身丧家，坏名灾己，而不自知其非，是天夺之鉴，而失其灵性，及至穷途而始悟，已晚矣。

其五：急于名宦，匿（nì）近权要[1]**，一资半级，虽或得之，众怒群猜，鲜有存者。**

【注解】

①匿近：隐藏劣迹接近。权要：手握大权，身居要职，如宰相之类。

【译文】

其五，急于成名坐官而隐藏劣迹亲近权要，一官半职，虽或可得，也必为众人愤怒、猜恨而不能自存。

【评述】

《中庸》说："在下位不援上。"又说："素贫贱，行乎贫贱，君子无入而不自得焉。"人当安分守己，不可奔竞以求富贵。孔子说："富与贵，是人之所欲也，不以其道得之，不处也。"不以其道，虽得之亦不处，况可奔竞以求之乎？匿近权要，无耻已甚，急于名宦，自轻之极，总得一官半职，也只能虐民媚上，能不为众怒群猜乎？显然是坏名灾己，辱先之事，其终必至于丧家，能不戒哉！

余见名门右族，莫不由祖先忠孝勤俭以成立之，莫不由子孙顽率奢傲以覆坠之，成立之难如升天，覆坠之易如燎（liáo）毛，言之痛心，尔宜刻骨。

【译文】

我亲眼看到凡是名门旺族，都是祖先忠诚仁孝，勤劳节俭而成为名门旺族，莫有一家不由于子孙顽皮轻率奢侈骄傲以颠覆坠丧了家声的。祖先成立名门旺族之难，像登天一样难，子孙覆坠之易，像燎毛一样。说起来让人痛心，尔等应当刻骨铭心，永远不要忘记。

【评述】

柳玭诫子弟书，提出坏名灾己、辱先丧家的五种过失，语语金石，颠扑不破，足见柳氏三世栽培之深，可为名门子孙借鉴。而最后慨叹，尤足发人深思，愿吾子孙永记勿忘。

嘉言10

范鲁公质为宰相①，从子杲（gǎo）尝求奏迁秩②，质作诗晓之③。

【注解】

①范鲁公：名质，字文素，事宋为宰相，封鲁国公。

②从子杲：兄之子名杲。求奏迁职：求质奏本，迁升官职。

③晓之：晓喻之，使他明白这个道理。

【译文】

宋朝鲁国公范质做宰相时，他的侄子范杲曾求他奏请升官，质作诗数首以晓喻。

其略曰：戒尔学立身①，莫若先孝悌。怡（yí）怡奉亲长②，不敢生骄易③。战战复兢兢④，造次必于是⑤。

【注解】

①戒尔：警戒你。学立身：学着立身于道义礼法之途。

②怡怡：和悦貌。

③骄易：骄傲轻忽，即骄傲不顺轻忽不敬之意。

④战战：恐惧。兢兢：戒慎。

⑤造次：时间急促，霎时即过。于是：在这个孝悌上。

【译文】

我警戒你莫求升官，先学立身涉世的道理。立身大事，莫若先孝顺父母，恭敬兄长，和颜悦色奉事双亲和兄长，不敢生骄傲轻忽的心，经常要恐惧警戒，就是仓卒之间，也不敢忘记孝悌二字。

戒尔学干禄[①]，莫若勤道艺[②]。尝闻诸格言[③]，学而优则仕[④]。不患人不知[⑤]，惟患学不至。

【注解】

①干：求。禄：俸禄。

②道：人应当行的道路（依理处事）。艺：文艺、技术。勤道艺：勤苦学道，学文艺、学技术。

③格：至。格言：极好的言论。

④学而优则仕：学问充足自信，有修己治人之才，然后可以做官。

⑤患：愁。

【译文】

我告诫你想求得高官厚禄，莫若先勤苦用功，学道学艺，道学明了，就能修己治人，艺学成了，就有了理事的才能。曾听过极好的言论说：“学问德行达到最优秀时才可以出仕做官。”不要愁人不知你有本领，但愁你功夫不到最佳处。

戒尔远耻辱[①]**，恭则近乎礼**[②]。**自卑而尊人，先彼而后己**[③]。**相鼠与茅鸱（chī）**[④]**，宜鉴诗人刺**[⑤]。

【注解】

①远：绝远。耻：自己羞耻。辱：外人侮辱。

②近乎礼：合乎礼节。

③彼：他人。己：自己。

④相鼠：《诗经·鄘（yōng）风·相鼠》之篇。茅鸱：逸诗。

⑤鉴：借鉴。诗讥刺无礼的人。

【译文】

我今教你避远羞耻和侮辱，只有恭敬才能够合乎礼节，自己学的谦卑而尊重他人，事事让人在先，自己跟在后，这就是有礼貌。相鼠诗上说：人而无礼，胡不遄死，茅鸱诗同样深刺无礼的人。你应当取以为鉴，对照你自己，看看是否有礼节。

戒尔勿放旷[①]**，放旷非端士**。**周孔垂名教**[②]**，齐梁尚清议**[③]。**南朝称八达**[④]**，千载秽青史**[⑤]。

【注解】

①放：自放于礼法之外。旷：旷工废事。

②周孔：周公、孔子。

③齐梁：南北朝的齐朝和梁朝。清议：清高不切实际的议论。

④南朝：五胡乱华时北方被胡人占领称为北朝，宋齐梁陈建都金陵称为南朝。八

达：东晋谢鲲、胡毋辅之、阮放、毕卓、羊曼、桓彝、阮浮、光逸等人常在一起，淡看功名，凡事模棱两可，以避灾祸，时人称为“江左八达”。

⑤青史：青竹简上所记的史实。秽青史：秽污了青史。

【译文】

我教戒你不要放弃礼法，自旷职守，放纵旷工不是端正人。昔日周公孔子用礼法垂教后世，到了南朝，却崇尚不切实际的清谈，东晋所称的八个达观的人，都是不讲礼法，高谈阔论，终日饮酒赋诗，旷其职守的人，把这种人记在国史上，把千年的青史都秽污了。

戒尔勿嗜（shì）酒①，狂药非佳味。能移谨厚性②，化为凶险类。古今倾败者，历历皆可记。

【注解】

①嗜：嗜好。

②移：转移。

【译文】

教戒你不要爱喝酒，须知酒是损害人的狂药，不是益人的美味，能变移谨厚的本性，化做凶狠险恶的一流人。自古至今，因嗜酒倾国败家的，如殷纣之类，历历可数而记得，足见酗酒于人有害无益。

戒尔勿多言，多言众所忌。苟不慎枢（shū）机①，灾厄从此始。是非毁誉间②，适足为身累③。

【注解】

①枢：户枢。机：动机。《易》曰："言行，君子之枢机，枢机之发，荣辱之主也。"

②毁：过当说人的不是。誉：称人之美过当了。

③适：适当。

【译文】

戒你不要多说话，人有不是，讳莫如深，你却逢人便说，这就会使人忿恨你，好谈论人长短，这是众人忌恨的。如果说话不慎，由口而出，就会惹祸招灾，灾难厄困从此就开始了。对人说话，妄加是非毁誉，恰好足以累困自己。

举世重交游，拟结金兰契[1]。**忿怨容易生，风波当时起**。**所以君子心，汪汪淡如水**。

【注解】

①金兰契：易经上说："二人同心，其利断金，同心之言，其臭如兰。"契：契约。拟结金兰契：是设想要结成同心的兄弟。

【译文】

世人重视交友游乐，设想要结成同心的兄弟。初交时，拍肩执袂，意气相投，财物同用，言语无拘。时久了各有成见，一句话说得不合理，就发脾气，怒多横语。忿怒一生，风波立起，相与绝交，情同仇敌。所以君子与人相交，淡得和水一样，但是越久越亲，终身相敬。

举世好承奉，昂昂增意气[①]**。不知承奉者，以尔为玩戏。所以古人疾**[②]**，蘧（qū）篨（chú）与戚施**[③]。

【注解】

①昂昂：自高自大。

②疾：憎恶。

③蘧篨：鸡胸病人，不能俯。戚施：驼背病人。好奉承的人，自己不知自己的美恶，任人戏弄，正如鸡胸驼背之人不能自俯仰一样。

【译文】

世人爱好奉承恭维，受到承奉就意气昂昂，自觉高兴，却不知恭维你的人，把你当成小孩子来玩弄。所以古人憎恶任人戏弄而不自觉的人，好像鸡胸驼背病人一样身不由己。

举世重游侠[①]**，俗呼为义气。为人赴急难，往往陷囚系**[②]**。所以马援书，殷勤戒诸子。**

【注解】

①游侠：豪爽好交游、轻生重义气、勇于排难解纷的人。

②囚：囚在监狱。系：用绳捆绑。

【译文】

世人重视游侠，俗人不知，把侠客称为有义气。侠客不辨法度，替他人奔走急难，往往陷入囚系之中，身命难保。所以马援给侄子写的书信，殷勤警戒侄儿。

举世贱清素[①]**，奉身好华侈。肥马衣轻裘，扬扬过闾里。虽得**

市童怜[2]，还为识者鄙[3]。

【注解】

①贱清素：看不起清廉朴素，

②怜：热爱。

③鄙：鄙贱。识者：有见识的人。

【译文】

遍世看不起清廉朴素，奉养身子爱好华美奢侈。骑上肥马，穿上狐皮衣服，意气昂昂的走过闾里，以夸耀其富有。虽能得到街上儿童的眼热，还是被有识见的人所鄙弃。

我本羁（jī）旅臣[1]，遭逢尧舜理[2]。位重才不充，戚戚怀忧畏。深渊与薄冰[3]，蹈之惟恐坠。尔曹当闵我[4]，毋使增罪戾。闭门敛踪迹，缩首避名势。势位难久居，毕竟何足恃。物盛则必衰，有隆还有替。速成不坚牢，疾走多颠踬（zhì）[5]。灼灼园中花，早发还先萎。迟迟涧畔松[6]，郁郁含晚翠[7]。赋命有疾徐，青云难力致。寄语谢诸郎，躁进徒为耳。

【注解】

①羁：拴马缰。旅：客舍。羁旅臣：受人羁绊的客官。质是周朝的宰相，宋太祖受周禅位，即成宋宰相，所以自称羁旅臣。

②尧舜理：宋受周禅，与唐虞揖让相似。

③深渊与薄冰：《诗》云：“如临深渊，如履薄冰。”言处境危险，随时有灭亡之忧。

④闵我：可怜我。

⑤巅踬：栽跤。

⑥迟迟：生长很慢。

⑦郁郁：枝叶茂密貌。晚翠：岁暮时更显得青翠。

【译文】

我本来是后周的臣子，而羁旅在宋朝，遭遇周禅位与宋之事，而做宋朝的宰相。职位高，责任大，而我的才能不充足，经常戚戚然怀着忧愁畏惧心理，我的处境犹如立在深水畔和站在薄冰上，时时只怕掉下去。你辈应当可怜我，莫使我增加罪过，把房门闭住，收敛踪迹，莫要在门外奔走张扬，把头缩进去躲避名声权势，要知权势禄位难以久居，就是久居，也不足依仗，恃势凌人，只能取祸。物盛必衰，隆替相代，这是辩证法。凡是成就太快的事物不会坚牢，跑得太快了栽斤斗跌跤也就多了。灼灼然鲜红的园中花，先开的也先枯萎，生长迟慢的涧边松树，到了冬天还照常翠绿，这是物理，难道你没看见吗？人生有命如物生有时，有早发的有晚成的，高官厚禄需要积劳而得，难以人力推致，也有命支配着，寄信谢绝诸侄儿，躁动进取，是白做呢。

【评述】

范鲁公之言，至理名言也。愿有识之士铭记之，熟思之。

嘉言 11

康节邵先生戒子孙曰[①]：上品之人，不教而善，中品之人，教而后善，下品之人，教亦不善。不教而善，非圣而何，教而后善，

非贤而何，教亦不善，非愚而何。是知善也者，吉之谓也，不善也者，凶之谓也。吉也者，目不视非礼之色，耳不听非礼之声，口不道非礼之言，足不践非礼之地。人非善不交，物非义不取，亲贤若就芝兰，避恶如畏蛇蝎，或曰不谓之吉人，则吾不信也。凶也者，言语诡（guǐ）谲（jué）②，动止阴险③，好利饰非，贪淫乐祸④，疾良善如仇隙（xì），犯刑宪如饮食⑤，小则陨身灭性，大则覆宗绝嗣。或曰不谓之凶人，则吾不信也。传（zhuàn）有之曰：吉人为善，惟日不足，凶人为不善，亦惟日不足。汝等欲为吉人乎？欲为凶人乎？

【注解】

①邵康节：（1011～1077年），名邵雍，字尧夫，谥号康节。北宋哲学家、易学家，精于易象数学，为宋代名儒。其先范阳（今河北涿县）人。少有志，仁宗嘉祐及神宗熙宁中，先后被召授官，皆不赴。创“先天学”，以为万物皆由“太极”演化而成。著有《观物篇》《先天图》《伊川击壤集》《皇极经世》等。

②诡谲：奸滑狡诈。

③阴：暗中陷害他人。险：险恶。

④乐祸：凡是惹祸的事他乐意做。

⑤犯刑宪如饮食：犯刑法就像饥渴了要吃要喝似的，非犯不可。

【译文】

邵康节先生教戒子孙说：“上等人，不用教育而自善，中等人，经过教育而后善，下等人，再教育也教育不好。不教自善，不是圣人是什么？教而后善，不是贤人是什么？教也不善，不是愚人是什么？因此可知善人是吉人的称呼，圣人生知安行，自诚而明，由仁义行，此乃天纵之圣，不教自善。贤人自明而诚，百倍其功以勉学而后复其固有之善。圣与贤生知学知，虽不同，而善则同，故同称谓吉人。教育不好的愚人，是凶人的称号。吉人的行为是眼不看非礼的形色，耳不听非礼的语声，口不说非礼的话，足不走非礼之地，交人就交善人，人不善他不交，不义之财物他不取。亲近贤人好像亲就芝兰一样，避绝恶人，犹如害怕毒蛇蝎子来咬他，这是用克己复礼的工夫的大贤所为，或有人说他不是吉人，我全不信。

凶人的行为是徇人欲之私，说话诡谲没实话，做事阴贼险狠，暗里害人。好占便宜，见利忘义；掩饰错误，死不悔改；贪图淫乱，禽居兽处。乐意做闯祸的事，憎恶好人就像仇人一样，干犯国法如饥似渴。罪小了落个损伤身心或杀身丧命，祸大了还要颠覆宗庙，断子绝孙。或说他不是凶人，我绝不信。《书经》上说：‘吉人做善事，但觉日子少，把善事做不完；凶人做坏事，也觉日子不够。’你等仔细思量做吉人呢？做凶人呢？”

【评述】

上等人聪明睿智，胸中浑然天理，中等人必受教自修，以复其初而后善，下等人自暴自弃，虽教也不善。善则可以善身善世，不善则足以亡国败家，吉凶断然，人当自择所为！

嘉言 12

节孝徐先生训学者曰：诸君欲为君子，而使劳己之力，费己之财，如此而不为君子，犹可也。不劳己之力，不费己之财，诸君何不为君子？乡人贱之，父母恶之，如此而不为君子，犹可也。

父母欲之，乡人荣之，诸君何不为君子。又曰，言其所善，行其所善，思其所善，如此而不为君子，未之有也。言其不善，行其不善，思其不善，如此而不为小人，未之有也。

【注解】

①徐先生：徐积，字仲车，谥节孝，宋山阳人。

②君子，成德之名。

【译文】

节孝徐先生教训学生说："各位想做君子，假使既劳力又费钱，做君子像这样难而不做君子也可以。既不劳力又不费钱，你们为什么不做君子呢？你要做君子而乡人鄙贱你，父母憎恶你，这样而不做君子也还可以。父母希望你为君子，乡人对你为君子都觉得光荣，你们为啥不做君子呢?"先生又说："说善话，做善事，心想善念，言行思想都善，这样而不成君子，断然没有这个道理。不说善话，不行善事，不存善心，这样的人不为小人，也绝没有这个道理。"

【评述】

人性本善，为君子只是顺己之善心说话做事存心就行了，何劳力费财之有，好善是人的常情，那有父母不愿儿女为善的道理。人所以不为君子，只为私欲私意蒙住了善性，即不以善为荣，也不以不善为辱，而妄自为小人以终身，可悲之甚也。

嘉言13

胡文定公与子书曰[①]：立志以明道、希文自期待[②]，立心以忠

信不欺为主本[3]，行己以端庄清慎见操执[4]，临事以明敏果断辨是非[5]。又谨三尺[6]，考求立法之意而操纵之，斯可以为政，不在人后矣。汝勉之哉，治心修身，以饮食男女为切要[7]，从古圣贤自这里做工夫[8]，其可忽乎?

【注解】

①胡文定公：姓胡名安国，字康侯，谥文定，宋建安人。

②明道：姓程名颢，宋洛阳人。希文：范仲淹的字。明道先生，十四五岁便锐然欲学圣人，范文正公自做秀才时，便以天下为己任，学者立志，当以明道希文期望自己，对待自己。

③为主本：人不忠信，则所为皆虚伪，故立心当以忠信不欺为本。

④端：端正。庄：严肃。清：清白。慎：谨慎。见操执：呈现自己操守的品德。

⑤明敏：通达事理。果断：见义勇为，临事能明敏果断，则是非明而行无疑，才能有为。

⑥三尺：法律书。

⑦饮食男女：人之大欲存焉，故治心修身以克制饮食男女之妄欲为切身要事。

⑧从古圣贤自这里做工夫：如夏禹恶旨酒，菲饮食。成汤迩声色，都从这里做工夫。

【译文】

胡文定公给诸子写信说："尔辈立志，应以程明道、范希文的志向期望自己；对待自己，以圣贤自期，就不至自暴自弃；异日德明道立，就能像先贤一样。立心能以忠信不欺为主本，则事事务实而品德日进。立身行事端正庄严清廉慎重，就不做不义的事，而后可以大有作为。临事以明敏果断辨别是非，则见之明，行之力，足以有为。有谋有守有为则可以修身齐家治国平天下，成为君子人矣。又能谨慎使用法律，考求国家立法的本意而操守之，必本法意原人情以适宽严之宜，方不至宽猛失宜，而有罔民之咎矣。如是则可以为政而不落于人后。汝等勉之哉！治心修身，以克制饮食男女之妄欲为切身要事，自古圣贤也从饮食男女做工夫，这还可以不重视吗?”

【评述】

胡文定公教子，以立志立心行己临事四者为先务，以谨慎用法，克己寡欲为修身治人之要。教子者宜取法焉。为学不立志则徘徊歧途无有定向，将适何方?以明道希文自期待，则适圣贤之途。忠信所以进德，以忠信不欺为主本，则事事务实，忠信内积而德日进矣。行己以端正庄严清白谨慎自守，则守正不阿，庄严威重，清白无污，谨慎从事，而操守不变矣。平日有格物致知以明事理之功，则临事能以明敏辨是非。平日有诚意正心之功，则临事自能以果断行其是而去其非。如此则有猷、有为、有守，而成为栋梁之材矣。又谨法律条例，考求立法之意而操纵，以适宽严之宜，而民心畏服，无有冤狱。从饮食男女日用之间，克己去私，则心正身修，而为治天下国家之本矣。

嘉言14

古灵陈先生为仙居令[①]，教其民曰：为吾民者，父义[②]，母慈，兄友，弟恭，子孝。夫妇有恩[③]，男女有别[④]，子弟有学，

乡闾有礼[⑤]。贫穷患难，亲戚相救；婚姻死丧，邻保相助。无堕农业，无作盗贼，无学赌博，无好争讼，无以恶陵善，无以富吞贫。行者让路[⑥]，耕者让畔[⑦]，颁白者不负戴于道路[⑧]，则为礼义之俗矣。

【注解】

①古灵：村名，在今福州。陈先生：名襄字述古，号古灵，宋福州人。仙居：浙江省仙居县。

②父义：是其父能以义制事，振其家事。

③有恩：谓贫穷患难，相守不弃，白头偕老。

④有别：男有妇，女有夫，互不相乱。

⑤有礼：谓岁时相看望，吉凶相庆吊，乡饮叙齿之类。

⑥让路：谓隘路相逢，让人先行之类。

⑦让畔：谓互不侵夺地畔。

⑧颁白：鬓发半白。

【译文】

古灵陈先生做仙居县令时，教训县中百姓说："给我做人民的人，父要以义振家，母要慈爱子女儿媳。兄要爱弟，弟要敬兄。子女要孝敬父母，夫妇要有恩情，男女要有分别，不得淫乱。子弟要诵诗读书，有学问，知礼义，同乡同里的人，要有礼以相往来。贫穷患难，亲戚都要相救。婚姻死丧，邻家比舍互相资助。不得废堕农业，不许做贼做盗，不得赌钱，不要爱打官司。不许恶人欺侮善人，不准以富厚之力，吞并穷人。行路的人要互相让路，耕田的人要互相让畔。头发间白的老人携带之物，青少年代为负戴，不让老人负戴于道路。人人讲礼让以厚风俗，则成为礼义的风俗。”

【评述】

此孟子所谓善教得民心。为官者，都能如陈先生教其民，则社会秩序自然安定，风俗自然好转。若只作一场话说，而不采取措施以教民，则无以化民成俗，而空言无补。要知言教不如身教，其身正，不令而行，其身不正，虽令不从。为官者若恃权谋私，甚至贪污盗窃，腼（tiǎn）不知耻，而以空言教民，民必不从矣。

以上立教

第二章　广明伦

嘉言 15

司马温公曰[①]：凡诸卑幼[②]，事无大小，毋得专行，必咨禀于家长[③]。

【注解】

①司马温公：姓司马，名光（1019～1086年），字君实，宋陕州夏县人，官至宰相，卒赠太师、温国公，谥文正。其所主持编写的《资治通鉴》，是我国第一部编年体通史，内容以叙政治、军事为主，旨在为行政者提供国家治乱兴衰的借鉴。

②诸卑幼：包括小子、晚辈及仆、妾、部下等。

③咨：请问。禀：禀命。家长：父、兄主家政者。

【译文】

司马温公说："凡是卑幼之辈，不论事大事小，不得自专行事。必定要请问家长，受家长之命，然后照办。"

嘉言 16

凡子受父母之命，必籍记而佩之，时省而速行之，事毕则反命焉。或所命有不可行者①，则和色柔声，具是非利害而白之，待父母之许，然后改之。若不许，苟于事无大害者②，亦当曲从；若以父母之命为非，而直行己志，虽所执皆是，犹为不顺之子，况未必是乎？

【注解】

①所命有不可行：指非礼非义、违法害人之事。

②于事无大害：谓虽不中理，但无伤害。

【译文】

司马温公说："凡人子接受了父母的使命，必记在笔记本里佩带上，时时观省而从速去做，做完毕后就向父母汇报。或父母指令去做的事于理有不可做的，就要和色柔声把是非利害给父母禀清楚，等到父母允许后再改变。若不允许改，倘于事无大害时，也当委曲从命。若认为父母的命令是错的，直接按自己的主张去做，虽所做都对，仍是不孝顺的孩子，何况自己的主张未必正确，岂不有亏子道？"

【评述】

不得乎亲不可以为人，不顺乎亲不可以为人子，此舜所以惟顺于父母，可以解忧。父母之命，苟于理无大害者，则当曲从。如有大害，则当几谏，谏至再三父母怒而打之流血，则号泣而随之，以期父母悔改。绝不敢以父母之命为非而直行己志，以伤父母之心。亦不敢坐视其悖理害事，而陷其亲于不义。世之为子，有不明此义者，往往自以为是，不但不曲从父母之命，反欲父母从己之言，事事专行，而不惜伤亲之心，不自知其为不顺之子，是故习非成是，而不知悔改，及其既悟，则悔恨无及矣。悲夫！

嘉言 17

横渠先生曰：舜之事亲，有不悦者，为父顽母嚚（yín）①，不近人情②。若中人之性，其爱恶若无害理，必姑顺之③，若亲之故旧所喜④，当极力招致⑤。宾客之奉，当极力营办。务以悦亲为事，不可计家之有无。然，又须使之不知其勉强劳苦，苟使见其为而不易，则亦不安矣。

【注解】

①顽：顽固，谓身不则德义之经。嚚：诬妄，谓说话全无忠信。

②不近人情：和人的常情相差很远。

③必姑顺之：必须姑且顺父母心意。姑：暂且。

④故旧：老朋友、老亲戚。所喜：父母所喜爱的人。

⑤招致：请到。

【译文】

张横渠先生说："舜事亲而亲有不悦者，是因为其父身不则德义，其母说话不由忠信，不近人情。其所命多悖理不可行，舜若从之，是陷其亲于不义，若不从，父母就怒而打之，所以左右为难。若中等人的性情，其所爱所恶不害理，必暂且顺亲之命。若是父母所喜爱的亲朋旧友，应当极力招请来家聚会，对宾客的奉养，应该竭力经营办理，务以悦亲之心为事，不可计较财力的不足。然又要使父母不晓得自己勉强和劳苦，假使见到营办得不容易，他的心反不安矣。

【评述】

舜之事亲不能悦乎亲者，以其不顺命也。舜为圣人何为不顺命？因亲之所命皆于事有大害，若从之则必得罪于乡党州间，故不得不谏，若谏则父母怒而大杖小杖随之矣。父顽母嚚是他人见其如斯，舜但知自己不善事亲，触怒了父母，故常自责，而不见亲之不是。然自省其过而不得，故号泣于闵天以自怨，此其所以为大孝。

嘉言18

罗仲素论瞽（gǔ）瞍（sǒu）底豫[①]，而天下之为父子者定云：“只为天下无不是底父母[②]。”了翁闻而善之曰[③]：“唯如此而后天下之为父子者定。彼臣弑其君，子弑其父，常始于见其有不是处耳[④]。”

【注解】

①罗仲素：姓罗名从彦，宋福建南沙剑州剑浦人。师从宋代理学奠基人程颢、程颐的首传弟子杨时于龟山，学成后筑室山中，倡道东南，往求学者众。当年南宋理学大师朱熹的父亲和老师李桐都曾拜罗从彦为师。程、罗、李、朱后来成为闻名后世的五大名儒。以特科授博罗主簿，谥文质。有《遵尧录》《春秋指归》《毛诗语解》等著作遗世，大部收编入“钦定四库全书”。明洪武年间，仲素公与文

天祥、朱熹、诸葛亮、颜真卿等同祀孔庙。瞽瞍：舜帝的父亲。底豫：大舜以孝事亲，终使父母感化而以舜为欢乐。底：达到。豫：快乐。

②只为天下无不是底父母：言父母于子女，或慈恤，或憎恨，或笞逐，其心只是望子成龙，所以说莫有不是的父母。底：犹的。

③了翁：陈忠肃公，名瓘，字莹中，号了翁。善之：认为罗仲素说的好。

④常始于见其有不是处：言那种弑父与君的人，常由于看见君父有不是的性行，怀恨在心，其恶与时日俱增，久而久之，直视君父为寇雠，一旦怒发而不可遏，遂至弑父与君而不顾。易所谓"非一朝一夕之故，其所由来者渐矣，由辨之不早辨故也。"语曰："渐不可长。"可不戒哉！

【译文】

罗仲素谈论瞽瞍也能以舜为欢乐，则天下为父子的有了定论说："天下莫有不是的父母。"了翁赞赏罗仲素的定论说："惟如此而后天下之为父子者定。彼臣弑其君、子弑其父的人，常由于看见君父有不是的性行。"

嘉言19

伊川先生曰：病卧于床，委之庸医[①]，比之不慈不孝。事亲者，亦不可不知医[②]。

【注解】

①委：委付、委托。之：指病人。庸医：医术平常的医生，不能使病人转危为安，起死回生。

②知医：深知医理方药，能知病在何脏、何腑、何经络，当以何方、何药为对证，庶不为庸医所误。若所见浅肤，而不识医理，师心自用，反能害事。

【译文】

伊川先生说："父母妻子有病，委付庸医治疗等于不慈不孝。奉事父母的人，也不可不明医理和医术。"

嘉言20

横渠先生曰：事亲奉祭，岂可使人为之。

【译文】

张横渠先生说：事父母，奉祭祀皆当亲为之，岂能使人代替！

嘉言21

伊川先生曰：冠、婚、丧、祭，礼之大者①，今人都不理会。豺獭（tǎ）皆知报本②，今士大夫家多忽此，厚于奉养而薄于先祖，甚不可也。某尝修六礼③，大略家必有庙，庙必有主④，月朔必荐新⑤，时祭用仲月，冬至祭始祖⑥，立春祭先祖⑦，季秋祭祢（mí）⑧。忌日迁主祭于正寝，凡事死之礼，当厚于奉生者，人家能存得此等事数件，虽幼者可使渐知礼义。

【注解】

①冠：加冠礼。婚：婚礼。丧：丧礼。祭：祭祀礼。冠、婚、丧、祭，是重大的礼节。

②豺：豺狼。獭：水獭。孟春獭祭鱼，季秋豺祭兽，都有报本的行为，可以人而不如兽乎。

③六礼：冠、婚、丧、祭、乡饮酒、士相见六种礼义。

④主：木主，木制的神位。上书死者姓名以供祭祀。又称神主。俗称牌位。所以依神。

⑤月朔：每月初一。

⑥始祖：是头辈子先人。

⑦先祖：即高祖、曾祖、祖、考妣。

⑧祢：先考。

⑨忌日；先人死亡之日叫忌日。迁主祭于正寝：不欲使其他神主哀伤也，只为忌日之忌是哭祭。

【译文】

伊川先生说："冠婚丧祭四件事是最大的礼节，当今人都不讲明白。豺獭都晓得报本，而士大夫家多忽略这四种大礼。奉养自己厚而祭祀先祖薄，是很不对的。我曾修六礼，大略家中必有庙，庙中必有神主，每月初一，必荐新物如祭韭祭瓜之类。四时致祭要用仲月（因为君祭用孟月，故臣下用仲月）。冬至始生阳，故冬至祭始祖。立春物始生，故祭先祖。君子有终身之丧，忌日是也，故迁主祭于正寝，不敢以哀伤感先祖。凡祭必从丰厚，如厚于奉养而薄于先祖，则羔鸟不如矣。家庭能保存冠婚丧祭等事数件，俾幼者耳闻目见，可使之渐知礼义成为礼义的家庭。

【评述】

礼义之家，父慈子孝兄友弟恭夫义妇顺，世世承之，可以经久不衰。而富贵之家，子孙骄奢淫泆，必至速败，故富贵之家不如礼义之家远甚。

嘉言22

司马温公曰：冠者[①]，成人之道也。成人者，将责为人子，为

人弟，为人臣，为人少者之行也。将责四者之行于人，其礼可不重与？冠礼之废久矣，近世以来，人情尤为轻薄，生子犹饮乳，已加巾帽。有官者，或为之制公服而弄之。过十岁，犹总角者盖鲜矣[②]。彼责以四者之行，岂能知之？故往往自幼至长，愚騃（aí）如一[③]，由不知成人之道故也。古礼虽称二十而冠，然世俗之弊，不可猝变[④]。若敦厚好古之君子，俟其子年十五以上[⑤]，能通孝经论语，粗知礼义之方[⑥]，然后冠之，斯其美矣。

【注解】

①冠：古礼，详见仪礼。古时男子二十而冠，冠后即为成人。内则言二十而冠，始学礼（吉凶军宾嘉五礼），可以衣裘帛，舞大夏，敦行孝弟，博学不教，内而不出。未冠为童子，既冠则为成人。

②总角：在头角上束发为笄（jī，古代束发用的簪子）如两角然，名曰总角。

③騃：呆痴。

④猝：急遽之意。

⑤俟：等待。

⑥粗：粗略。

【译文】

司马温公说：冠礼是确认年轻人心身成熟，成为成年人的礼仪。作为成年人，能够独立面对社会，将承担起为人子、为人弟、为人下属、为人少者的行为责任。将要责令其承当这四项责任给这个人，这个礼节可以不隆重吗？这个礼节能不重要吗？冠礼不行已经很久了，所以近世以来，人情更加轻薄，孩子在哺乳期就加巾、戴帽子，当官的还有给孩子制官服而玩弄戏耍的。过十岁的孩子仍然总角的就很少见了。你要求他们有子臣弟少四者的责任，他们怎么能知道呢？所以许多人自幼至长，一直愚昧呆痴不近人情，是因为不知道作为成人有应尽的责任和义务的道理。古礼虽然称为二十岁行冠礼，然而世俗的流弊不可能急遽改变。如果有敦厚好古的君子，等待其儿子年龄十五岁以上，且能学通《孝经》《论语》经义，粗略知晓礼义的主要意义，然后举行冠礼，这样也是很完美的。

【评述】

冠礼为使童子自知已已成人，当去其童心，以服行成人的礼义，所以是为成人的道。冠婚丧祭是大礼，本该重视，所望敦厚好古的君子以身作则，倡复冠礼，责以成人之道。

嘉言23

古者父母之丧，既殡食粥，齐（zí）衰（cūi）①，疏食水饮②，不食菜果。父母之丧，既虞卒哭③，疏食水饮，不食菜果④。期而小祥⑤，食菜果⑥，又期而大祥⑦，食醯（xī）酱⑧。中月而禫（dàn）⑨，禫而饮醴酒⑩。始饮酒者，先饮醴酒，始食肉者，先食干肉⑪。古人居丧，无敢公然食肉饮酒者⑫。

【注解】

①此言居丧之礼也。父母之丧，水浆不入口者三日，既棺殓，则亲友劝之食粥，服孝衫加衰绖（古代用麻做的丧帽丧带）。

②疏食：粗饭。水饮：饮开水。

③虞：祭名，既葬行虞祭。既虞卒哭：虞祭后，哀至则哭，不按朝夕哭。

④承上启下疏食水饮不食菜果如故。

⑤期：头周年。小祥：祭名。

⑥食菜果：小祥后，始食菜果。

⑦又期：二周年。大祥：祭名。

⑧醯酱：醋酱，调味品。

⑨中月：大祥后间隔一月，即亲没后二十七个月。禫：祭名，是三年丧毕除丧服的祭祀。

⑩醴酒：二宿熟成的酒，如醪糟之类，其味淡薄。

⑪干肉：味涩。

⑫公然：犹言突然。

【译文】

古人居父母之丧，亲殁三日棺殓，棺殓后亲友劝之食粥，服孝衫衰绖，吃粗饭饮开水，不食菜果。父母之丧，即葬行虞祭礼，虞祭后，哀至则哭，不再朝夕哭。仍吃粗饭饮开水，不食菜果。头周年举行小祥祭礼。小祥后始食菜果。二周年举行大祥祭礼。大祥后始食醋酱。亲没后二十七个月为中月。中月举行禫祭礼，这是服丧期满除丧服的祭祀，禫祭后始饮醴酒。开始饮酒先饮醴酒，开始吃肉先吃干肉。古人在居丧期间，没有敢于公然食肉饮酒的。

【评述】

人子居丧，饮食衣服居处皆异于平时，饘（zhān，稠粥）粥之食，齐（zī）疏之服，庐居寝苫（shān，草垫子）枕块，所以然者，哀亲之死，不食而居泉下也。若食肉饮酒宅居，是忘其亲而有死其亲之心，恻隐之心安在哉？

汉昌邑王奔昭帝之丧，居道上不素食，霍光数其罪而废之。

【译文】

汉昭帝崩，无子，昌邑王刘贺嗣位，贺在奔丧途中不素食，大将军霍光数其不孝之罪而废为海昏侯。

晋阮籍负才放诞，居丧无礼，何曾面质籍于文帝座曰[①]："卿败俗之人，不可长也。"因言于帝曰："公方以孝治天下，而听阮籍以重哀，饮酒食肉于公坐。宜摒四裔[②]，毋令污染华夏[③]。"

【注解】

①阮籍、何曾：皆晋臣。质：质正其罪。

②摒：斥逐。四裔：四方边区。

③华夏：中国。

【译文】

晋阮籍自负有才而荒唐放纵，居丧无礼，何曾在文帝座前当面责问阮籍说："你是败坏风俗的人，不可能长久。"并对文帝说："公正在以孝道治理天下，而任凭阮籍在居重丧之际，饮酒食肉于你的座前，应该斥逐阮籍到边区服刑，不要让他污染华夏风俗。"

宋庐陵王义真[①]，居武帝忧[②]，使左右买鱼肉珍馐，于斋内别立厨帐。会长史刘湛（zhàn）入[③]，因命臑（nuǎn）酒，炙车螯（áo），湛正色曰：公当今不宜有此设。义真曰：旦甚寒，长史视同一家，望不为异。酒至，湛起曰：既不能以礼自处，又不能以礼处人。

【注解】

①义真：宋武帝刘裕之子。

②居忧：居丧。

③湛：字宏仁。臑：同暖。炙：烧。车螯：海蛤。

【译文】

宋庐陵王刘义真居其父武帝之丧，使左右侍从买鱼肉美味，在室内另立厨帐，做珍馐食之。适逢长史刘湛入其室，因命炖酒炙肉，湛正色指责说："你当今居丧，不该有这设备。"义真说："早晨很冷，喝些酒御寒，长史事同一家人，希望不要见怪。"酒至，刘湛起来说："既不能以礼自处，又不能以礼待人。"

隋炀帝为太子[①]，居文献皇后丧[②]，每朝令进二溢米[③]，而私令外取肥肉脯（fǔ）酢（cù）[④]，置竹筒中，以蜡闭口，衣幞（fú）裹而纳之[⑤]。

【注解】

①隋炀帝：名广。

②文献皇后：杨广之母。

③溢：一手所握也。二溢米：是二把米之意。

④脯酢：果脯醋酱。

⑤衣幞：包袱。

【译文】

隋炀帝作太子时，居母丧而不哀，每朝令进二把米，以示哀伤不思食，而私遣人在宫外买肥肉果脯醋酱，装在竹筒中，用蜡封口，用包袱裹严纳入宫中食用。如此做假，丧尽天良，亡国杀身之祸，已基于斯。

然则五代之时，居丧食肉者，人犹以为异事，是流俗之弊，其来甚近也。今之士大夫居丧，食肉饮酒，无异平日，又相从晏集，靦（tiǎn）然无愧，人亦恬不为怪。礼俗之坏，习以为常，悲夫！

【译文】

总上所述，则知五代之时，居丧食肉的，他人犹认为是怪事，是流俗的弊坏，其来源很近。可叹而今的士大夫，居丧食肉喝酒，和平时没有两样，又与宾客设晏集会，靦然不知羞愧，别人也安然不以为怪。礼俗的败坏，竟习为平常，甚为可悲！

【评述】

此上诸节，言居丧时食饮之礼。语曰："丧致乎哀而止。"唯其哀也，故食旨不甘，闻乐不乐，居处不安。孟子曰："三年之丧，齐疏之服，干粥之食，自天子达于庶人，三代共之。"然则古人居丧，绝无饮酒、食肉、听乐者，而世俗居亲之丧，无异平日，是不知有三年之爱于其父母矣，可哀也哉！

嘉言24

父母之丧[①]，中门外择朴陋之室，为丈夫丧次，斩衰（cui）[②]，寝苫（shān）枕块[③]，不脱绖（dié）带[④]，不与人坐焉。妇人次于中门之内别室，撤去帏帐、衾褥、华丽之物。男子无故不入中门，

妇人不得辄至男子丧次。

晋陈寿遭父丧，有疾，使婢丸药，客往见之，乡党以为贬议，坐是沈滞，坎坷终身。嫌疑之际，不可不慎。

【注解】

①此言居丧时居处、内、外之礼。

②斩衰：用粗布制成的毛边丧服，缉其旁及下际曰齐衰，不缉曰斩衰；三年丧服斩衰，期之丧服齐衰。

③苫：草铺。块：土块。

④绖带：麻带，在首以束麻冠，在腰以束斩衰。

【译文】

居父母丧时，在中门外选择简陋室屋作为丈夫居所，服斩衰，住草铺，枕土块，不解除冠带，不与人坐。妇人住在中门内，撤去帏帐衾褥及华丽之物。男子无故不入中门，妇人不得擅自来到男子丧次。

晋陈寿居父丧时患病了，使婢为他丸药，被客人看见，受到乡党贬议，竟至沉滞终身。礼防严格，是为了使人成其为人。

嘉言 25

父母之丧，不当出，若为丧事及有故，不得已而出，则乘朴马[①]，布裹（guǒ）鞍（ān）辔（pèi）[②]。

【注解】

①朴马：白马。

②布裹鞍辔：以白布裹鞍辔。

【译文】

居父母丧，不应外出，因为办理丧事及其他事故，不得不外出时，则乘白马，用白布裹鞍辔。

嘉言26

世俗信浮屠诳诱[①]，凡有丧事，无不供佛饭僧[②]，云为死者灭罪资福，使升天堂，受诸快乐。不为者必入地狱，锉烧舂磨[③]，受诸苦楚。殊不知死者形既朽灭，神亦飘散，虽有锉烧舂磨，且无所施。又况佛法未入中国之前，人固有死而复生者，何故都无一人误入地狱，见所谓十王者耶[④]。此其无有而不足信也明矣[⑤]。

【注解】

①浮屠：佛图。诳：诳骗。诱：诱惑。

②供佛饭僧：供奉佛像，饭养僧侣。

③锉：用锉刀锉磨。烧：下油锅。舂：把东西放在臼窝内捣碎。磨：倒推研磨。

④十王：十殿阎君。

⑤不足信：佛氏设天堂地狱之说，以诳骗诱惑人，以为佛能使人上天堂、入地狱，试思天上无天堂，有则君子升。地下无地狱，有则恶人入。佛若因供佛饭僧，而使恶人上天堂，是与受贿妄法者同罪矣。

【译文】

此言居丧不用浮屠之义。世人信和尚诳骗诱惑，凡有丧事，都要请和尚诵经，说是给死者灭罪求福，使升天堂享受快乐。不诵佛经必入地狱受锉烧舂磨之苦。殊不知死者形体已朽灭，神灵也飘散了，虽然有什么锉烧舂磨，也施不到他身上。

况且在佛法未入中国之前，人有死而复生的，怎么就没有一个死而复生的人进入地狱见到所谓的十殿阎君。这本来是没有的事，不要相信。

【评述】

刘伯温曰：“人情无不爱其亲，亲没矣，而谓冥冥之中欲加以锉烧舂磨之刑焉，谁能不哀痛而求免，是故不待驱而从矣。”予谓佛氏创为祸福之说以诳诱俗民，而人信奉之者，殆未之思也。夫阴间无司则已，如有司法，则天地鬼神昭布森列，岂无天条以律之？岂有触犯天条当入刑狱，而一经供佛饭僧，即可以使升天堂之理；若然，则是佛氏受贿而废其法矣。将见佛氏以触犯天条，而入地狱受苦，又安能使供佛饭僧之众，皆得免其亲坠入地狱之罪，而使升天堂，受诸快乐哉！既忧死后入地狱，何不于生时为善去恶，以积仁洁行，而成为光明磊落之人？必待死后方供佛求免，而反累佛氏因救汝而自陷于罪，受苦楚于地狱之中也。佛如有灵，必不肯受非礼之供，救罪犯出地狱，使生天堂之上，而自陷于罪戾，以代他人受法也。

嘉言27

颜氏家训曰[①]：吾家巫、觋（xí）、符章[②]，绝于言议，汝曹所见[③]，勿为妖妄[④]。

【注解】

①颜氏：名之推，颜回三十四代孙，北朝琅邪临沂（今山东临沂）人。中国古代文

学家，教育家，著有《颜氏家训》，在家庭教育发展史上有重要的影响。

②巫：女巫。觋：男巫。符章：画符，盖章，皆妖怪妄诞之术。

③汝曹：你辈。

④妖；妖魔。妄：妄诞。

【译文】

《颜氏家训》说："我家巫觋符章之类，绝于言语议论，这是你辈亲眼见到的，你们千万不要做妖魔妄诞之事。"

【评述】

自从人道不能大明于世，邪诞妖妄之说竞起，至今人多迷信其说，有病时信巫不信医，误及生命而不悔，甚可悲也。病卧于床委之庸医，比之不慈不孝，若委之巫觋则不慈不孝之罪更大了，须知巫觋之辈，多是精神病人，信口妄言，岂可信乎？骗取财物，延误诊治不是小失。

嘉言28

伊川先生曰：人无父母，生日当倍悲痛，更安忍置酒张乐以为乐。若具庆者可矣。

【译文】

伊川先生说："人没有父母时，生辰日应当倍加悲痛，更何忍置酒张乐以自乐。若父母具在时，可以置酒张乐以娱亲。"

以上明父子之亲

嘉言29

吕氏童蒙训曰[①]：事君如事亲，事官长如事兄，与同僚如家人，待群吏如奴仆，爱百姓如妻子，处官事如家事，然后能尽吾之心，如有毫末不至，皆吾心有所未尽也。

【注解】

①吕氏：名本中，字居仁，宋正献公之曾孙，作《童蒙训》。此言孝者所以事君，弟者所以事长，慈者所以使众之事。大学所谓君子不出家，而成教于国。

【译文】

吕本中《童蒙训》上说："事君像事亲一样，事官长像事兄一样，和同僚相处如家人一样，待群吏像待奴仆，爱百姓像妻子一样，处理公事就像处理家事一样，然后能尽自己的心，如有毫末做的不到最佳，都是我没有用尽心思的缘故。"

【评述】

事理本不难明，只因为私意所蔽，私欲所累，故不能尽己之心。吕氏以家事比国事，以妻子比国人，使人去私推恩，而尽其忠君爱国的心。

嘉言30

或问："簿[①]，佐令者也。簿所欲为，令或不从奈何？"伊川先生曰："当以诚意动之[②]，今令与簿不和，只是争私意。令是邑之长[③]，若能以事父兄之道事之，过则归己，善则唯恐不归于令。积

此诚意，岂有不动之人。”

【注解】

①簿：是县令的辅佐者，主掌文书，处理事务。

②当以诚意动之：孟子曰：“至诚而不动者，未之有也，不诚未有能动者也。”故当积诚意以动之。

③令是邑之长：县令是一县的长官。

【译文】

或有人问：“簿是辅佐县令办公的人，若簿想给人民办有益的事，而令不同意，该怎么办?”伊川先生说：“应当以诚意感动他。今县令和主簿不和，只为不以诚心相待，而争私意，所以互不相信。要知令是一邑之长，有父兄之尊，簿若能以奉事父兄之道奉事令，事办错了，自己负责，事办好了，就说这全是县长领导的结果。把这诚意积累下去，哪有不动心的人呢?”

嘉言31

明道先生曰：“一命之士①，苟存心于爱物②，于人必有所济。”

【注解】

①一命：九品官。

②苟：假如。物：即人也。

【译文】

明道先生说：“初受职的九品小官，若能以爱民为心，对人民苦难，必有所救济，”

【评述】

有所济，所谓苟或为焉，必见其成。小官且能有所救济，况大官乎？居高位而无益于民，是擅权尸位，而况有害于民乎？如有害则为民贼，为民父母行政而反为民贼，能无愧乎？

嘉言 32

刘安礼问临民[①]，明道先生曰："使民各得输其情[②]。"问御吏[③]，曰："正己以格物[④]。"

【注解】

①刘安礼：字立之，程明道弟子。

②输：输出、交出。

③御吏：驾驭诸吏。

④格物：感格人之不正者。

【译文】

程子的学生刘安礼，问居官临民之道，明道程先生说："使民个个得以把真情告诉给官吏。"按民之所欲办事，没有办不好的。又问驾驭诸吏之法，程子说："正己身以正吏人。"所谓"子率以正，孰敢不正。"

【评述】

居官临民，必通民隐，然后能为民父母。

嘉言 33

伊川先生曰："居是邦不非其大夫，此理最好。"

【译文】

伊川程先生说："居在这个地方，不诽谤訾毁这里的官长，这道理最是好。"

【评述】

大夫是父母官，既居是邦，则当以尊父母之道尊其大夫，岂可不尊父母官而敢訾毁诽谤，恶意中伤乎？程子称之，盖欲人存其忠敬之心也。若大夫有不善，应当谏正。

嘉言34

童蒙训曰：当官之法，唯有三事，曰清①、曰慎②、曰勤③。知此三者，则知所以持身矣④。

【注解】

①清：廉洁不污。

②慎：慎重职守。

③勤：勤政爱民。

④持身：持守其身不堕落。

【译文】

吕氏《童蒙训》说："当官的法则，只有三个事：第一，清白廉洁，不贪污；第二，慎重官守，不轻忽；第三，勤于政事，不敢怠荒。晓得这三事重要，就晓得保持此身，成为真正的父母官了。"

嘉言35

当官者，凡异色人[1]，皆不宜与之相接，巫祝、尼媪之类，尤宜疏绝[2]，要以清心省事为本。

【注解】

①异色人：指邪门外道，如巫神、马脚、尼姑、道媪、媒婆、卦婆、法师等。

②疏：疏远。绝：谢绝。

【译文】

吕本中说："当官的人，凡是遇见邪门外道的人，都不该和他交往，巫婆、祷祝、尼姑、道媪之类，更当疏远绝交，要把清心省事做为基本。"

嘉言36

后生少年，乍到官守[1]，多为猾吏所饵[2]，不自省察，所得毫末，而一任之间不复敢举动。大抵作官嗜利，所得甚少，而吏人所盗不赀矣[3]。以此被重谴[4]，良可惜也。

【注解】

①乍到：初到。官守：作官守职。

②猾吏：狡猾的贪吏。饵：钓鱼钩上的食物，诱鱼上钩。这里指猾吏送的贿赂，吞下猾吏的钓饵，就只能听任其摆布，而不敢对他们的犯罪行为绳之以法。

③不赀：多得不能估计。

④谴：斥责。重谴：丢官、戍边、被杀之类。

【译文】

吕本中说："后生青少年，因登高科或藉父兄之势猛然当官守职，一时不自省察，接受狡猾之吏的贿赂，从此猾吏放手贪污，自己不敢制止，一任之间，不敢有所作为。大概当官的好利，则所得很少，而猾吏因官有受贿之弊不敢法办他们，就大量贪污盗窃，官员因此被人揭发，承受国法惩处，真的可惜。"

嘉言 37

当官者，先以暴怒为戒，事有不可，当详处之，必无不中。若先暴怒，只能自害，岂能害人。

【译文】

《官箴》说："当官的先把暴怒作为警戒，事有不合意的，应当详细调查了解，然后处理，必无不中理的。若先暴怒，独断独行，办错了事，只能自家害自家，岂能惩治别人。"

嘉言 38

当官处事，但务着实，如涂擦文字，追改日月，重易押字，万一败露，得罪反重，亦非所以养诚心、事君不欺之道也。

【译文】

吕本中《官箴》说："当官的处理公事，只务着实干，不可有丝毫虚假。例如涂擦改写公文档案上的文字，或追改日月，另改押字，以欺上瞒下，万一被上官发现，犯得罪就更重了。这也不是养育诚心和事君不欺的道理。”

以上明君臣之义

嘉言39

王吉上疏曰：夫妇人伦大纲[1]，夭寿之萌也。世俗嫁娶太早，未知为人父母之道而有子[2]，是以教化不明，而民多夭。

【注解】

①君臣、父子、兄弟、夫妇、朋友五者，叫人伦。有夫妇然后有父子，有父子然后有兄弟，所以说夫妇是人伦大纲。

②男女必须发育成熟然后结婚，就能长寿；嫁娶太早，发育不成熟就结婚，可造成少亡，所以多夭。

【译文】

王吉给皇上上疏说：“夫妇是人伦的大纲，也是夭寿的萌芽。今世俗女嫁男娶太早了，不晓得给孩子当父母要以身作则的道理，就有了儿女，所以教化不明，而民多有夭折的。”

嘉言40

文中子曰[1]：婚娶而论财，夷虏之道也[2]，君子不入其乡。古者男女之族，各择德焉，不以财为礼。

【注解】

①文中子：王通，号文中子，隋朝河东郡龙门县通化镇人，著名教育家、思想家。仁寿三年见隋文帝，奏上《太平十二策》，主张“尊王道，推霸略，稽古验今，

运天下于指掌。”深得文帝赞赏。

②夷虏：边外人。

【译文】

文中子王通说：“论婚姻讲财礼，是番邦行的路数，君子不入他们的乡俗。古时男女相择，各选择有品德的人，不把货财做聘礼。”

嘉言41

早婚少聘[①]，教人以偷[②]，妾媵（yìng）无数[③]，教人以乱。且贵贱有等，一夫一妇，庶人之职也。

【注解】

①早婚：从越王勾践命男女十五岁时结婚，过期者有罚，立为早婚之制，至今始改。

②偷：薄。

③妾媵：侍妾，小婆子。

【译文】

世俗早婚少聘，教人以偷薄；妾多失度，教人以淫乱。况且贵贱有等级，一夫一妻，是庶民的本分。

嘉言42

司马温公曰：凡议婚姻，当先察其婿与妇之性行及家法如何？勿苟慕其富贵。婿苟贤矣，今虽贫贱，安知异时不富贵乎？苟为不肖，今虽富贵，安知异时不贫贱乎？妇者，家之所由盛衰也，

苟慕一时之富贵而娶之，彼挟其富贵，鲜有不轻其夫[①]，而傲其舅姑[②]。养成骄妒之性[③]，异日为患[④]，庸有极乎[⑤]？借使因妇财以致富，依妇势以取贵，苟有丈夫之志气者，能无愧乎？

【注解】

①鲜：少。

②傲：骄傲。

③妒：妒嫉。

④异日：他日。

⑤庸有：岂有。

【译文】

司马温公说："凡谈婚嫁，应当观察婿与妇的性情品行及家庭教养如何，不要只羡慕他（她）的富贵。婿真的贤良，现今虽贫贱，怎知将来不富贵呢？但是不肖的人，今虽富贵，怎知将来不贫贱呢？而况妇人淑贤，生子必才，而家道得以兴盛。妇人混账，生子必不肖，成为败家子，而致家业衰亡。这是家庭所由以盛衰的因素。但慕一时的富贵而娶她，她挟富贵，少有不轻视丈夫，而傲慢翁婆的。养成娇妒的性格，将来成为家庭祸患，岂有极底吗？假使藉妇财以致富，靠妇势以取贵，倘有丈夫的志气的，能不羞吗？

嘉言43

安定胡先生曰[①]：嫁女必须胜吾家者[②]，胜吾家，则女子事人，必钦必戒[③]。娶妇必须不若吾家者，不若吾家，则妇之事舅姑，必执妇道。

【注解】

①安定胡先生：姓胡名瑗，字翼之，安定（今甘肃泾川以北）人，学者称其为安定先生。北宋儒学家、教育家。先生以兴学育才为己任，先后为苏州、湖州府学教授、太学直讲、太常博士，追谥文昭。随胡瑗从学弟子数千，名臣、学者多出其门。宋神宗称之为真先生；范仲淹誉之为“孔孟衣钵，苏湖领袖”；王安石尊之为“天下豪杰魁”；苏轼推之为“章为万世程”；文天祥敬之为“一代瞻仰，百世钦崇”；司马光颂之为“苏湖之教，造士有术”。

②胜吾家：家产或资历超过我家。

③钦：敬。戒：戒慎。

【译文】

安定胡先生说：“嫁女必须嫁给胜过我家的，胜过我家，则女子侍奉人，必能恭敬戒慎。娶媳妇必须娶富贵不如我家的，不如我家，则媳妇奉事翁婆，必守妇道。”

嘉言44

江东妇女[①]，略无交游，其婚姻之家，或十数年间，未相识者，唯以信命赠遗致殷勤焉。邺下风俗专以妇持门户[②]，争讼曲直，造请逢迎，代子求官，为夫诉屈，此乃恒、代之遗风乎？

【注解】

①江东：长江之东。

②邺下：古相州，在今河北省临漳县西南。恒代：皆燕赵间地名，燕太子丹以后宫美女结士，故遗风如此。

【译文】

《颜氏家训》说："江东妇女，无有交往游访的习惯，她们亲戚家人，或有成亲数十年间不相识的，只用书信或赠送礼物致殷勤之意。邺下风俗，却专用妇人主持门户，打官司，争曲直，当请客，迎宾客，代替孩子求官，给丈夫诉冤屈，全是妇人主事，这是燕、赵间的遗风吧？"

嘉言45

夫有人民而后有夫妇，有夫妇而后有父子，有父子而后有兄弟，一家之亲，此三者而已矣，自兹以往，至于九族，皆本于三亲焉。故于人伦为重者也，不可不笃。兄弟者，分形连气之人也。方其幼也，父母左提右挈，前襟后裾，食则同案，衣则传服，学则连业，游则共方。虽有悖乱之人，不能不相爱也。及其壮也，各妻其妻，各子其子，虽有笃厚之人，不能不少衰也。娣姒之比兄弟，则疏薄矣，今使疏薄之人，而节量亲厚之恩，犹方底而圆盖，必不合矣！唯友悌深至，不为旁人之所移者，免夫。

【译文】

《颜氏家训》说："有了人民，而后有夫妻，有夫妻而后有父子，有父子而后有兄弟，一家的亲人，就只有这三个了，从这发展下去，到了高、曾、祖父，父而身，身而子，子而孙，自子孙到曾玄，九族都起根于三亲。所以对于人伦最重大，不可以不笃厚其恩情。兄和弟，是分形连气的人，当他们小的时候，爹妈左手拖一个，右手挈一个，怀里抱一个，背上背一个；同案吃饭，衣服传替地穿。学则一同到校，游则同游一个地方，这样终日相对，虽有生性悖乱的人，不能不相亲相爱。到了他们壮年时，各恋各的妻，各爱各的儿，各居各的房室，情既相隔，虽有恩情笃厚的人，不能不稍衰减。妯娌比兄弟，恩情就薄多了，今使妯娌疏薄少恩的人，来节量兄弟亲厚的恩情，犹如方底圆盖，必不能合适。只有友悌深至，不被妇人所改移的，才可以免除兄弟亲情衰减。”

嘉言46

柳开仲涂曰[①]：皇考治家孝且严[②]，旦望弟妇等拜堂下毕[③]，即上手低面[④]，听我皇考训诫曰：人家兄弟，无不义者，尽因娶妇人门，异性相聚，争长竞短，渐渍日闻[⑤]，偏爱私藏以致背戾，分门割户，患若贼仇，皆汝妇人所作。男子刚肠者，几人能不为妇人言所惑，吾见多矣，若等宁有是耶[⑥]。退则惴惴不敢出一语为不孝事[⑦]，开辈抵此赖之[⑧]得全其家云。

【注解】

①柳开：字仲涂。

②皇：大。考：父死称考。

③旦：初一。望：十五。

④上手：两手上拱当胸。

⑤渐渍：逐渐渗透。

⑥若等：你们。宁：岂，难道。

⑦惴惴：恐惧貌。

⑧抵：到。此：而今。之：皇考训诫。

【译文】

柳开仲涂说："先考治家以孝，而家法很严。每逢初一、十五，弟妇等在堂下行礼后，就两手上拱当胸，低头面，敬听皇考训诫。训诫说：'人家兄弟，莫有不义的，其所以不和，尽因娶妇入门，不同姓的妇女住在一处，争长竞短，枕边告状，难免浸润之谮，以至偏爱私藏，遂致背理乖违，闹得分门割户，兄弟和仇敌一样，这都是妇人所造成的祸患。男子刚肠的，有几个能不被妇人言语所迷惑！听妇人言破家的，我见得多了，你等能有这种过错吗？'弟妇等听了训诫，退下来心怀恐惧，不敢说一句挑唆的话，不敢做不孝的事。开辈到现在靠皇考的教诫，得以保全吾家。"

以上明夫妇之别

嘉言 47

伊川先生曰：今人多不知兄弟之爱，且如闾阎小人[①]，得一食先以食父母，夫何故？以父母之口，重于己之口也。得一衣必先以衣父母，夫何故？以父母之体，重于己之体也。至于犬马，亦然，待父母之犬马，必异乎己之犬马也。独爱父母之子，却轻于己之子，甚者至若仇敌。举世皆如此[②]，惑之甚矣！

【注解】

①且如：即如，就象。闾：泛指门户；人家。中国古代以二十五家为闾。阎：指里巷的门。

②举世：整个人世。

【译文】

程伊川先生说："现在的人不明白兄弟应当亲爱，就像知识较少的平民百姓得到食物时，也会让父母先吃，这是什么缘故呢？认为父母的口腹重于自己的口腹。得到一件衣服也会让父母先穿，这是什么缘故呢？认为父母的身体重于自己的身体。对待犬马也是这样，对待父母的犬马必定不同于自己的犬马。唯独在爱护父母的儿子时，却轻于爱护自己的儿子，甚至于像仇敌一样对待父母的儿子（自己的兄弟），社会上大多是这样的，糊涂得太严重了！"

【评述】

兄弟同是父母所生，都是父母的儿女，身体虽异，而气则同，本是最亲的人，只因听信妇人的离间，遂忘其手足之情，而不知亲。举世都这样，糊涂得太狠了。

嘉言48

横渠张先生曰："斯干诗[①]，言兄及弟矣。'式相好矣[②]，无相犹矣。'言兄弟宜相好，不要相学。犹：似也。人情大抵，患在施之不见报则辍，故恩不能终。不要相学，己施之而已。"

【注解】

①斯干诗：《诗经·小雅·斯干》篇。

②式：样式，榜样；在这里表示应当。

【译文】

横渠先生解《诗经》之义说："《斯干》诗是说兄弟情义的。

'式相好矣，无相犹矣。'说的是兄弟应当相亲爱，不要互相学不友好的样子。犹是相似。人情的缺失大概在于施给兄弟的恩爱，见不到恩报，就不再施了，所以恩惠不能到底。不要互相学不友好的坏样子，只是自己施恩惠就是了。"

以上明长友之序

嘉言49

伊川先生曰："近世浅薄，以相欢狎为相与[①]，以无圭角为相欢爱[②]。如此者安能久，若要久，须是恭敬，君臣朋友，皆当以敬为主也。"

【注解】

①相欢狎：互相喜欢亵狎。

②无圭角：玉圭有楞角，无圭角谓不讲礼节，言动无拘，嘻嘻哈哈。

【译文】

伊川先生说："近世交情浅薄的原因，是因为互相喜欢亵狎作为相交的前提，不讲礼节无拘无束地欢爱，像这样，交情怎么能长久？若要长久，必须是互相恭敬，君臣朋友之间，都应当以敬为主。"

嘉言50

横渠先生曰："今之朋友，择其善柔以相与[①]，拍肩执袂（mèi）以为气和[②]，一言不合，怒气相加。朋友之际，欲其相下不倦，故于朋友之间主其敬者，日相亲与，得效最速。"

【注解】

①善柔：善于媚悦而不诚实。

②袂：袖子

【译文】

横渠先生说："而今的朋友，拣择善于媚悦的人相交，一见面就拍拍肩膀，握握手，认为是气和，一句话不合己意，就以怒气相加而绝交。朋友之间，希望互相谦下不厌倦，才能得益，所以能在朋友间以敬为主的，才能一天比一天亲密，相规相劝，得效最快。"

嘉言51

童蒙训曰：同僚之契[①]，交承之分[②]，有兄弟之义[③]，至其子孙亦世讲之。前辈专以此为务，今人知之者盖少矣。又如旧举将及尝为旧任按察官者[④]，后己官虽在上，前辈皆辞避，坐下座。风俗如此，安得不厚乎[⑤]？

【注解】

①同僚：同事，同朝为官者。契：意志契合。

②交承：交代承接；前任官离任移交，后任官承接。分：际。

③有兄弟之义：同僚中官有大小，大者如兄，小者如弟。

④旧举将：旧时推举自己做官的人。将：扶助。旧任按察官：旧时录用自己的上司。

⑤安得：怎么能得。

【译文】

吕氏《童蒙训》说："同事意志契合，职位上相交相承，有兄弟的情义，到了子孙，也世世讲究这种交情。前辈专把这当一回事，今人知道这的人怕不多了。又像旧时举荐自己的人，及做过旧任按察官的，后来自己的官职虽在他们上面，但自己总是谦退避让，尊自己的前辈坐上座。有这样一种好风气，人心人情能不质朴淳厚么？"

以上明朋友之交

嘉言 52

范文正公为参知政事时[①]，告诸子曰："吾贫时，与汝母养吾亲[②]，汝母躬执爨（cuàn）[③]，而吾亲甘旨未尝充也[④]。今而得厚禄，欲以养亲，亲不在矣；汝母亦已早世[⑤]，吾所最恨者；忍令汝曹享富贵之乐也[⑥]。吾吴中宗族甚众，于吾固有亲疏，然吾祖宗视之，则均是子孙，固无亲疏也。苟祖宗之意无亲疏，则饥寒者，吾安得不恤也。自祖宗来，积德百余年，而始发于吾，得至大官。若独享富贵而不恤宗族，异日何以见祖宗于地下，今何颜入家庙乎？于是恩例俸赐[⑦]，常均于族人[⑧]，并置义田宅云[⑨]。

【注解】

①范文正公：名仲淹，字希文，谥文正，世称"范文正公"，苏州人。北宋著名政治家、文学家。他出身贫苦，生二岁而孤。青年时借住在一座寺庙里读书，常常吃不饱饭，仍然坚持昼夜苦读，五年间未曾脱衣睡觉。中进士以后多次向皇帝上

书，提出许多革除弊政的建议，遭到保守势力的打击一再贬官。后来负责西北边防，防御西夏入侵很有成绩。一度调回朝廷担任枢密副使、参知政事的职务，可是在保守势力的攻击与排挤下，于宋仁宗庆历五年又被迫离开朝廷。他矢志不渝地追求自己的人生理想和政治主张，深受当世和后人称道。文章和诗词俱脱俗超凡，是其心志和情感的形象外化。有《范文正公文集》传世。参知政事：官名。

②亲：母亲。

③躬执爨：亲自操持家务。爨：烧火做饭。

④甘旨：美味食物。

⑤早世：早离人世。

⑥汝曹：你辈。

⑦恩例俸赐：恩赐例俸，即皇帝恩赐和当官俸禄。

⑧常均于族人：经常与族人共享。

⑨并置义田宅：范文正公用皇帝恩赐钱和俸禄买了靠近城市而且常年丰收的田约千亩，叫做义田，用来供养、救济全族的人。使他们天天有饭吃，年年有衣穿；嫁娶丧葬，都有供养、补贴。选择同族中年长而又贤明的人管理这件事，按一定时间共同结算收支账目。每天供给吃的，每人一升米；每年供给穿的，每人一匹绢绸。嫁女的给五十千钱；再嫁的给三十千钱；娶妻的给三十千钱，再娶的给十五千钱。丧葬跟再嫁的补贴数目一样，葬小孩的给十千钱。族人聚居在一起接受供给的共九十人，从每年的收入中，供给稻谷八百斛。用千亩田的收入，供给聚居的族人，绰绰有余，并且没有穷尽的时候。退职回家等待缺额的人，可以享受供给；出去做官的，便停止供给。这就是他举办义田的大概情况。

【译文】

文正公范仲淹当参知政事时，告诫诸子说："我在贫贱的时候，和你母亲奉养我的亲人，你母亲亲自操持家务，烧火做饭。由于家贫，一直没有足够的美味食物奉养亲人。如今获得丰厚俸禄，想很好地奉养亲人，但亲人已经不在了；你母亲也早早去世，这是我最遗憾的，怎么能忍心让你们独享富贵快乐呢。吾吴中宗族众多，固然和我有亲疏差别，然而在我祖宗眼里，都是同样的子孙，本来没有亲疏的分别。在祖宗的心意上无亲疏，那么他们受饥寒时，我怎么能不抚恤呢。况且自从祖宗积德百余年，开始发迹在我身上，才当上大官。如果独享富贵而不抚恤宗族，死后如何见祖宗于地下？如今有什么颜面进入家庙呢？”于是他把皇帝的恩赐和当官俸禄，经常均分给族人，并购置义田义宅供助族人。

【评述】

范文正公为秀才时，即以天下为己任，学成治国安邦的才能。可惜宋王用之不终，未能行其志于天下，但行之于吴中宗族。使得志于当时，便以天下为一家，中国为一人，与伊尹同轨。

嘉言53

司马温公曰；凡为家长，必谨守礼法以御群弟子及家众[①]。分之以职，授之以事，而责其成功。制财用之节，量入以为出，称家之有无，以给上下之衣食及吉凶之费。皆有品节[②]，而莫不均一。裁省冗费[③]，禁止奢华，常须稍存赢（yíng）余[④]，以备不虞[⑤]。

【注解】

①御：管束，指使。

②品节：衣食费用之品，都有节制。

③冗费：杂费。

④赢：有余。

⑤不虞：意料不到的事。

【译文】

司马温公言治家之法："凡是当家长的，必须谨守礼法，以管理好子弟及全体家人，分配给他们职务事业，授给随时当做的事，并责求他们做成功。制定财用的使用准则，衡量家中收入的多少，以为支出的节度，称量家财有无，以供给上下的衣服饮食，以及婚嫁丧葬等费用。都要有节制，莫不平均一样。一切杂费，可以裁省的尽量裁省，奢华的现象必须禁止，经常要存些赢余财物，以备意想不到的费用。

以上二节，通论五伦之义

第三章　广敬身

嘉言54

董仲舒曰[1]：仁人者[2]，正其谊[3]，不谋其利，明其道[4]，不计其功[5]。

【注解】

①董仲舒：西汉思想家，儒学家，哲学家和今文经学大师。汉景帝时任博士，讲授《公羊春秋》。他把儒家的伦理思想概括为“三纲五常”，汉武帝采纳了董仲舒的建议，从此儒学继续成为官方哲学，延续至今。其教育思想和“大一统”、“天人感应”理论，为后世集权政治提供了理论基础。他的著作汇集于《春秋繁露》一书。

②仁人：有仁德的人，无私欲而有爱人的美德。

③谊：公正合宜的道理或举动。

④道：路，谓事物当然之理，是人人应事接物应共同遵循的正确途径。

⑤功：功效。朱子曰：“道是大纲说，谊是就一事上说，正谊未尝不利，明道岂必无功？但不先以功利为心耳。”

【译文】

董仲舒说："所谓仁人，是心纯乎天理，而无人欲之私，故其所为，但正其义之所当为，而不谋其利，明其当行之道而行之，不计其功效。"

嘉言55

孙思邈（miǎo）曰[①]：胆欲大而心欲小[②]。智欲圆而行欲方[③]。

【注解】

①孙思邈：唐京兆（陕西耀县）人，擅长医学，著有《千金方》，《千金翼方》，见唐书《方技传》。被后世尊称为"药王"。现今我国各地都有祠堂纪念。

②胆大：敢于有为。心小：心存畏敬，临事谨慎。

③智圆：通变有谋。行方：操守有则。

【译文】

孙思邈说："人要敢于有为而心存畏敬，遇事通变有谋，行事要有规则。"

【评述】

人能有猷有为有守而常存敬畏，则是完人。业医者能如此，则为名医。孙思邈以此辩证法用于医术，故为一代名医，而世以药王称之。

嘉言56

古语云[①]：从善如登[②]，从恶如崩[③]。

【注解】

①古语：《国语》。

②登：升高。

③崩：坠下。朱子说："善者，天命所赋之本然；恶者，人欲所生之邪秽。"真西山说："从善如登，善难进也，从恶如崩，恶易陷也。"

【译文】

《国语》说："从善犹如登山那样困难，从恶犹如坠渊那样容易。"

【评述】

从善如登山之难，不可不努力前进，从恶如坠渊之易，不可不战战兢兢，以防失足。

嘉言57

孝友先生朱仁轨隐居养亲，尝诲子弟曰："终身让路，不枉百步，终身让畔，不失一段。"

【注解】

朱仁轨：字德容，唐亳州人。孝友：私谥也。

【译文】

孝友先生朱仁轨为养亲隐居不仕，他曾教诲子弟说："给人让一辈子路，也多走不了一百步，让一辈子地畔，也失不了一段田地，那么人为什么不让呢？"

嘉言58

濂溪先生曰①：圣希天②，贤希圣，士希贤。伊尹、颜渊③，大贤也。伊尹耻其君不为尧舜，一夫不得其所，若挞于市。颜渊不迁怒④，不贰过⑤，三月不违仁⑥。志伊尹之所志，学颜子之所学，过则圣，及则贤，不及则亦不失于令名。

【注解】

①濂溪先生：周敦颐，字茂叔，号濂溪，宋道州营道楼田堡（今湖南道县）人，北宋著名哲学家，是学术界公认的理学开山鼻祖。两汉而下，儒学几至大坏。千有余载，至宋中叶，周敦颐出于舂陵，乃得圣贤不传之学，作《太极图说》、《通书》，推明阴阳五行之理，明于天而性于人者，了若指掌。《宋史·道学传》将周子创立理学学派提高到了极高的地位。

②希天：希望和天的德行一样，天之大德曰生，是故日月星辰并行而不相悖，万物并育而不相害。

③伊尹：姓伊字尹名挚，夏时辛野人，相汤伐夏救民，以天下为己任。颜渊：名回，字子渊，鲁国人，孔子弟子。

④迁：移。不迁怒：怒于甲者不移于乙。

⑤贰：复也；不贰过：不重犯以前的过错。

⑥三月：言其久。仁：心之德；心不违仁是无私欲而有其德。

【译文】

濂溪周先生说："人之为学各有所希望，圣人进德修业希望同天一样，贤人希望和圣人一样，士人希望和贤人一样。伊尹、颜渊是大贤人，伊尹以天下为己任，自耻不能致君成为尧舜之君。

他的民有一个人游离失所，就像自己在街市上被人打了一样羞愧。颜渊不迁移忿怒，不重犯二次过错，三月之久心不违仁。学者应当以伊尹之所志为己志，学颜子之所学以为学，如果学的超过了就成了圣人，赶上了就成了大贤人，学不到，也有为善的美好声誉。”

【评述】

颜渊要学的和孔夫子一样，他心如明镜止水，物来则照，一过就无，故能不迁移忿怒。仁德不息，才间断，就觉醒；既觉醒，就不再间断，所以不二过。功力之高，至于三月不违仁。

嘉言59

圣人之道，入乎耳，存乎心，蕴（yùn）之为德行，行之为事业。彼以文辞而已者，陋矣。

【注解】

陋：卑鄙。

【译文】

濂溪周先生说：“圣人的道，从耳中听进来，存在心里，蕴积起来便是德行，推行出去就成为事业。那些流俗之辈，把圣贤书当作写文章的资料，惟以文词为事，实在鄙陋极了。”

【评述】

圣人之道，仁义中正而已矣，蕴积于中为德行，道之体也，发扬于外为事业，道之用也。人之为学，所以学为人，人之有道也，惟圣人为能尽其道，圣人之道人人当由之道也，圣人之言与行，载在经传，诵而讲之，入于耳，存于心，通过思辨而力行之，而蕴在心为德行，行于外为事业，才能有益于身心。彼务记诵，为词章，夸多闻，靡循于外为人者，适以害道败德，不如无学。

嘉言60

仲由喜闻过①，令名无穷焉。今人有过不喜人规②，如护疾而忌医，宁灭其身而无悟也③，噫④！

【注解】

①仲由：字子路，孔子弟子。喜闻过：朱子曰："喜其得闻而改之。"

②规：规谏。

③悟：悔悟。

④噫：伤痛声。

【译文】

子路最喜听旁人指出他的错误而改之，故其行无亏而美好名声无穷尽。如今人有过，不喜欢人规戒，好像隐讳自己的病，不让大夫治疗，宁病死而不醒悟，唉！太糊涂了！

【评述】

论语曰："过而不改是为过矣。"又曰："过则勿惮改。"喜闻过，则一有过，人即告之，既闻之，速改之，则复于无过矣。若有过不喜人规，则拒谏饰非，人虽欲规，知其不受而彻止，则无改过之日，桀纣是也，卒至亡国败家而不悟，可谓愚矣！

嘉言 61

明道先生曰：圣贤千言万语，只是欲人将已放之心，约之使反复入身来，自能寻向上去，下学而上达也[①]。

【注解】

此章言学问之道在于求放心，放心既收，才能下学而上达。

①下学：学孝亲、敬兄、忠君、弟长，这是从仁义礼智中发出的，仁义礼智是天生的善性，就是天理。上达：下学人事而有得于心，便是上达天理。所以说穷理尽性，必本于孝弟，“孝弟也者，其为人之本与。”

【译文】

程明道先生说：“圣人和贤人的许许多多的言语，无非欲人将已放之心，约之使反复入身来，常在腔子里，不使放逸于外，自能寻绎道理，天天向上，而得以下学人事上达天理。”

【评述】

人心本自虚灵不昧，具众理而应万事，而为一身之主宰。只缘气拘物蔽，以致放心不收，而蚩蚩无知耳。所以圣贤千言万语，只是欲人通过讲习以明其理，而约束此心，使他反复入身来，永远在腔子里作主，自能寻绎道理，天天向上，而得以下学上达。

嘉言 62

心要在腔子里[①]。

【注解】

①承上章而言存心之道。腔子：犹言身子，人在哪里心就在哪里，就是在腔子里。朱子曰："心之为物至虚至灵，神妙不测，常为一身之主，以提万事之纲，而不可使有顷刻之不存者也。一不自觉，而驰骛飞扬以殉物欲于躯壳之外，则一身无主，万事无纲，虽其俯仰顾盼之间而已，不自觉其身之所在矣。"又曰："敬便在腔子里。"

【译文】

人心不要离开身躯。

【评述】

心要在腔子里，是说心不要离开身躯，人心多被七情牵引去，常在好乐、忧患、忿怒、恐惧上用思虑，使心不在腔子里，遂至视而不见，听而不闻；往往昏乱如痴呆，回头错应人，而不自知其非，可不戒哉！

嘉言63

伊川先生曰：只整齐严肃，则心便一①，一则自无非辟之干②。

【注解】

承上文指出存心之法，

①一：无适之谓一。

②非辟：非分，邪辟。

【译文】

伊川先生说："只要整齐严肃，心就能主于一而无他适，心主于一则自然无有非分邪辟之事所干扰。"

嘉言64

伊川先生甚爱《表记》“君子庄敬日强[1]，安肆日偷”之语[2]，盖常人之情，才放肆，则日就旷荡，自简束，则日就规矩[3]。

【注解】

此也是收放心的方法。

①《表记》：《礼记》篇名。庄：端庄；庄严。敬：主一之谓敬。

②偷：苟且，马虎。

③规矩：皆法度之器，以喻礼节度数。规：所以为圆。矩：所以为方。

【译文】

《表记》上有一段记载，大意是：“有志于道的君子，庄严敬穆，则日益刚强，安逸放肆，则日益偷惰。”程伊川先生很爱这段话，并解释说：“人之常情，才放肆，则一天比一天就狂荡了；自简束，则一天比一天就近规矩礼法了。”所以学道的君子，必须庄敬而不敢安肆。

【评述】

孔子论为仁，首重居处恭，执事敬，盖欲学者庄敬日强也，恭现于外，敬主于中，动静交养，则天君泰然，百体从令，物欲不得而干之，而本心之德斯全矣。

嘉言65

人于外物奉身者[1]，事事要好，只有自家一个身与心，却不要

好[2]，苟得外物好时，却不知道自家身与心，已自先不好也。

【注解】

承前节之意，此言放心不收之害。

①外物奉身者：如为衣、食、住、行之所需，及一切用具等。

②却不要好：不知修身。心不要好：不知存心养性。

【译文】

伊川先生又说：不知学道的人，把心用于衣食住行器用等身外之物，每样都要美好，只有自家一个身和心却不要好，终日放心于外物之求，以期美好，及得外物美好时，却不知自己身心为物欲所累，早已失其本心，先不好了，外物虽美，何益哉！

【评述】

为了奉身的外物好，至于以身发财，违法乱纪，以求必得；幸而得之，而身陷囚系，成为罪犯者，往往有之，实在可哀！世人奉身以害身者，可以悟矣。

嘉言66

伊川先生曰："颜渊问克己复礼之目[1]，孔子曰：'非礼勿视[2]，非礼勿听，非礼勿言，非礼勿动[3]。'四者，身之用也，由乎中而应乎外，制乎外，所以养其中也。颜渊事斯语[4]，所以进于圣人[5]，后之学圣人者，宜服膺（yīng）而勿失也[6]。因箴（zhēn）以自警[7]。"

【注解】

此程子四箴之序，承上文而为修身为仁之方。

①克：战胜。己：自己的私心杂念。复：恢复。礼：天理的节文，人事的仪则。克己复礼：战胜自己的私心私欲，恢复性分的天理。目：条件。

②勿：禁止之辞。

③视听言动：身之用，由心而出。非礼勿视听言动，所以制外而养心。

④事：从事。

⑤进：进步、几及之意。

⑥服：著。膺：胸腔。服膺：奉持而著之心胸之间，言能守也。

⑦箴：一种文体，以告诫规劝为主要内容。

【译文】

伊川先生说："颜渊问克己复礼的条目，孔子说：'非礼的事物不要看，非礼的言论不要听，非礼的话不要说，非礼的意念事为不要动。'这四者，是此身用以应事接物，由心支配四者以应外，制止非礼于外以养其心。颜渊遵从夫子的这个话，所以进于圣人之域，后之学圣人的人，应该奉持夫子之言而著之心胸之中，不要失掉，因作四箴以自警戒。"

视箴曰：心兮本虚，应物无迹，操之有要，视为之则，蔽交于前，其中则迁，制之于外，以安其内，克己复礼，久而诚矣。

【译文】

伊川先生视箴说："人心本来是虚灵的，泛应事物，无有形迹可见。操存此心有要术，视就是准则，如果看了非礼的事物，蒙蔽了性灵，天良就被迁变了。控制于外，不让目视非礼，以安内心，克胜己私，恢复礼法，久而久之，自然无妄而诚矣。”

听箴曰：人有秉（bǐng）彝（yí）①，本乎天性②，知诱物化③，遂亡其正④，卓彼先觉，知止有定⑤，闲邪存诚⑥，非礼勿听。

【注解】

①秉彝：秉执常理。彝：常性，常理。

②天性：天所赋之善性。

③知诱物化：为所闻之知识诱惑而与物同化。

④遂亡其正：丧失人性之正。

⑤知止有定：知己所当止而有定知定见。

⑥闲：防备，禁止。闲邪存诚：约束邪念，保持诚实。

【译文】

伊川先生听箴说：“人有秉执的常性，来源于天性，本无不善。由于知识外诱与外物同化，遂丧失了正理。卓然自立的先觉大贤，自知所当止之地而有定志，自能约束邪念，保持诚实，而于非礼之言，绝不听信。”

言箴曰：人心之动，因言以宣①，发禁躁妄②，内斯静专，矧（shěn）是枢机③，兴戎出好④，吉凶荣辱，惟其所召，伤易则诞⑤，伤烦则支⑥。己肆物忤⑦，出悖来违，非法不道⑧，钦哉训辞。

【注解】

①宣：传达心意。

②躁：轻躁。妄：虚妄。

③矧：况且。枢：户枢。机：动机。

④兴戎：兴起兵戎战祸。出好：引出友好。

⑤易：轻易。诞：妄诞。

⑥支：支蔓散乱。

⑦肆：放肆。忤：抵触，悖忤。

⑧道：言。

⑨钦：敬重。

【译文】

伊川先生言箴说："人心感于物而动，因言语以表达，发言时禁止浮躁虚妄，内心就清静专一了。言语是心之枢机，蛮横的言语足以引起战祸，诚恳谦和言辞可以促成友好，吉凶荣辱都是言语召来的。轻易说话则妄诞而不实，言语烦数则支离而不简明。自己出言放肆，则人以悖忤酬之，说出的话悖理召来话必然违道，不是先王的法言就不能说，这是圣人的训辞，应当敬重。"

动箴（zhēn）曰：哲人知几①，诚之于思②，志士励行，守之于为③，顺理则裕④，从欲惟危，造次克念⑤，战兢自持，习于性成⑥，圣贤同归。

【注解】

①哲人：德慧卓越的人。几：动之微，吉凶之先见者也。

②诚之于思：思想深处有善无恶。

③守之于为：思想虽不纯，但无行为上的不善。

④顺理则裕：事事顺理，则心中自觉宽裕，不至妄动。

⑤造次：仓猝，匆忙。

⑥习于性成：将经典知识内化为自己的人格结构，就是反复学习实践，将意识层面的东西内化为潜意识、下意识，把知识变为习惯，变为本能。

【译文】

伊川先生动箴说："明哲之人能知几微，致诚于思念之初，有志之士砥砺操行，守诚于事为之际。思为顺理则自觉宽裕，顺从私欲则最为危险，在急遽苟且之时能念念不忘，战战兢兢以自持守。习于善而与性具成，则哲人为圣，志士为贤，而同归于仁人。"

【评述】

朱子说："上章问答，乃传授心法切要之言，程子之箴，发明亲切，学者尤宜深玩。"

嘉言 67

伊川先生曰：人有三不幸，少年登高科[①]，一不幸；席父兄之势为美官[②]，二不幸；有高才能文章，三不幸也。

【注解】

①登高科：考中进士。

②美官：理想的官职。

【译文】

伊川先生说："人有三种不幸，少年时就考中进士，是第一个不幸；借父兄的权势当上好官，是第二个不幸；有高才能善于作文章，是第三个不幸。"

【评述】

少年尚未精通世故就登上仕途，不但不能致君泽民，反足以坏名灾己；借父兄权势当上官，必致众怒群猜，而有颠沛挫折之患；有高才能文章，浮靡自满，易长傲遂非。在流俗眼光里，认为这三种是最幸运的事，而大贤认为是最大的不幸，是因为未经过苦练，不明白人所以为人的道理，终无以成其德性。

嘉言68

横渠先生曰：学者舍礼义，则饱食终日，无所猷（yóu）为[①]，与下民一致，所事不逾衣食之间[②]，燕游之乐耳。

【注解】

①猷：谋划。为：做。

②逾：越过。

【译文】

横渠张先生说："为学的人舍去礼义，就会饱食终日，无所谋划，无所作为，和不学的人一样，每天所做的事不过是穿衣吃饭，燕乐游浪罢了。"

嘉言69

范忠宣公诫子弟曰[①]：人虽至愚，责人则明[①]，虽有聪明，恕己则昏[③]。尔曹但常以责人之心责己[③]，恕己之心恕人[④]，不患不到圣贤地位也。

【注解】

①范忠宣公：名纯仁，字尧夫，谥忠宣，范仲淹次子，北宋大臣，人称“布衣宰相”，著有《范忠宣公集》。

②责：要求。

③尔曹：你辈。

④恕：宽容。

【译文】

范忠宣公告诫子弟说：“人虽最愚，要求他人时则能明指其非，虽是聪明人，饶恕自己就是非不分而糊涂了。你辈常以要求别人的心理要求自己，以饶恕自己的心饶恕别人，不愁不能达到圣贤地位的。”

嘉言 70

吕荣公尝言[①]，后生初学，且须理会气象[②]，气象好时，百事是当。气象者[③]，辞令容止轻重疾徐[④]，足以见之矣。不惟君子小人于此焉分，亦贵贱寿夭之所由定也。

【注解】

①吕荣公：名希哲，字原明，北宋教育家，封荣国公。尝：曾经。

②且：进一层。理会：整理体会。

③气象：气度形象。

④容止：容仪举止。如足容重，手容恭。

【译文】

吕荣公曾说：“后生开始学习，先要整理好气度形象，气度形象好时，百样事都恰当了。气象是什么呢？是应对的言语和容仪举止方面的轻重缓急，足以看出人的气度形象。不但君子小人在气象上区分，就是贵贱寿夭，也由气象决定。”

嘉言 71

攻其恶，无攻人之恶[①]。盖自攻其恶[②]，日夜且自点检，丝毫不尽，则慊（qiàn）于心矣[③]。岂有工夫点检他人也。

【注解】

①攻：专治，治理。

②盖：发语词。

③慊：遗憾，抱愧。

【译文】

吕荣公说：“孔子说的‘攻击自己的恶，不要攻击别人的恶。’是说自己专治自己的过错，昼夜都在自我检点，有丝毫恶莫克完，则心中抱愧万分，那有工夫点检别人呢？”

嘉言 72

大要前辈作事多周详[①]，后辈作事多阙略[②]。

【注解】

①大要：大概。前辈：老年人。周详：周到详细。

②后辈：年青人。阙略：粗疏缺略。

【译文】

吕荣公说：“大概老前辈阅历丰富，做事多半周到详审；后生小子，自以为聪明能干，由于阅历少，做事多粗疏缺略。”

嘉言73

恩仇分明，此四字非有道者之言也。无好人三字非有德者之言也，后生戒之。

【译文】

吕荣公说：“恩仇分明这四个字，不是有道的人说的话。无好人这三个字，不是有德的人说的话。后生小子，应警戒不说这种话。”

【评述】

孔子说：“以直报怨，以德报德。”是恩仇不当分明。孟子说：“人皆可以为尧舜。”是世上未尝无好人。

嘉言74

张思叔座右铭曰①：凡语必忠信，凡行必笃敬，饮食必慎节②，字画必楷正③，容貌必端庄④，衣冠必肃整⑤，步履必安详⑥，居处必正静⑦，作事必谋始⑧，出言必顾行⑨，常德必固持⑩，然诺必重应⑪，见善如己出，见恶如己病⑫。凡此十四者，我皆未深省，书此当座隅，朝夕视为警。

【注解】

①张思叔：名铎，宋河南人，程伊川弟子。铭：刻写在器物上记述生平、事业或警语等的文字。座右铭：置于座右用以自警的格言。

②慎节：谨慎节制，有拘束不随便。

③楷：不草率。正：不偏邪。

④容貌：全身的容颜相貌。端庄：端正庄严。

⑤肃整：严肃齐整。

⑥步履：行走，脚步。安详：神态平静、从容稳重。

⑦正静：思虑精诚，心气平静。

⑧谋始：事谋于始，则无后悔。

⑨顾行：言顾其行，则非虚言。

⑩常德：平常之德，固持之则不失。

⑪然诺：许诺，答应；不轻易答应别人，答应了就要履行诺言。

⑫如己病：如己已有此恶。

【译文】

张思叔座右铭上说："所有的语言必须忠厚纯信，所有的行为必定笃实敬重，饮食谨慎节制，写字笔画必须真楷端正，容貌必须端正庄重，衣帽必须穿戴得严肃齐整，行走必须从容稳重，居处必须端正静重，作事必谋于始，出言必顾行，常德必坚固持守，许诺于人，必重视履行诺言，见人之善如出于己而从之，见人之恶如己有此病而戒之。凡这十四事，我平日都未深加省察，书写这些格言在我座位的旁边，朝夕视之，以自省察，而作警戒。"

【评述】

熊氏曰："座右铭凡十四言，不过日用动静之间，出入起居之际，大要以诚敬为主，曰慎节，曰楷正，曰端庄，曰肃整，曰安详，曰正静，曰固持，曰重应，非诚敬，其能然乎？作事谋始，一动不忘敬也，出言顾行，一言不忘敬也。程门教人以敬为先，思叔此铭，学者所当佩服而深省也。”

嘉言75

胡文定公曰：人须是一切世味淡泊方好[1]，不要有富贵相[2]。孟子谓堂高数仞[3]，食前方丈[4]，侍妾数百人，我得志不为。学者须先除去此等，常自激昂[5]，便不到得坠（zhuì）堕（duò）[6]。常爱诸葛孔明，当汉末躬耕南阳[7]，不求闻达。后来虽应刘先主之聘[8]，宰割山河[9]，三分天下[10]，身都将相[11]，手握重兵，亦何求不得，何欲不遂。乃与后主言，成都有桑八百株，薄田十五顷，子孙衣食自有馀饶，臣身在外别无调度，不别治生，以长尺寸。若死之日，不使廪有馀粟，库有馀财，以负陛下。及卒，果如其言。如此辈人，真可谓大丈夫矣[12]。

【注解】

①世味：人世滋味，指衣食住行及奉身的一切物资。淡泊：衣取蔽体，食取充腹，居取蔽风雨，不求华美纵欲。

②富贵相：自高自大，骄傲奢侈的形态。

③堂高数仞：八尺曰仞。数仞，言其高。

④食前方丈：吃饭时面前一丈见方的地方摆满了食物。形容吃的阔气。

⑤激昂：奋发向上，日进于善。

⑥坠堕：腐化堕落。

⑦南阳：地名，在河南省南阳市西。

⑧刘先主：汉昭烈帝刘备。

⑨宰：主管，主持。割：分割。

⑩三分天下：谓蜀魏吴分天下为三国。

⑪都：居，谓身居将相之位。

⑫大丈夫：谓富贵不能淫，贫贱不能移，威武不能屈。孔明躬耕南阳，不求闻达，贫贱不能移也。及其身都将相，手握重兵，而不为私谋，富贵不能淫也。敌强我弱，而出师伐之，威武不能屈也。

【译文】

胡文定公说："人应该是一切世味淡泊，不贪图享受才好，不要有富贵高傲形相。孟子说：住高大的房屋，吃饭时面前一丈见方的地方摆满了食物，家中侍妾数百人，我得到富贵时不用如此。学者须先除去此等富贵相，经常奋发向上，便不至腐化堕落。常常敬爱诸葛孔明的为人，当汉朝末年，亲身耕种于南阳，不追求名望显达于诸侯。后来虽然接受刘先主聘任，宰割山河，三分天下，身居将相，手握兵权，亦何所求而不得，何所欲而不遂，竟然对后主说：成都有桑树八百株，薄田十五顷，我的子孙衣食自有多余的，臣身在外不作别的安排，不另置半尺一寸家产。臣死之日，不使食有余粮，库有余钱，以违背陛下。及卒时，果如其言，像这样的人，真可称为大丈夫了。"

【评述】

人类社会，须相生相养，人要对人类有贡献，不能只求个人享受。如诸葛武侯，为治国安民费尽心血，而不为自家谋私利，才是光明磊落的大丈夫。凡以权谋私，贪污受贿之徒，自欺欺人，丧尽人格，甘心为小人而不知耻，卒至身陷囚系者，比比皆是，良可哀矣！

嘉言 76

范益谦座右戒曰[①]：一不言朝廷利害，边报差除[②]；二不言州县官员长短得失；三不言众人所作过恶[③]；四不言仕进官职[④]，趋时附势[⑤]；五不言财利多少，厌贫求富；六不言淫媟（xiè）戏慢[⑥]，评论女色；七不言求觅人物[⑦]，干索酒食[⑧]。

又曰：人附书信，不可开拆沉滞[⑨]；与人并坐，不可窥（kuī）人私书[⑩]；凡入人家，不可看人文字；凡借人物，不可损坏不还；凡吃饮食，不可拣择去取；与人同处，不可自择便利；见人富贵，不可欢羡诋毁[⑪]。

凡此数事有犯之者，足以见用意之不肖，于存心修身，大有所害。因书以自警。

【注解】

①范益谦：名中，宋时人。

②边报：边防战报。差除：官职任命。差：派遣。除：授官。

③过恶：无心失理为过，有心悖理为恶。

④仕进：入仕做官。

⑤趋时附势：迎合时尚，依附权势。

⑥淫媟戏慢：淫秽猥亵轻慢不庄重。

⑦求觅：寻找。

⑧干索：强行索取。

⑨沉滞：积压，不速转达。

⑩窥：从孔隙或隐蔽处偷看。

⑪欢羡诋毁：既喜乐羡慕又毁谤污蔑。

【译文】

范益谦座右戒说："一不评论朝廷的利益与损害，及边防战报官职任命；二不评论州县官员的是非得失；三不评论众人所作的过失错误；四不评论入仕做官、迎合时尚、依附权势；五不评论财物货利多少和厌弃贫穷贪求富贵；六不言谈淫秽猥亵轻慢不庄重的事，不评论女色；七不言谈寻求他人财物，强行索取酒食。

带人书信当快速转达，不可积压，更不宜开拆。与人并坐，不可偷看别人私书。进入别人家中，不可私看别人文字。借人物品，不可损坏不还。不可拣择饮食，贪求丰美。与人共处，自择便利，是私心用事，丧失本心。见人富贵，不必喜乐羡慕，不可毁谤污蔑。

凡是上面所谈的几样事有犯其一者，足以见其用意不肖，对存心修身大有所害。因书之座隅以警戒。"

【评述】

不言边防战报，恐动摇人心。朝廷利害，差除当否，官员得失，可以直谏，不可妄议，妄议则有蛊惑人心之嫌，或有打击报复之祸。人有过恶，宜当面规劝，若轻言之，易结仇怨。妄议仕进官职，趋时附势，则是妄言取困。言利则害义，若谈究财利多少，厌贫求富，是堕于小人之群。淫媟戏慢，非君子之言，君子出辞，必无鄙俗悖理。评论女色，乃小人之事，尤为君子所恶。求觅别人财物，白白索取别人的酒饭，则无耻已极。

嘉言77

胡子曰：今之儒者，移学文艺干仕进之心，以收其放心而美其身，则何古人之不可及哉。父兄以文艺令其子弟，朋友以仕进相招，往而不返，则心始荒而不治，万事之成，咸不逮古先矣。

【注解】

胡子：名宏字仁仲，宋胡文定公之子。

【译文】

胡子说："现在的儒者学习文艺以追求入仕做官，用心最勤，能移此心以存心修身，虽古之贤人亦可及也。父兄以文艺令其子弟苦学，朋友以仕进相招引，向往于此而不知返，则其心始荒而不治，无格物致知工夫以诚意正心修身，昧于修己治人之道，所以万事之成，皆不及古先矣。"

嘉言78

颜氏家训曰①：夫所以读书学问，本欲开心明目②，利于行耳。未知养亲者，欲其观古人之先意承颜③，怡声下气④，不惮劬劳，以致甘腝（ér），惕然惭惧⑤，起而行之也。未知事君者，欲其观古人之守职无侵，见危授命，不忘诚谏，以利社稷⑥，恻然自念⑦，思欲效之也。素骄奢者，欲其观古人之恭俭节用，卑以自牧，礼为教本，敬者身基，瞿然自失⑧，敛容抑志也。素鄙吝者，欲其观古人之贵义轻财，少私寡欲，忌盈恶满，周穷恤匮，赧然悔耻⑨，

积而能散也。素暴悍者，欲其观古人之小心黜己[10]，齿弊舌存[11]，含垢藏疾，尊贤容众，苶然沮丧，若不胜衣也。素怯懦者，欲其观古人之达生委命[12]，强毅正直，立言必信，求福不回[13]，勃然奋厉，不可恐惧也。历此以往，百行皆然，纵不能纯，去太去甚，学之所知，施无不达。世人读书但能言之，不能行之，武人俗吏所共嗤诋[14]，良由是耳。又有读数十卷书便自高大，陵忽长者[15]，轻慢同列，人忌之如仇敌，恶之如鸱枭[16]，如此以学求益，今反自损，不如无学也。

【注解】

①颜氏：名之推，颜渊三十四代孙，隋开皇中，召为学士。

②开心明目：推极知识，开发心智，昭明视野。

③先意承颜：先揣摸父母心意而以和气愉色婉容承顺父母之意而奉养之。

④怡声下气：喜悦的声音卑下的语气，以悦父母之心。

⑤不惮劬劳，以致甘腝，惕然惭惧：不怕疲劳以营奉香甜熟烂的饮食，此皆古人之所经营，今因读书学问而知之，故怅然自惭未能如古人之养亲，惧父母年老难以久于人世，自己不能尽为子之道。故起而力行之，以孝于亲。腝：熟烂。

⑥社稷：土神和谷神，旧时亦用为国家的代称。

⑦恻：忧伤。

⑧瞿然：惊视的样子。

⑨赧然：羞愧的样子。

⑩黜：贬抑。

⑪齿弊舌存：齿刚先坏，舌柔久存。

⑫含垢藏疾：宽容别人的过失。

⑫达生：通达生命的意义。委命：舍命卫护真理。

⑬求福不回：追求幸福但不违道悖理。

⑭嗤：讥笑。诋：诋毁。

⑮凌：欺辱。忽：轻视。

⑯鸱枭：两种恶鸟。鸱：鹞鹰，是一种猛禽。枭：恶鸟，传说食母。

【译文】

颜氏家训中说："人所以读书学习，本义是为了开扩心智，昭明视野，有利于正确行动。不晓得奉养父母的人，想教他通过读书学习，观看古人先探知父母心意，以和气愉色婉容承顺父母之意而奉养之；以喜悦的声音卑下的语气讨父母欢心；不怕劳苦艰难，给父母置办香甜柔软的饮食，使他心中愓然惭愧恐惧，立即行动起来照着古人的样子做。不知事君之道的人，想教他通过读书学习，看看古人坚守本职工作，不欺上凌下，遇见危难则舍命保卫国家，平时不忘诚心谏言以利国安民，使他恻然自念，从思想深处欲效仿古人。平素骄傲奢侈的人，想教他通过读书，看看古人的谦恭节俭，用财节约，谦卑自守，执礼以为教养之本，主敬以为立身之基，使他惊视自己骄傲奢侈之失，于是收敛骄容，抑制奢欲。平素鄙陋吝啬的，想教他通过读书，看看古人的贵重义理，轻视财物，很少私欲，忌讳充盈，憎恶自满，周济穷困，救恤匮乏的作风，使他赧然悔恨羞耻其鄙吝，从此积财而能散财济困，不再作守财奴了。平素横暴悍狠的人，想教他通过读书，看看古人小心黜抑自己，而知齿刚先坏舌柔久存的道理，有宽容别人过失，尊敬贤人包容众人的品德，会使他们收敛凶狠，谦恭自卑，自沮自失，自觉连衣裳也负不起了。平素胆小懦弱的人，想教他通过读书，看一看古人通达人生意义，能舍命求道，坚强刚毅正直，凡事说到做到，追求幸福不违道悖理，使他勃然奋发勉励，无所畏惧。由此类推，所有品行都这样学下去，纵使学不到古人的境界，也可以除去有违礼法的过分行为，学懂的道理施行于事，莫有行不通的。世上有些人读了书，只能说得好听，却不去躬行实践，什么事情都做不好，反受到武人俗吏没读过书的讥笑，就是不力行的原故。又有只读了几十卷书就自觉了不起，侵凌藐视长上，轻视慢待同列，大家仇视他像对仇敌一般，厌恶他像对恶鸟那样。这样的学习想增长智慧，反而损害了自己，还不如不要学习。

嘉言79

伊川先生曰：大学①，孔氏之遗书②，而初学入德之门也③。于今可见古人为学次第者④，独赖此篇之存，而其他则未有如论孟者。故学者必由是而学焉⑤，则庶乎其不差矣。

【注解】

①《大学》：书名，论述古代大学教人的规则。

②孔氏之遗书：孔子诵而传之，曾子笔录为书。

③德：天理、人性存乎心者谓之“德”，是得其道于心而不失也。门：《大学》书为进入德性的门户，比如入室必由门一样。

④为学次第：由格物致知诚意正心，至修身齐家治国平天下，有先后之序而不可躐等。

⑤是：指《大学》书。

【译文】

伊川先生说："大学是孔夫子遗留下的书，是初学入德的门户，在今天还可以见到古人为学的先后次序，独靠这篇书的存在。其他书不如《论语》《孟子》，所以学道的人，必由《大学》《论语》《孟子》学起，则庶几不至误入歧途。"

【评述】

贺清麓先生说："四书五经而后，莫切于《小学》，莫精于《近思录》，"又曰："《小学》、《近思录》、《四书》，此三书者须臾不离，当死而后已。"

嘉言80

凡看语孟，且须熟读玩味，将圣人之言语切己，不可只作一场话说。看得此二书切己，终身尽多也。

【译文】

先生又说：凡看《论语》《孟子》，一定要熟读玩索其意味，把圣人的话切近己身穷究，不可当作一场话说了。能看得这二书切近自己的身心，按书中的道理终身实行，够修己治人了。

【评述】

孔孟之言皆是实理，熟读其辞，玩味其理，终身实用，足够修己治人。大宋宰相赵普说："半部《论语》可以治天下。"

嘉言 81

读《论语》者，但将弟子问处，便作己问，将圣人答处，便作今日耳闻，自然有得。若能于论孟中深求玩味，将来涵养成甚生气质。

【译文】

读《论语》，要把诸弟子问处，当作自己问，把圣人回答处，当作今天耳中听的，自然有所得。若能在《论语》《孟子》里深入求索，仔细玩味，将来会涵养成很好的气质。

嘉言 82

横渠先生曰：中庸文字，后辈直须句句理会过[①]，使其言互相发明[②]。

【注解】

①理会：深入探索，仔细玩味。

②互：交互。朱子曰："张子之言，真读书之要法，不但可施于中庸也。"

【译文】

横渠张先生说："《中庸》文字，义理深奥，你辈直需句句用理体会过，深入探索，仔细玩味，使《中庸》上的话互相发明其理蕴。"

嘉言 83

六经须循环理会[①]，尽无穷[②]，待自家长得一格[③]，则又见得别[④]。

【注解】

①六经：古以《易经》《诗经》《书经》《礼经》《乐经》《春秋》为六经，宋以《易经》《诗经》《书经》《周礼经》《礼记经》《春秋》为六经。循环：谓周而复始。

②尽无穷：总是没有穷尽。谓义理无穷尽。尽：总是。

③长一格：学有长进。

④又见：学进则所见益高。别：不同。

【译文】

先生又说："六经必须循环读看，理会其中义蕴，会体会到其中义理总是没有穷尽，待自己理智长进一格，则又见得高一层道理，所见更加精深了。"

嘉言84

吕舍人曰[①]：大抵后生为学[②]，先须理会所以为学者何事。一行一住，一语一默，须要尽合道理。学业则须是严立课程，不可一日放慢，每日须读一般经书一般子书[③]，不须多，只要令精熟。须静室危坐[④]，读取二三百遍，字字句句，须要分明。又每日连前三五授，通读五七十遍，须令成诵，不可一字放过也。史书每日须读取一卷或半卷以上，始见功。须是从人授读，疑难处便质问，求古圣贤用心，竭力从之。夫指引者，师之功也。行有不至，從容规戒者，朋友之任也。决意而往，则須用己力，难仰他人矣。

【注解】

①吕舍人：宋中书舍人，名本中，字居仁，世称东莱先生。

②大抵：大概；大都。

③经书：《五经》，《十三经》。子书：如《老子》等诸子百家之书。

④危座：两膝着地，耸起上身为危坐，即正身而跪。

【译文】

吕舍人说："学生学习，都要先懂得为什么要学习？学习什么？行动居处言语思念，都要符合情理。学业需要订立严格的课程，一天也不可放慢，每天要读经书及一般子书，不一定多读，重要的是读精读熟。端坐于僻静的房子里，专心致志，诵读经书子书二三百遍，每字每句，都要看清楚，读准确，达到眼到口到心到，又温读以前三五天读熟的书五十到七十遍，能够熟练的背诵，不能放过一个字。读史书每日读一卷或半卷以上，日积月累始见功效。读书应拜师授读，有疑难便可质问，深入研究古代圣贤的用心，按照他们的榜样躬行实践。老师可以起到指引的功效，朋友有规劝谏戒的责任，读书实践身体力行，只能自己努力，别人是代替不了的。"

【评述】

学生学习，都要先懂得为什么要学习？学习什么？方能学有定向，而不是盲目地学。懂得了学是学习做人的道理，学习如何做人做事，则不至务记诵为词章，以自误终身。吕荣公尝言："人生内无贤父兄、外无严师友而能有成者，鲜矣。"然无有决意而往的勇气，虽有严师友亦不能化而入也，无求为圣贤之志，则见善不迁，闻过不改，终难遵道而行。所以为学莫先于立志。语云："读书千遍，其义自见。”薛仁斋读朱子小学过万遍而成大儒。

嘉言85

吕氏童蒙训曰，今日记一事，明日记一事，久则自然贯穿。今日辨一理，明日辨一理，久则自然浃洽①。今日行一难事，明日行一难事，久则自然坚固。涣然冰释，怡（yí）然顺理②，久自得之，非偶然也。

【注解】

①浃洽：和谐；融洽。

②怡然：喜悦的；安适自在的样子。

【译文】

吕氏《童蒙训》上说：“今天记牢一件事，明天又记一件事，如此天天记下去，久而久之，记得多了，对于处事之理，自然就贯通了。今天辨明一个物理，明天辨明一个物理，功力积久，事理自然融洽于心。今天做一件难做的事，明天做一件难做的事，久则能力增强，始不知有难事而德行坚固，处繁而裕矣。疑窦如春冰，涣然散解，中心安适顺理，是学力积久就会得到，不是偶然可以得到的。”

【评述】

《童蒙训》给学者指出进学之法，晓畅明白，后学能遵而行之，必有涣然冰释，怡然理顺之时，且勿躐等陵节，自误终身。

嘉言86

前辈尝说：后生才性过人者不足畏，惟读书寻思推究者为可畏耳。又曰：读书只怕寻思，盖义理精深，惟寻思用意为可以得之。鲁莽厌烦者，决无有成之理。

【译文】

前辈曾说："学生才识资性超过别人的不足畏服，惟独读书能寻思推究义理的是可畏服的。又说：读书只怕推寻思考，经书义理精深，惟独推寻思考，用意体会，才能明白经书义理。鲁莽厌烦之辈不肯寻思推究，所以决无有成之理。"

【评述】

才性过人的，往往不肯下苦功夫，终于无成。读书寻思推究的，能苦钻深研，穷究义理本源，其成就未可限量。鲁莽的不精细，厌烦者不深入，决无有成之理。

嘉言87

颜氏家训曰：借人典籍，皆须爱护，先有缺坏，就为补治，此亦士大夫百行之一也。济阳江禄，读书未竟，虽有急速，必待卷束整齐[①]，然后得起，故无损败，人不厌其求假焉。或有狼籍几案[②]，分散部帙[③]，多为童幼婢妾所点污，风雨虫鼠所毁伤，实为累德[④]。吾每读圣人书，未尝不肃敬对之，其故纸有五经词义及圣贤姓名，不敢他用也。

【注解】

①卷束：唐朝以前书籍是抄在绢帛上，读过收拾需卷成一束收藏，故称“书卷”。

②狼籍：散乱而不整齐。

③部：书籍的计量单位。帙：装书的套子。

④累德：损伤道德。

【译文】

《颜氏家训》上说：“借到旁人经典书籍，都要爱护，如果先有缺失损坏处，就给修补好，这也是士大夫百种善行之一。济阳县的江禄，值得我们学习，他读书时虽有急事，必定将书卷束整齐，然后起身，所以他的书无有损坏，别人也乐意把书借给他。有的人把书籍散乱在书案上，部帙分散，不整理，不卷束，多被无知的幼童婢妾弄脏，或被风雨虫鼠毁坏，这实在有损道德。我每读圣人书，未曾不肃敬对待，犹如面对圣人，听圣人教训。旧纸上有五经字句，或有圣贤姓名，不敢把它胡乱使用，必须谨慎收藏。”

嘉言88

明道先生曰：君子教人有序，先传以小者近者，而后教以大者远者，非是先传以近小而后不教以远大也。

【译文】

程明道先生说：“君子教人有次序，先传以切身的小事理，如小学之教以培其根，而后教以远大的道理，如大学之道以达其枝，不是先传近小而后不教以远大也。”

嘉言89

明道先生曰：道之不明，异端害之也。昔之害近而易知，今之害深而难辨。昔之惑人也乘其迷暗①，今之入人也因其高明。自谓之穷神知化，而不足以开物成务。言为无不周遍，实则外于伦理，穷深极微而不可以入尧舜之道。天下之学非浅陋固执，则必入于此。自道之不明也，邪诞妖妄之说竞起，涂生民之耳目，溺天下于污浊，虽高才明智，胶于见闻，醉生梦死不自觉也。是皆正路之蓁（zhēn）芜②，圣门之闭塞，辟之，而后可以入道。

【注解】

①迷暗：迷惑暗昧。

②蓁芜：荒芜、杂乱。蓁，荆棘丛生的样子。芜，杂乱的荒草。

【译文】

明道先生说："圣人之道不明于天下，是异端害了圣道。昔日杨墨的害浅近而易知，如今佛老之害深奥难辨。昔日杨墨迷惑人是乘人迷暗无知而诱惑之，今佛老入人是因识见高明而陷入。佛氏自称其教达到穷神明之德，知变化之道的地步，却不足以开天下之物而成其务，所论修为，无不周详普遍，究其实则无父无君而自外于伦理，其学说穷极深奥微妙，但进入不了尧舜的正道。天下为学的人，若不是浮浅鄙陋顽固执着，则必入于佛老之门。自从圣道不能大明于天下，邪说怪诞妖魔虚妄之说竞相兴起，涂塞生民的耳目，陷溺天下于污浊，虽高才明智之士，习闻其说，惯见其事而为其所迷惑，仍自醉生梦死而不觉悟。这些邪门歪道都是正道的荆棘荒芜，是圣门的闭塞物，必须通同除去，而后可以进入圣人的道路。

【评述】

朱子常说：“佛氏最有精微动人处，从他说愈深害愈大。”又说：“佛氏劈初头便错了，如天命之谓性，他把这个便都虚空说了，吾儒见得都是实。”

以上敬身

外篇（二）

第六卷 善行

第一章 实立教

善行1

吕荣公名希哲，字原明，申国正献公之长子。正献公居家简重寡默[①]，不以事物经心[②]。而申国夫人性严有法，虽甚爱公，然教公事事循蹈规矩[③]。甫十岁[④]，祁寒暑雨侍立终日[⑤]，不命之坐不敢坐也。日必冠带以见长者。平居虽甚热，在父母长者之侧，不得去巾袜、缚绔、衣服[⑥]。惟谨。行步出入，无得入茶肆酒肆[⑦]。市井里巷之语，郑卫之音[⑧]，未尝一经于耳。不正之书，非礼之色，未尝一接于目[⑨]。正献公通判颍（yǐng）州，欧阳公适知州事[⑩]，焦先生千之伯强[⑪]，客文忠公所，严毅方正[⑫]。正献公招延之[⑬]，使教诸子。诸生小有过差[⑭]，先生端坐，召与相对终日，竟夕不与之语。诸生恐惧畏服，先生方略降辞色[⑮]。时公方十余岁，内则正献公与申国夫人教训如此之严，外则焦先生化导如此之笃，故公德器成就[⑯]，大异众人。公尝言，人生内无贤父兄，外无严师友，而能有成者，少矣。

【注解】

①正献公：姓吕，名公著，字晦叔，仕宋为宰相，封申国公。简：简要。重：厚重。寡：省事。默：慎言。

②经心：萦绕其心。经：犹萦也。事物：外事外物。

③循：依照、沿袭。蹈矩：履行礼法。规矩：皆法度之器，以喻礼节度数。规：所以为圆。矩：所以为方。

④甫：才，刚刚。

⑤祁寒：大寒。

⑥巾袜：头巾、袜子。缚绔：古代绑腿的布帛带，也称为偪。

⑦茶肆酒肆：茶馆酒馆。肆：陈列。茶馆酒馆之人多不慎言辞容仪。

⑧市井里巷之语：语言粗俗鄙陋，能坏人心志，不应使孩子入耳。郑卫之音：郑、卫皆国名，二国之音靡靡淫乱之诗居多，能惑乱人心，故不让孩子听闻。

⑨不正之书，能蔽人聪明；非礼之色，诱发邪心，故不使小子读看，此见家教之严。

⑩欧阳公：欧阳修（1007～1072年），字永叔，号醉翁，晚年又号六一居士。吉州永丰（今江西吉安永丰）人。谥号文忠，世称欧阳文忠公，北宋卓越的政治家、文学家、史学家。

⑪焦先生：名千之，字伯强，欧阳公好友，⑫严毅方正：为人庄严强毅，端方刚正。

⑬延：聘请。之：指焦先生。

⑭小有过差：有小小的过失差错。

⑮降：犹舒解。

⑯德器成就：行成曰德，才成曰器。人性皆善而气质不同，苟无父兄教训于内，师友导化于外，而能有成者，唯独生知安行之圣人为能之。程子曰：“天下英才，不为少矣，特以道学不明，不能有所成就。”

【译文】

宋吕荣公名希哲，字原明，申国公正献公的大儿子。正献公处家，简要厚重，寡默少言，不以外物萦绕他的心。正献公的妻子申国夫人，性情严肃，处事有法度，虽很爱吕荣公，然教育荣公事事都要循规蹈矩。公年才十岁，虽冬天大寒，夏天暑热下雨，终日侍立父母之侧。不命他坐，他不敢坐。每日必戴冠束带，衣帽整齐的见父母师长，平时天气虽大热，若在父母长者跟前，不得脱去头巾、袜子、缚绔和衣服，还要穿戴整齐，谨慎奉侍。行步出入，不得走入茶馆酒店。市井里巷的鄙俗话及靡靡淫乱的音乐避而不听。不正的书、不合礼的形色，未曾一次接触于目。正献公在颍州做通判时，欧阳文忠公任州太守，焦先生名千之字伯强，为颍州幕宾。焦先生为人庄严强毅，端方正直；正献公请他教育自己的孩子。诸生小有过失差错，先生发怒，召他们相对端坐终日，竟夕不跟他们说话。诸生恐惧认罪改过，先生才略略舒解辞气颜色。此时吕荣公才十几岁，在家则有父母这样的严格教训，在校则焦先生化导这样的笃实，所以荣公品德才器大成，不同于众人。公曾经说："人生在世，若内无贤父兄培养，外无严师友化导，而能有成就者极少了。"

【评述】

此篇备言吕荣公德器之成就，由于内有严父母教训，外有焦千之化导，而荣公又能敬听父母师傅教言，因而德器成就，大异众人。今世望子成龙者，自身品行修养不够，起不到表率示范作用。又不明教子之道，一意任情骄惯，不加约束，让其任性妄为，养成骄惰习性。不勤洗扫，不肯苦学，不敬师友。甚至交接流氓狗友，盗窃抢劫，杀人放火，自掘坟墓，死而无悔，安望其能成龙也。吾愿天下为人父母者，正心以修身，使自己存心处事及一举一动皆足以成为子孙效法的榜样，由是言出而子女信服，由至诚之心潜移默化，子女久受熏陶，仁孝之心油然而生，可以听于无声，视于无形，对父母之训，岂有不遵而行之乎？

善行2

吕荥公张夫人，待制讳昷（wēn）之之幼女也[1]，最钟爱，然居常至细微事，教之必有法度。如饮食之类，饭羹许更益[2]，鱼肉不更进也，时张公已为待制河北都转运使矣[3]。及夫人嫁吕氏，夫人之母，申国夫人姊也。一日来视女，见舍后有锅釜之类，大不乐，谓申国夫人曰：岂可使小儿辈私作饮食，坏家法耶？其严如此。

【注解】

①待制：官名。讳：避忌。讳名：对尊长避免说其名，表示尊敬的心意。

②更：加。益：增。

③都转运使：官名。（当时张公已贵显，而示女子节俭如此，非特教子者所当法，亦居官者所当法也。）

【译文】

吕荥公夫人张氏，是张待制讳昷之的小女儿，（是他）最爱的女儿。然平常细小的事，教她必须有法有度。比如饮食之类的小事，饭汤许可增加，鱼、肉不许再增加。不是张公缺钱，当时张公已为河北都转运使的官了。及夫人嫁给吕荣公，夫人的母亲是申国夫人的姐姐。一日张妻来吕家看女儿，见女儿私室有锅釜等灶具，很不乐意，给其妹申国夫人说："怎能使小辈私造饮食坏家法呀?"她的家法就是这样严格。

善行3

唐阳城为国子司业①，引诸生告之曰：凡学者所以学为忠与孝也，诸生有久不省亲者乎？明日，谒城还养者二十辈②，有三年不归侍者，斥之③。

【注解】

①唐：唐朝。城：字亢宗，定州人。

②谒：请求。

③斥：驱逐。

【译文】

唐代阳城任太学主教时，召诸生教告说："人求学是学做忠臣学做孝子，各位学生有久不归家省亲的人吗？第二天请假回家养亲者二十人，有三年不回家省亲者，逐而去之。"

【评述】

孩提之童，无不知爱其亲。人太学而久不省亲，则是科名之私蔽其思亲之心。闻城言而立即归家省亲，是其诚孝之心油然而生，此见人性之善也。有三年不归侍者，则是蔽锢甚深，虽闻善言而漠然无动于衷。此辈留在太学，终难成德，应该驱逐出去。

善行4

安定先生胡瑗（yuàn）①，字翼之。患隋唐以来，仕进尚文辞而遗经业，苟趋禄利。及为苏湖二州教授，严条约②，以身先之③。虽大暑必公服终日以见诸生，严师弟子之礼。解经至有要义④，恳恳为诸生言其所以治己而后治乎人者⑤，学徒千数，日月刮劘（mō）⑥。为文章，皆传经义⑦，必以理胜⑧。信其师说，敦尚行实。后为太学，四方归之，庠舍不能容。其在湖学置经义斋、治事斋。经义斋者，择疏通有器局者居之⑨。治事斋者，人各治一事，又兼一事，如治民、治兵、水利、算术之类。其在太学亦然。其弟子散在四方，随其人贤愚，皆循循雅饬⑩。其言谈举止，遇之不问可知为先生弟子，其学者相与称先生，不问可知为胡公也。

【注解】

①安定胡先生：胡瑗（993～1059年），字翼之，安定（今甘肃泾川以北）人，学者称其为安定先生。北宋儒学家、教育家。先生以兴学育才为己任，先后为苏州、湖州府学教授、太学直讲、太常博士，追谥文昭。随胡瑗从学弟子数千，名臣、学者多出其门。宋神宗称之为真先生；范仲淹誉之为“孔孟衣钵，苏湖领袖”；王安石尊之为“天下豪杰魁”；苏轼推之为“章为万世程”；文天祥敬之为“一代瞻仰，百世钦崇”；司马光颂之为“苏湖之教，造士有术”。

②条：条规。约：约束。

③以身先之：谓躬行条约以率弟子。

④要义：重要意义，即所以治己而后治人之道。

⑤恳恳：真切至诚。

⑥刮劘：刮其垢而磨其光，兼文行而言。

⑦传：依据。

⑧必以理胜：必须以辨明事理为本，不尚文辞。

⑨疏通：气质开明。有器局：器量宽广。

⑩循循：有次序的样子。雅饬：儒雅整饬。

【译文】

安定胡先生名瑗，字翼之。尝患隋唐以来以文章取仕，以致仕进之途崇尚文辞，遗弃穷经以修己治人之业，只为禄利而考试做官。及先生做了苏湖二州教授，严立条约以约束学生，且躬行以率。虽大暑，必终日穿着公服见诸生，以严师生之礼。讲解经书到有重要意义时，必定真诚反复地为诸生详细解说所以治己而后治人的道理。学生之多，数以千计，日日月月相与刮劘讲习，精益求精。做文章完全依据经书本义，必须以辨明事理为本，而不尚辞华。学生尊信老师的说教，人人敦尚躬行实践，学成有用之才。先生后来做了太学的直讲，四方闻风来学习的人很多，校舍虽大，也很难容纳那么多的学生。他在湖州州学设置经义斋、治事斋，分科教学。经义斋选择气质开明，器量宽广的学生钻研经义。治事斋因材施教，每人各治一事又兼一事，如行政治民，领兵作战，兴修水利，精研算术之类的事。他在太学也是这样分科设教。教育出来的学生散在四方，无论贤愚都循循然儒雅整饬。他们的言谈举止，人遇见不用问就知道是胡先生弟子，他的学生相与称先生，不问可知是称安定先生。

【评述】

以文章取仕，则学风坏乱，遗弃经书本义。崇尚文辞，使人不知所学为何事，只为追逐利禄，因而坏了许多人才。应知读书是为了修养个人品德，学成治理国家安定天下的本领。将读书当作做官求禄的途径，以致乡无善俗，世乏良才，而使天下无太平之日，岂不痛哉！

善行5

明道先生言于朝曰[①]：治天下以正风俗[②]，得贤才为本[③]。宜先礼命近侍贤儒及百执事，悉心推访有德业充备[④]，足为师表者；其次有笃志好学，材良行修者；延聘敦迁[⑤]，萃于京师[⑥]，朝夕相与讲明正学。其道必本于人伦[⑦]，明乎物理[⑧]。其教自小学洒扫应对以往[⑨]，修其孝弟忠信，周旋礼乐[⑩]。其所以诱掖（yē）激励[⑪]，渐磨成就之道[⑫]，皆有节序。其要在于择善、修身，至于化成天下，自乡人而可至于圣人之道。其学行皆中于是者为成德[⑬]。

取才识明达，可进于善者，使日受其业。择其学明德尊者为太学之师，次以分教天下之学[⑭]。

择士入学，县升之州，州宾兴于太学[⑮]，太学聚而教之，岁论其贤者能者于朝[⑯]。凡选士之法，皆以性行端洁，居家孝悌，有廉耻礼让，通明学业，晓达治道者[⑯]。

【注解】

①明道先生：程颢（hào）（1032年~1085年），北宋哲学家、教育家、诗人和理学奠基者。字伯淳，号明道，世称明道先生，北宋洛城伊川（今河南洛阳）人，神

宗朝任太子中允、监察御史。学术上，程颢提出“天者理也”和“只心便是天，尽之便知性”的命题，认为“仁者浑然与物同体，义礼知信皆仁也”，识得此理，便须“以诚敬存之”。倡导“传心”说。承认“天地万物之理，无独必有对”。程颢曾和其弟程颐学于周敦颐，世称“二程”，同为北宋理学的奠基者，其学说在理学发展史上占有重要地位，后来为朱熹所继承和发展，世称程朱理学。亲撰《定性书》《识仁篇》等，后人集其言论所编的著述书籍《遗书》《文集》等，皆收入《二程全书》。朝：朝廷（皇帝与大臣处理政务的地方）。

②风俗：特定社会文化区域内历代人们共同遵守的行为模式或规范。风：教化；感化。

③贤才：品行高尚才能出众。贤：有高尚品德。才：有行政、治事能力。二者为治天下之本。然得贤才斯可以正风俗，则得贤才又是正风俗之本。

④悉：详尽。推访：推求询访。

⑤延聘：聘请。卑礼厚币以聘请。延：邀请。敦迁：敦厚其礼以升迁。

⑥萃：聚集。京师：京城。

⑦人伦：父子之亲，君臣之义，夫妇之别，长幼之序，朋友之信。

⑧物理：事物的道理。

⑨洒扫应对：小学教人洒水、扫地，进退、应对等礼节，是培养品德的关键环节。

⑩周旋礼乐：行动合乎礼乐。修习孝弟忠信和周旋礼乐是大学教育的主要内容。

⑪诱掖激励：引诱扶持使其有进，激发鼓励使其无退。

⑫渐磨：逐渐磨炼。

⑬皆中于是：谓合乎小学大学之教。中：适合于。诱掖激励、渐磨成就以成其始。择善修身以至化成天下，自乡人而至圣人之道以成其终；是通过小学、大学教育出贤能成德之士的方法和节序。

⑭分教天下：此节言选择师傅的方法。

⑮宾兴：周代举贤之法。谓乡大夫自乡小学荐举贤能而宾礼之，以升入国学。县谓县学，州谓州学。

⑯晓达治道：明白通达治国方略。此节言选择士人的方法。

【译文】

明道先生上言于朝廷说：治天下当以正风俗得贤才为根本，欲得风俗正，贤才多，应当先用隆重的礼节命令近侍贤儒，及百执事之臣，尽心到处推求询访有道德功业充足完备足以为人师表的人；其次有笃志好学才良行修的人，通过朝廷聘请，州县礼送，使贤才荟萃于京师，朝夕与国之贤儒讲明正学。所讲的道，必以人的五伦为本，讲明事物当然之理。其教学从小学洒扫应对做起，躬行实践，修明孝弟忠信，使一切行动合于礼乐。用引诱扶持激发鼓励，逐渐磨炼他们德才成就的方法，皆有关节次序。其纲要在于择善修身，至于化成天下，从乡里俗人能至于圣人之道。其学问德行都达到上述要求的为成德。

择取才识明达，可进于善的，使居太学，日授其业。选拔其中学明德尊的做太学的老师，其次用以分教天下州县之学，由此师道立则善人多，正风俗无难矣。

选择士子入学，由县升到州，由州官以宾礼待之而举其贤达者入太学，太学聚贤才而教之。每年评论其贤者能者于朝而录用为官，凡州县选士的法则，都以性格品行端正廉洁，居家孝悌有廉耻礼让之行，能通明六经晓达治道的人，才可入太学。

【评述】

朱子曰："明道论学制最为有本，读之未尝不慨然发叹也。"予谓朝有大贤如明道，而其君不能用以为政，又不从其言以养育人才，却乐于实行不切实用的新法，反以明道之言为迂，此由神宗不明义利之辨故也。《大学》明言"掌国家而务财用者必自小人矣，小人之使为国家，灾害并至，虽有善者，亦无如之何矣。”北宋之亡，未始不由新法为之阶。是故新法将行而明道先生辞去，所有端人正士皆被贬去而国空虚。蔡京童贯等復行新法，视元祐诸贤为奸党而禁锢之。徽宗抛弃礼法，不理国政。惑道家之言自称道君，酿成靖康之祸。神宗如用明道之言，推访天下贤士，聚于京师，使之讲明正学。数十年后，人才蔚起，众正盈廷，以致君泽民，则人君谁与为不善。岂有奸臣误国，昏主荒政覆宗之祸哉！朱子读明道之言而慨叹，良有以也。

善行6

伊川先生看详学制[①]，大概以为学校礼义相先之地[②]，而月使之争[③]，殊非教养之道。请改试为课，有所未至，则学官召而教之，更不考定高下。制尊贤堂[④]，以延天下道德之士，镌（juān）解额以去利诱[⑤]，省繁文以专委任[⑥]，励行检以厚风教[⑦]。及置待宾[⑧]、吏师斋[⑨]，立观光法[⑩]，如此者亦数十条。

【注解】

①看详学制：查看审理学校条例制度（伊川尝充崇政殿说书，同孙觉等看详国子监条制）。

②相先：犹相尚；互相逊让。

③月使之争：月月考试评定其高下，以助学金奖惩，这是驱使其互相竞争。

④制：设置。

⑤镌：降低。解额：所贡举（推荐）的名额（宋元丰中以利禄诱士。国学解额增至五百人，来者奔凑。程子盖欲量留百人，余四百分于州郡。使士子各安乡土）。

⑥省：减少。繁文：繁多的公文。专委任：师儒之官不责以文牍，专攻本职任务。

⑦行检：行为检点。

⑧待宾：礼待德行可宾敬者。

⑨吏师斋：通于治道，可为官吏师法者的居所。

⑩观光：观看国家盛德光辉（立观光法以待游学之士）。

【译文】

伊川先生查看审理国子监学制之后，认为学校是学士以礼义相尚的地方，若每月考试文艺高下，是使之相争，这绝不是教养士子的正道。请改考试为考核课程。学生学行有不到处，则学官召而教之，不考定高下。设置尊贤堂以邀请天下道德之士居之，使学者有所观感而兴起。且以为学官取善的模型。减少推荐（选入太学的）名额，以去利诱之弊。减少师儒之官的文牍工作，使其专攻本职任务。奖励行为检束的人，以厚风化之教。设待宾斋以礼待德行可宾敬者，设置吏师斋以居通达治道能为官吏师表者而宾礼之，使诸吏取法。旧制太学宾客不得过客位，士多不得见，故立观光法，使来学之士，观宾客威仪礼让之盛而慕效之。提出这类谏议数十条。

善行7

蓝田《吕氏乡约》曰[①]：凡同约者，德业相劝[②]，过失相规[③]，礼俗相交[④]，患难相恤[⑤]。有善则书于籍，有过若违约者亦书之，三犯而行罚[⑥]，不悛者绝之[⑦]。

【注解】

①蓝田吕氏：陕西蓝田县的一个吕姓家庭，弟兄六人，五人登科及第，大忠、大

防、大钧、大临都是伊川横渠先生的学生，他们品德常识均光耀青史，成为世人典范。为端正乡俗，垂教后世，吕大钧在同胞兄弟的支持和共同努力下，编写了《吕氏乡约》。主要内容是同约人要“德业相劝”、“过失相规”、“礼俗相交”、“患难相恤”四大章。《乡约》经过推行，对改化关中风俗起到了实际功效，扭转了汉魏以来佛学盛行，造成儒家礼教衰败的混乱局面，起了决定性积极作用。张载高兴地说：“秦俗之好化，和叔有力”。程颐也称：“任道担当，其风力甚劲。”朱熹称《吕氏乡约》“今为令申”。乡约：与同乡的人共同制订盟约，并自愿加誓为善去恶，端正社会风气。

②德：見善必行，闻過必改，能治其身，能治其家，能事父兄，能教子弟，能事長上，能睦亲故，能择交遊，能守廉洁，能广施惠，能受寄託，能救患难，能规过失，能为人谋，能为众集事，能解斗争，能决是非，能兴利除害。业：居家则事父兄，教子弟，待宾客。在外则事长上，接朋友，教后生。至于读书、营田、治家、济物，好礼、乐、射、御、书、数之类，皆可为之。非此之类，皆为无益。劝：劝勉。

③过失相规：过错失误相互规劝改正。犯义之过六：一曰酗酒赌博斗殴争讼，二曰行止逾礼违道，三曰行为不恭敬谦逊，四曰言不忠信，五曰造言诬毁，六曰营私太甚。不修之过五：一曰交非其人，二曰游戏怠惰，三曰动止无仪，四曰临事不诚实，五曰用度不节俭。

④礼俗相交：婚姻丧葬祭祀之礼，有往还书问庆吊之节。

⑤患难相恤：有患难则相互救济。一曰水火，二曰盗贼，三曰疾病，四曰死丧，五曰孤弱，六曰诬枉，七曰贫乏。

⑥三犯而行罚：小过密规之，大过众戒之，三次犯规就按约处罚。

⑦不悛：不悔改。

【译文】

蓝田《吕氏乡约》说：凡参加乡约的人，在德行和事业上要相互勉励，有了过错失误要相互规劝改正，礼制风俗要相互交往协助，患难时要互相救济，有了好的行为，就记在册子上，有了错误及违约的事也要写在册子上。三次犯约就必须按约处罚，罚后仍不悔改的，就要驱逐出约。

善行8

道明先生教人，自致知至于知止①，诚意至于平天下②，洒扫应对至于穷理尽性③，循循有序④。病世之学者⑤，舍近而趋远⑥，处下而窥高⑦，所以轻自大而卒无得也⑧。

【注解】

①致知至于知至：穷究事物之理以获得知识，明达事理，以至于知道做人应该达到的思想德行境界。致知：求知。知至：知道去处。

②诚意至于平天下：诚意正心修身齐家治国平天下，是通过修行达到德行境界。

③洒扫应对：小学教育孩子们给父母师长洒水扫地，应声，答所问。穷理：穷究万事万物之理，是致知至于知止之事。尽性：尽量发挥天赋的个性，由诚意正心修身至于齐家治国平天下，属大学教育。

④循循：有次序貌。谓先习之于小学而后进之大学，由浅入深，由近及远，有先后次序。

⑤病：担忧。

⑥趋：快步走。

⑦窥：窥望，从小孔或缝里看。

⑧卒：终于。

【译文】

明道先生教育人的方法，是先从推极已知的道理入手，到知道做人应该达到的思想德行境界的至善处，从诚实意念到平治天下，从小学洒扫应对，到大学穷理尽性，由浅入深，由近及远，一步一步，循序渐进。然而当今世上求学的人，则往往是舍近而求远，身处卑下而好高骛远，躐等逾节，所以轻妄自大，而最终无所得益。

【评述】

程子教人，循循有序。所以纠正学生好高骛远的弊病，使之循序渐进以成德达才。行远者必须从脚下起步，登高者必始于低处攀登，求学而不安于洒扫应对进退，则无有躬行实践的功夫和得益，难于参透穷理尽性的实质。而好高骛远，用心不诚信，行事不笃实，外于善道，自大以自误，只能是一事无成。吴氏曰："行远自近，登高自下，学之序也。自大学小学之序言之，洒扫应对，近者下者也；穷理尽性，高者远者也。以大学之序言之，格物致知诚意正心修身，非近而下者乎？齐家治国平天下，非高而远者乎？"

上实立教，自吕荣公至此，凡八章

第二章　实明伦（上）

善行9

江革少失父[①]，独与母居。遭天下乱，盗贼并起，革负母逃难[②]，备经险阻[③]。常采拾以为养[④]，数遇贼[⑤]，或劫欲将去[⑥]，革辄涕泣哀求，言有老母，辞气愿款[⑦]，有足感动人者，贼以是不忍杀之。或乃指避兵之方，遂得俱全于难[⑧]。转客下邳[⑨]，贫穷裸跣[⑩]，行佣以供母[⑪]，便身之物，莫不毕给。

【注解】

①江革：字次翁，东汉临淄人。以孝闻名当世，举孝廉为郎，补楚太仆。月余，自辞去。建初年间，太尉牟融举贤良方正，再迁司空长史。肃宗甚崇礼之，迁五官中郎将，转拜谏议大夫。

②负母：背着母亲。

③备经险阻：遍历危险和阻碍。

④采拾：采拾草木之可食者。

⑤数：频，多次。

⑥劫欲将去：要把江革抓走。

⑦愿款：真切诚恳。

⑧俱全：母子皆保全了性命。

⑨转客下邳：漂泊客居下邳郡。

⑩裸：露身。跣：露足。

⑪行佣：做雇工。

【译文】

江革从小就没了父亲，与母亲同住，王莽末年，天下大乱，四方盗贼并起。江革只好背着母亲逃难，经历了许多艰难险阻。常采拾草木可食者以养母。多次遇贼，要把江革抓走。江革总是哭泣哀求说，我有老母靠我奉养，我随你去，我母怎能得生，辞气诚恳真切，足以感动人，贼因是为他感动，不忍杀他。有人指出避开贼兵的方法，使他母子保全了性命。他流落到淮安下邳地方，身无衣穿而裸体，足无鞋袜而跣足，全靠给人当佣工以奉养母亲，母亲随身用的东西，莫有不完全齐备的，一样也不缺少。

善行10

薛包好学笃行①，父娶后妻而憎包，分出之，包日夜号泣不能去②。至被殴杖，不得已庐于舍外，旦入而洒扫，父怒又逐之，乃庐于里门③，晨昏不废④。积岁余，父母惭而还之。后服丧过哀。既而弟子求分财异居⑤，包不能止，乃中分其财⑥。奴婢引其老者，曰：与我共事久⑦，若不能使也⑧。田庐取其荒顿者⑨，曰：吾少时所理，意所恋也。器物取其朽败者，曰：我素所服食⑩，身口所安也。弟子数破其产，辄复赈给。

【注解】

①薛包：字孟尝，汉汝南人。以孝敬父母友爱兄弟名达朝廷，汉安帝召为侍中，包誓死不肯就职。

②不能去：不忍离去。

③里门：闾里的外门。古代同里的人家聚居一处，设有里门。

④晨昏不废：不废晨省昏定之礼（晚间服侍就寝，早上省视问安）。

⑤既而：服丧结束后。弟子：弟弟的儿子即侄子。

⑥中分：均分为两半。

⑦共事：一起做事。

⑧若：你，指侄子。

⑨荒：田亩荒芜。顿：房屋倾颓。

⑩服：用。

【译文】

薛包好学君子之道，能笃志力行。包母早逝，父娶后妻而憎恶包，把他分出去另居，包昼夜号哭不忍去，父恼怒殴打驱逐他，包不得已，乃移住大门外。白天入家洒扫室堂及庭，父大怒又远逐他，就在里门旁暂居，昏定晨省，依然如故。如此一年多，诚孝所感，父母自觉惭愧而招包还家同居。父母殁，居丧过于哀痛。居丧期满以后，侄子要求分家另居，包阻止无效，就均分家产。奴婢拣年老无力的留给自己，反说这老人和我共事多年，你们不能役使他。田地取其瘠薄的，房屋取其倾颓破旧的归己，反说这都是我小时所治理，我心意留恋它，不能分给你。器皿用物，自取其已朽已坏的，反说这是我平时用惯了，身口所安宁。侄子多次破产，不能自给，包始终不念旧恶，常怜悯他们，多次赈救帮助。

善行 11

王祥性孝[①]，早丧亲[②]。继母朱氏不慈，数谮（zèn）之[③]，由是失爱于父[④]。每使扫除牛下[⑤]，祥愈恭谨。父母有疾，衣不解带，汤药必亲尝。母尝欲生鱼，时天寒冰冻，祥解衣，将剖冰求之[⑥]，冰忽自解，双鲤跃出，持之而归。母又思黄雀炙[⑦]，复有雀数十飞入其幕，复以供母。乡党惊叹[⑧]，以为孝感所致[⑨]。有丹柰结实[⑩]，母命守之，每风雨，祥辄抱树而泣。其笃孝纯至如此。

【注解】

①王祥：字休征，琅玡（山东省临沂市兰山区白沙埠镇孝友村）人，东汉末年隐居20年，仕晋官至太尉、太保。以孝著称，为二十四孝之一，历汉、三国、晋三代，先后任县令、大司农、司空、太尉、太保等职。今故里孝友村有“王祥卧冰处”。

②亲：母亲。

③谮：说坏话诬陷别人。

④失爱于父：失去父爱。

⑤扫除牛下：清除牛粪便，有被牛损伤的危险。

⑥剖冰：破开冰层。

⑦炙：烤熟的肉。

⑧惊叹：惊异嗟叹。

⑨孝感：谓鱼雀之至，皆由诚孝之行感动所致。

⑩丹：红色。柰：果名。

【译文】

王祥生性极孝，幼年丧母。继母朱氏不爱王祥，多次说坏话诬陷，父亲听信后妻谎言，也憎祥，从此失去了父亲的恩爱。每使他去牛棚扫除牛粪，祥不但无怨意，而更加恭敬谨慎。父母有了疾病，祥心加忧，衣不解带，昼夜侍疾，汤药必亲尝而后进。继母曾想吃鲜鱼，其时天寒地冻，没有活鱼，王祥到沂水岸，脱去上衣，将剖开坚冰以求鱼，冰层忽然自破，一双鲤鱼漂出水面，持归以奉母。其后继母又想吃烤黄雀，王祥正在思考如何猎取，有黄雀数十只飞入帐篷，祥炙黄雀肉以奉母。乡里父老惊异赞叹，认为是王祥的诚孝感动了天地鬼神，故有如此奇应。有丹柰结了果实，继母命他看守，每遇大风雨，王祥担心摇落果实，惹母生气，常抱树号哭，足见他的孝行敦笃纯粹到了极处。

【评述】

其后王祥仕晋，官至太保，子孙遵守诚孝家风，世代鼎盛。至东晋时，世称王谢子弟，就是王祥的后世子孙和谢安的子孙。

善行12

王裒（póu）①，字伟元。父仪为魏安东将军司马昭司马②。东关之败③，昭问于众曰：近日之事，谁任其咎④。仪对曰⑤：责在元帅⑥。昭怒曰：司马欲委罪于孤耶⑦？遂引出斩之。裒痛父非命⑧，于是隐居教授，三征七辟皆不就⑨。庐于墓侧⑩，旦夕常至墓所拜跪⑪，攀柏悲号，涕泪著树，树为之枯。读诗至哀哀父母⑫，生我劬劳，未尝不三复流涕⑬。门人受业者，并废蓼莪之篇。家贫躬耕，计口而田，度身而蚕，或有密助之者，裒皆不听。及司马氏

篡魏，裒终生未尝西向而坐，以示不臣于晋。

【注解】

①王裒：字伟元，城阳营陵（今山东昌乐）人。西晋学者，隐居教授，善书。

②安东将军：（司马昭的）官名。司马昭司马：前司马，复姓；昭，名；后司马，军官名。

③东关之败：魏司马昭与吴诸葛恪在东关战败。东关：地名。

④谁任其咎：谁担当失败的罪责。

⑤仪：王裒父名。

⑥责在元帅：罪责在元帅指挥不当。

⑦孤：古代帝王的自称，司马昭以王位称孤。

⑧非命：无罪被奸臣冤杀，不是命该死。

⑨三征七辟：三次征召七次推荐。征：朝廷征召。辟：地方推荐。

⑩庐：田中看守庄稼的小屋。

⑪旦夕：早晚。

⑫读诗：读《诗经·小雅·蓼莪》篇。

⑬三复流涕：因为自己不能诛司马昭为父报仇，父母生此无能之子何异农夫种蒿而无用乎？是故痛哭流涕，反复哀读。

【译文】

王裒，字伟元，他的父亲王仪是魏安东将军司马昭的司马，东关战败，司马昭问众将说：“近日战败，谁该承担罪责？”王仪回答说：“责任在元帅指挥不当。”昭发怒说：“司马想委罪于孤家！”因命令拉出去斩了。王裒伤痛父亲无罪被杀，于是隐居旷野，教育生徒，绝意仕进。后经朝廷三次征聘，州县七次推荐，皆不肯就职。在父亲坟墓旁边修筑草庐居住，早晚常到墓前拜跪，扶着墓柏悲号，涕泪掉在树上，树因而枯死。读《诗经·小雅》至“哀哀父母，生我劬劳”，总是痛哭流涕，反复哀读。他的学生怕老师伤心，全都废弃《蓼莪》诗篇。家贫亲自耕种，根据人口所需衣食而种田养蚕，不使有余。有人送财物帮助他，王裒坚辞不受。后来司马炎篡魏帝位，王裒终身不曾面向西坐，以表示不做晋朝臣民。

善行13

晋西河县人王延[①]，事亲色养[②]，夏则扇枕席，冬则以身温被。隆冬盛寒，体常无全衣而亲极滋味。

【注解】

①王延，字延元，晋西河人。九岁丧母，泣血三年，几至灭性。

②色养：和颜悦色以养父母。

【译文】

晋西河县人王延，事亲以和气愉色奉养，夏时炎热，则扇枕席使之凉爽，不使其亲受热。冬天则以身温被，不使其亲受寒，以尽冬温夏凊昏定晨省之诚。隆冬盛寒之时，他身上经常无完整的衣服，贫困如此，而能为父母亲备极甘旨之养。

【评述】

和颜悦色以养父母，是因为深爱父母，才有和顺的语气，愉悦的容貌。所以《礼记》上说：“孝子之有深爱者，必有和气，有和气者，心有愉色，有愉色者，必有婉容。”说的就是这个道理。

江革贫穷裸跣，其母遍身之物莫不毕给，王延体无全衣而亲极滋味。可叹今之人，有身为官宦而弃亲不养者，亦有家业殷富而不养亲者，或只图自己享受而薄待其亲者，这种人莫非其亲所生，受父母之恩爱，以养、以教、以至于成人，乃竟忘恩背义，好像不知有父子之爱。如能反其身而行之，用希望自己子女尊敬爱护自己的标准去爱护奉养父母，你会生活得更加心情舒畅，孝养和顺之风才能代代传承。

善行 14

柳玭（pín）曰：崔山南[①]昆弟子孙之盛[②]，乡族罕比。山南曾祖王母长孙夫人年高无齿[③]，祖母唐夫人事姑孝，每旦栉（zhì）縰（xǐ）笄（jī）[④]，拜于阶下，即升堂乳其姑。长孙夫人不粒食，数年而康宁。一日疾病[⑤]，长幼咸萃[⑥]，宣言无以报新妇恩，愿新妇有子有孙，皆得如新妇孝敬，则崔氏之门，安得不昌大乎？

【注解】

①崔山南，名琯，唐代博陵（今河北）人，官至山南西道节度使。

②昆：兄。

③王：大。曾祖王母即大曾祖母。

④栉：梳头。縰：套发（古代的发巾）。笄：贯簪（盘头发用的簪子）。

⑤疾病：病危。小病曰疾，大病曰病。

⑥萃：聚集。

【译文】

柳玭说："山南节度使崔琯，兄弟子孙盛大，乡族很少有比上的。

此何故？由于山南大曾祖母长孙夫人年高，牙齿脱落已尽，不能嚼食物。祖母唐夫人事姑极孝敬，每天早晨盥漱梳洗，穿戴整洁，于阶下拜姑问安毕，就升堂用自己的乳汁喂养婆婆，长孙夫人几年没吃饭，而身体安宁无恙。一日病危，一家长幼聚集在床前，长孙夫人宣言：'没有可以报答新妇乳我之恩的东西，祝愿新妇所有子孙，都能像新妇这样孝敬，则崔家的门庭怎能不昌大呢？'"

【评述】

天道福善祸淫，这是常理，其不尽然者，是气运之偶然。观王祥子孙至东晋时，犹富贵风流。唐夫人生子崔颋，成进士。颋子八人皆达官，崔琯为山南节度使，崔珙为太子少师，崔瑨为刑部尚书，崔玙为兵部侍郎，崔球为尚书郎，曾孙成进士者四人，玄孙崔远官至平章。长孙夫人言，于是果验，天之报唐夫人亦厚矣。天道福善祸淫之理，也是孝敬诚信之风化及子孙的功效。

善行 15

南齐庾（yǔ）黔（qián）娄为孱（càn）陵令①，到县未旬②，父易在家遘（gòu）疾③，黔娄忽心惊，举身流汗，即日弃官归家，家人悉惊其忽至。时易疾始二日，医云：欲知差剧④，但尝粪甜苦⑤。易泄利，黔娄辄（zhé）取尝之，味转甜滑⑥，心愈忧苦。至夕每稽（jī）颡（sǎng）北辰⑦，求以身代。

【注解】

①南齐：（479～502 年）是中国南北朝时期南朝的第二个朝代。

②庾黔娄：字子真，南阳新野人。孱陵：县名。

②旬：十日。

③遘疾：遇到疾病（生病了）。

④差：病减轻向愈。剧：病加重。

⑤粪甜苦：医言粪便苦则病减轻，甜则病加重。

⑥味转甜滑：粪味转变为甜滑。

⑦稽颡（sǎng，前额。）：叩头时额至地而稽留，不立即抬头。北辰：北极星（紫微星）所在的地方。[按传：黔娄少好学，性至孝，父病即能如此，及卒又庐墓三年，后历官至散骑侍郎，是门下省要职。]

【译文】

南齐庾黔娄，为孱陵县令。在县任职不到十天，他的父亲庾易在家遇疾，黔娄忽尔心惊，全身流汗，坐卧不安，当天就弃官归家。家中人都惊异他忽尔到家，这时易病才两天。医生说："要想知道病的轻重，但尝粪便甜苦。易泄利，黔娄总是取粪尝之，味转为甜滑，他心情更加忧苦，每天夜晚向着北极稽颡，恳求以自身代父的身，其诚孝如此。

善行16

海虞令何子平[①]，母丧去官，哀毁逾礼[②]，每哭踊顿绝方苏[③]。属大明末[④]，东土饥荒[⑤]，继以师旅[⑥]，八年不得营葬[⑦]。昼夜号哭，常如袒括之日[⑧]，冬不衣絮，夏不就清凉，一日以米数合为粥，不进盐菜，所居屋败，不蔽风日。兄子伯兴欲为葺理[⑨]，子平不肯，曰：我情事未申[⑩]，天地一罪人耳，屋何宜覆。蔡兴宗为会

稽太守[11]，甚加矜赏[12]，为营冢（zhǒng）圹（kuàng）[13]。

【注解】

①海虞：县名，在江苏省常熟市。令：县长。何子平：南朝宋会稽（浙江绍兴）人。

②哀毁逾礼：哀痛毁伤超过礼制。

③顿绝：痛哭气绝。苏：苏醒。

④属：归属；适逢。大明：南朝宋孝武年号。

⑤东土：会稽。

⑥师旅：古军法二千五百人为师，五百人为旅，这里指战争。

⑦营：谋划；料理。

⑧袒：露臂。括：束发（指服丧）。丧礼：小殓乃袒、括发。亲死时男子去冠及上服，被发徒跣，至二日小殓，乃袒而露臂，以麻绳撮髻，以布为头束。

⑨葺：修补。

⑩情事未申：谓母亲未葬。

⑪蔡兴宗：考城人，以刚方见称。

⑫矜：怜悯，悯其苦。赏：嘉尚，嘉其孝。

⑬冢圹：墓穴。

【译文】

南朝宋海虞县令何子平，母丧丁忧去官，哀痛毁伤超过古礼，每次哭踊痛伤气绝而后苏醒。适逢大明末年，会稽饥荒乏食，又遇战争兵荒马乱，八年无财安葬母亲。子平昼夜号哭，经常像母亲才殁了一样，冬天不着棉衣，夏天不就清凉处，每天以米数合煮粥为食，不食盐菜。所居屋坏，遮不了风雨，兄子伯兴想给他修葺破漏，子平不许，喻侄说："我母灵柩不能安葬，是天地间一个罪人，房屋怎么能庇覆我这个罪人呢?”蔡兴宗做会稽太守，(对子平的孝心）极加矜怜赏识，替子平经营葬母坟墓，让子平得申葬母的情事。

善行17

朱寿昌生七岁①，父守雍②，出其母刘氏嫁民间③，母子不相知者五十年。寿昌行四方求之不已，饮食罕御酒肉，与人言辄流涕。熙宁初④，弃官入秦⑤，与家人诀⑥，誓不见母不复还。行次同州得焉⑦，刘氏时年七十余矣，雍守钱明逸以事闻⑧，诏寿昌还就官⑨，繇（yóu）是天下皆知其孝⑩。寿昌再为郡守，至是以母故通判河中府⑪，迎其同母弟妹以归。居数岁母卒，涕泣几丧明。拊其弟妹益笃⑫，为买田宅居之。其于宗族尤尽恩意，嫁兄弟之孤女二人，葬其不能葬者十余丧，盖其天性如此。

【注解】

①朱寿昌：字康叔，宋扬州天长（今安徽天长）人，累官至司农少卿。《宋史·孝义列传》载有他弃官千里寻母之事，他是流传甚广的古代“二十四孝”中的一位。见（《宋史》卷四百五十六列传第二百一十五）。

②守雍：京兆（今西安市，古属雍州）太守。

③出其母：朱寿昌父巽，母刘氏是巽妾。巽守京兆，刘氏方娠而出。寿昌生数岁始归父家《宋史．列传》。

③熙宁：宋神宗年号。

⑤秦：今陕西。

⑥诀：辞别，多指长别。

⑦次：至。同州得焉：行至同州，适逢天下雨，寿昌入旅舍避雨时，忽有老妇人冒

雨拾柴而归，感伤而叹曰：我儿寿昌怎知母亲今日困苦如此？寿昌惊愕，至前恭问，乃知是生母刘氏。同州即今渭南市大荔县。

⑧以事闻：把寿昌寻母之事奏闻于朝。

⑨诏寿昌还就官：宋神宗诏寿昌还就所弃之官（国法弃官不得复任，寿昌以寻母弃官，故优诏许其复就）。

⑩繇：同“由”。

⑪河中府：今山西省永济县蒲州镇。

⑫拊（fǔ）：爱抚。

【译文】

朱寿昌出生才七岁，父巽做雍州太守，将寿昌的生母休出，嫁给民间，母子两不相知五十年。嫡母死后，寿昌始知其事，随步行四方寻母不止，饮食不用酒肉，与人言及其母辄伤心流涕。宋神宗熙宁初，（他）弃官不坐，入陕西寻母，与家人诀别，发誓找不见母亲绝不回家。行至同州找到了母亲。雍州太守钱明逸，以寿昌寻母之事奏闻于朝廷，宋神宗诏寿昌还就所弃之官。从此天下皆知寿昌的孝行。寿昌为奉养母亲，申请做了河中府通判，迎接同母弟妹到府居住，数年后母卒，寿昌涕泣几乎失明，拊恤弟妹比母亲在时更加笃厚，给他们买田地房屋居住。他对宗族更尽恩义，嫁兄弟的孤女二人，葬其不能（没有能力）葬者十余丧，这都是他本性善良的原故。

善行 18

伊川先生家治丧不用浮屠[①]，在洛亦有一二人家化之。

【注解】

①伊川先生：姓程，名颐，字正叔，宋河南伊川县人，学者称伊川先生。与其兄明道先生学于周濂溪先生，上接先圣道统，俱为一代儒宗。浮屠：佛教徒（和尚）。当时佛教盛行，亲丧以供佛饭僧为尽孝心。

【译文】

伊川先生家治办丧事依礼而行，不用僧佛诵经超度，在洛阳也有一二人家受到感化，治丧也不供佛念经。

【评述】

供佛饭僧是迷信佛氏之说，说人生前有罪当忏，得僧侣供佛诵经超度可升天堂，否则就被打入地狱，备受挫、烧、舂、磨之苦。人子信之，自以为真心为亲忏罪。岂晓亲本无罪而诬为有罪以忏悔，是谓不仁不孝，假使真有大罪而供佛饭僧以求幸免，是行贿于佛，则是不义，佛若接受贿赂，接引罪人升天，何以为佛？伊川先生深明易理，故治丧不用浮屠，在洛亦有一二人家化之。此见风俗难变而亦有可变之机，在有识者倡导耳！

自江革行佣至此，凡十章，实父子之亲

善行 19

霍光出入禁闼（tà）二十余年[①]，小心谨慎未尝有过。为人沉静详审[②]，每出入下殿门，进止有常处[③]，郎仆射（yè）窃识视之，不失尺寸[④]。

【注解】

①霍光：字子孟，著名将领霍去病的同父异母弟。约生于汉武帝元光年间，卒于汉宣帝地节二年（前68年）。河东平阳（今山西临汾市）人。是汉昭帝的辅政大臣。昭帝病逝无子，霍光拥立武帝孙子刘贺即位。但刘贺因为荒淫无道被废，霍光又立武帝曾孙刘询，就是汉宣帝。他执掌汉室最高权力近20年，为汉室的安定和中兴建立了功勋，成为西汉历史发展中的重要政治人物。禁闼：宫中小门，这里指朝廷。

②沉静：深沉安静，不浮躁。详审：精详审密，不粗率。

③进止：进退举止。郎仆射：郎官的首长。郎：官名，帝王侍从官，帝王出则卫护陪从，入则备顾问或差遣。仆射：官名，古代重武，主射者掌事，故诸官之长称仆射。

④不失尺寸：无尺寸之差。

【译文】

霍光出入王宫禁闼之地二十多年，小心谨慎，未尝有过错。他为人沉着冷静，精详审密。每次从下殿门进出，进退举止都有固定位置，郎仆射暗中做了标记窥视，尺寸丝毫不差。

善行20

汲黯[①]，汉景帝时为太子洗马[②]，以严见惮。武帝即位，召为主爵都尉[③]，以数直谏不得久居位。是时太后弟武安侯田蚡（fén）为丞相，中二千石（dān）拜谒，蚡弗为礼。黯见蚡未尝拜，揖之。上方召文学儒者[④]，上曰：吾欲云云[⑤]，黯对曰：陛下内多欲而外施仁义[⑥]，奈何欲效唐虞之治乎[⑦]？上怒，变色而罢朝，公卿皆为黯惧。上退谓人曰：甚矣！汲黯之戆（gàng）也[⑧]。群臣或

数黯，黯曰：天子设公卿辅弼之臣⑨，宁令从谀承意，陷主于不义乎？且已在其位，纵爱身奈辱朝廷何⑩？

【注解】

①汲黯：字长孺，濮阳（今河南濮阳）人，西汉名臣。景帝时任太子洗马。武帝初为谒者，出为东海太守，有治绩。召为主爵都尉，列于九卿。好直谏廷诤，武帝称为“社稷之臣”。

②太子洗马：是辅佐太子，教太子政事，文理的官员，官居三品。

③主爵都尉：汉代官名，掌封爵事。

④上：皇上（汉武帝）。

⑤云云：犹言如此如此（言学尧舜之治）。

⑥内多欲：如好征伐、好神仙之类。

⑦唐虞：唐尧虞舜。真西山先生曰：“尧舜无欲者也，武帝好声色，好征伐，好刑名，好财利，好神仙，多欲者也，多欲则利令智昏，物欲害德，虽有存焉者寡矣，而欲效唐虞之治，则是所令反其所好而民不从矣。”周子曰：“圣可学乎？”曰：“可。”有要乎？曰：“一为要，一者无欲也，无欲则静虚动直，静虚则明，明则通，动直则公，公则溥，明通公溥庶矣乎！然则有志于圣人者，必由寡欲充之以至于无，则静虚动直而圣可学矣。”

⑧戆：愚。本意为憨厚而刚直。

⑨辅弼：辅助君王施行政教。

⑩纵：即使。

【译文】

前汉名臣汲黯，在汉景帝时做过太子洗马官，黯性格耿直庄严，为景帝所敬畏。汉武帝即位，召黯为主爵都尉，只因多次直谏，不得长久居于官位。这时太后弟田蚡当宰相，势倚太后，权倾人主，以富贵骄人，满二千担禄俸的九卿拜见他，他藐视不答礼，独汲黯见田蚡不拜，只作个揖。武帝正在招文学儒者于朝，对文学儒者说："我想如此这般（学尧舜之治）。"黯对帝说："陛下内心多欲而外施仁义，这是不诚，奈何欲效唐虞之治乎？"上大怒，勃然变色而罢朝。满朝公卿见上怒甚，都替（黯）担惊恐遭惨祸。帝退朝后对左右说：汲黯太粗鲁刚直了！群臣或数说黯当众讥君为太甚，黯说："天子设置公卿百官这些辅佐之臣．难道是让他们一味屈从取容，阿谀奉迎，将天子陷于违背正道的窘境吗？何况我已身居九卿之位，纵然爱惜自己的生命，但要是损害了朝廷大事，那可怎么办！"

【评述】

武帝不加罪于黯而容之，人君之度伟矣。亦因黯性行忠直，帝素信之矣。

黯多病，病且满三月①，上尝赐告者数②，终不愈③。最后严助为请告④，上曰："汲黯何如人也？"曰："使黯任职居官，亡以愈人⑤，然至其辅少主守成，虽自谓贲育弗能夺也⑥。"上曰："然⑦，古有社稷之臣⑧，至如汲黯近之矣。"

大将军青侍中，上踞厕视之⑩，丞相宏晏见⑪，上或时不冠，至如见黯，不冠不见也。上尝坐武帐⑫，黯前奏事，上不冠，望见黯避帷中，使人可其奏⑬。其见敬礼如此。

【注解】

①满三月：汉法，病满三月当免官。

②赐告者数：几次恩准告假（请病假）。

③愈：病好了。

④严助：人名，浙江嘉兴人，时为侍中。

⑤愈人：胜过别人。

⑥贲育：孟贲、夏育，古代勇士。孟贲：齐人，能生拔牛角；夏育：卫人，力举千钧。

⑦然：是（认可其言）。

⑧社稷臣：能安定社稷的臣。

⑨青：卫青。侍中：侍君于禁中。

⑩踞厕：蹲坐床边侧。

⑪弘：公孙弘。宴见：平时进见。

⑫尝：曾经。武帐：置有兵器的帷帐。

⑬可：批准。

【译文】

汲黯常多病，病且满三月之久，例当免官，武帝怜其直，曾多次恩赐休病假，始终未治愈。最后一次病得很厉害，严助代黯请假，皇上问助："汲黯这个人怎么样？"严助回答："让汲黯当官执事，没有过人之处。如若讬他辅佐年幼君主保守成业，虽自称有孟贲、夏育的勇者，也不能憾夺他的志节。"皇上说："是的，古代有安邦保国的忠臣，像汲黯就很近似他们了。"

大将军卫青入侍宫中，皇上曾蹲在床边上接见他，丞相公孙弘平时有事求见，皇上有时连帽子也不戴。至于见汲黯，皇上不戴好帽子是不接见他的。上曾经坐武帐中，适逢汲黯前来奏事，皇上没戴帽，望见黯，就躲避到帐内，派近侍代为批准他的奏议。汲黯被皇上尊敬礼遇到了这种程度。

善行21

初[①]，魏辽东公翟黑子[②]，有宠于太武[③]，奉使并州，受布千匹[④]。事觉[⑤]，黑子谋于著作郎高允曰[⑥]：主上问我，当以实告，为当讳之[⑦]？允曰：公帷幄宠臣[⑧]，有罪首实，庶或见原[⑨]，不可重为欺罔也。中书侍郎崔鉴、公孙质曰：若首实，罪不可测[⑩]，不如姑讳之[⑪]。黑子怨允曰：公奈何诱人就死地[⑫]。入见帝不以实对，帝怒杀之。

【注解】

①初：当初，史官纪事时推原其始。

②魏：北朝元魏。

③太武：魏世祖焘，谥太武。

④并州：帝舜以冀州地广遂分其北为并州，地在今太原。

⑤觉：发觉。

⑥高允：字伯恭，后魏蓨（yóu）（今河北省景县）人。著作郎：官名，属秘书省。

⑦讳：隐瞒。

⑧帷幄：形如房屋的大帐幕。宠臣：皇帝喜爱的大臣。

⑨原：宽容。

⑩测：测度；本义为度量水的深浅。

⑪姑：暂且。

⑫诱：使用计策或手段招引别人。

【译文】

事的初起是北魏辽东公翟黑子有宠于太武帝，奉命出使并州，受贿布千匹。事发觉时，黑子谋于著作郎高允说：“主上问我，应当以原情实奏，还是应当隐讳呢?”高允说：“您是皇上身边的宠臣，有罪首先实奏或可得到原谅，不可再做欺罔的事。”黑子心疑不安，又问中书侍郎崔鉴和公孙质，二人说：“若首先实告，罪不可测，不如暂且隐昧。”黑子怨允说：“君为何引人就死地。”帝宣黑子进见，不以实对，帝大怒，传令杀了翟黑子。

帝使允授太子经，及崔浩以史事被收①，太子谓允曰：“入见至尊，吾自导卿脱②，至尊有问，但依吾语。”太子见帝言：“高允小心慎密且微贱③，制由崔浩④，请赦其死。”帝召允问曰：“国书皆浩所为乎?”对曰：“臣与浩共为之，然浩所领事，多总裁而已⑤。至于著述⑥，臣多于浩。”帝怒曰：“允罪甚于浩，何以得生。”太子惧曰：“天威严重，允小臣，迷乱失次耳⑦。臣向问⑧，皆云浩所为。”帝问允：“信如东宫所言乎⑨?”对曰：“臣罪当灭族，不敢欺妄，殿下以臣侍讲日久⑩，哀臣欲丐其生耳，实不问臣，臣亦无此言，不敢迷乱。”

【注解】

①崔浩：北魏宰相，与高允等修国书，刻石以章直笔。太武怒其暴扬国恶，收浩诛之，将及于允，故太子欲指导生路。

②脱：离开（摆脱罪责）。

③微贱：言其职位卑下。

④制：指著作。

⑤总裁：有裁决权力的人，这里指总其大纲而裁正。

⑥著述：纪事曰著，纂言曰述。

⑦失次：应对失其次序。

⑧向：先前。

⑨东宫：太子居住的宫室。

⑩殿下：原指殿阶之下，后来成为中国对皇族成员的尊称。

⑪丐：乞求。

【译文】

太武帝使高允给太子讲授《经书》，及崔浩因修国书事被收狱问斩将及允，太子对允说："入见至尊，我自导卿于生路，倘若至尊有问，就按我说的对答。"太子见帝，言"高允为人小心慎密，且他官小不能作主，著作编纂，全由崔浩，不干高允，请赦免他的死罪。"帝召高允问曰："国书都是崔浩著的吗?"高允对帝说："臣和浩共著的，然浩领导其事，总裁其事而已，至于著作纂述，臣所作比浩要多。"帝怒说："允罪比浩大，浩已死，允何以得生。"太子见帝怒，乃惶惧说："天威严重，高允是小臣，吓得迷惑错乱，应对失其次序，臣以前问他几次他都说是浩所著。"帝问高允："真的像东宫所说的吗?"允对曰："臣修国书之罪当诛灭九族，不敢欺骗蒙蔽，殿下因为臣侍讲日久，私情哀臣，欲求臣得生，实不曾问臣，臣亦无这话，不敢迷乱于帝前。"

帝顾谓太子曰："直哉①，此人情所难而允能为之。临死不易辞，信也，为臣不欺君，贞也。宜特除其罪以旌之②。"遂赦之。

【注解】

①直哉：（赞扬高允）正直啊！②旌之：表彰他。

【译文】

帝对太子说："正直啊！这是人情所难以做到的事，而高允能做到。临死不改变供辞以求免，这是他的诚信，为臣不欺君，这是他的忠贞。应特别赦他的罪并表扬他。"遂赦免了高允。

他日太子让允曰[①]："吾欲为卿脱死而卿不从，何也？"允曰："臣与崔浩实同史事，死生荣辱义无独殊[②]。诚荷殿下再造之慈[③]，违心苟免非臣所愿也。"太子动容称叹[④]！允退，谓人曰："我不奉东宫指导者，恐负翟黑子故也。"

【注解】

①让：责怪。

②殊：不同。

③再造：重新给予生命。表示对恩惠的感激。

④动容：感动的表情。

【译文】

这件事平息以后，太子责怪高允说："吾想为卿脱罪免死而卿不从，为什么？"允说："臣和崔浩同修国史，生死荣辱与共，于义不应独存。实在是多亏殿下仁慈使我活下来，违心欺君，苟免于死，不是我所愿意的。"太子变了容貌，赞叹他。允退对人说："我不遵照东宫太子的安排，是担心这样做会辜负翟黑子，而成为为人谋而不忠的人。"

善行22

李君行先生[①]，名潜，虔州人[②]，入京至泗州留止[③]。其子弟请

先往，君行问其故，曰：科场近，欲先至京师，贯开封户籍取应[4]。君行不许曰：汝虔州人而贯开封户籍，欲求事君而先欺君，可乎？宁迟缓数年，不可行也。

【注解】

①李君行：宋时人。

②虔州：今江西赣州市。

③京：帝王都城，宋朝的京师在开封。

④贯：贯籍（在户籍簿上登记入册）。

【译文】

宋英宗时，虔州人李君行先生带子弟入京应考，到泗州停留止息。其子弟请先往京师。君行问为何要先往？对曰："科场临近，欲先到京师，冒籍京师户籍应考，易得科名。"君行不许先往，说："你是虔州人而冒贯开封户籍。应试以求事君，而先冒籍以欺君，可以吗？宁迟缓几年，不可行此欺君之事。"

善行23

崔玄暐母卢氏[1]，尝诫元暐曰："吾见姨兄屯田郎中辛玄驭曰[2]：'儿子从宦者，有人来云：贫乏不能存[3]，此是好消息。若闻赀货充足，衣马轻肥，此恶消息。'吾尝以为确论。比见亲表中仕宦者[4]，将钱物上其父母，父母但知喜悦，竟不问此物从何而来。必是禄俸余资，诚亦善事。如其非理所得[5]，此与盗贼何别？纵无大咎[6]，独不内愧于心[7]？"玄暐遵奉教诫，以清谨见称。

【注解】

①崔玄暐：唐博陵人（今山东茌平博陵镇），仕至宰相。

②姨兄：母亲的姐妹家儿子。屯田郎中：官名。

③贫必廉，故曰好消息；富必贪，故曰恶消息。

④比：近（近来）。亲：同姓亲族。表：外姓姑表亲戚。

⑤非理所得：如盗用官物，搜刮民财之类。

⑥咎：罪过。

⑦愧于心：言罪虽幸免，心实有愧。

【译文】

崔玄暐的母亲卢氏，曾教诫玄暐说："我见姨兄屯田郎中辛玄驭说过：'儿子从宦在外者，有人来说贫乏不能维持生活，这是个好消息，因为他是廉吏。若听得资财货物充足，衣轻马肥，这是个坏消息，儿子可能是个贪官。'我曾认为这是个正确的论断。近见亲族和姑表之间当官的人把银钱货物上交给父母，父母只知喜悦，终不问此钱物从何处得来，认为一定是禄俸节余的资财。是孩子能节约奉亲，真的是个好事。如是非法得来的，这和盗贼有什么区别？纵无大罪，独不内愧于心吗？"玄暐遵奉其母的教诫，以清廉谨慎见称于当时。

【评述】

崔玄暐能以清廉谨慎为官，位至宰相，其得于贤母之教者深矣，所谓有斯母必有其子。

善行24

刘器之待制初登科[1]，与二同年谒见张观参政[2]。三人同起身请

教，张曰："某自守官以来，常持四字：勤、谨、和、缓[③]。"中间一后生应声曰："勤、谨、和既闻命矣，缓之一字，某所未闻。"张正色作气曰："何尝教贤缓不及事，且道世间甚事不因忙后错了？"

【注解】

①刘器之：名安世，宋时元城人。待制、参政：皆官名。

②同年：同年中进士的。

③勤谨和缓：勤以从政，谨以持身、处事，和以待人，缓以断事。缓不是怠慢，是从容详慎，不鲁莽从事。

④未闻：没听懂。

⑤贤：长者称后生之词。

【译文】

刘器之待制始登进士时，和二位同年谒见张参政。三人同时起身求教。张说："观自从做官守职以来，常坚持勤、谨、和、缓四个字。"同年中一个应声说："勤、谨、和，已经领教了，缓之一字，某未听懂。"张参政正色大声说："何曾教贤缓怠于事，且说世间甚么事，不是因为急忙而做错了呢？"

善行25

伊川先生曰："安定之门人[①]，往往知稽古爱民矣[②]，则于为政也何有？[③]"

【注解】

①安定门人：安定胡先生的弟子，如刘彝、钱藻、孙觉、范纯仁、钱公辅等，都是

当时名声地位显赫的官员。

②稽古：考察古代事迹，以明辨道理是非、总结知识经验。爱民：爱护人民。

③何有：有什么。

【译文】

程伊川先生说："胡安定的门人往往晓得考察先古圣贤之道和爱护人民之法，他们对于为政、治民，有什么难处呢？"

【评述】

此见安定先生教育之善，而门下人品性、才能出众。

善行26

吕荥公自少官守处[①]，未尝干人举荐[②]。其子舜从[③]，守官会稽，人或讥其不求知者。舜从对曰："勤于职事，其他不敢不慎，乃所以求知也。"

【注解】

①官守：居官守职。

②干：求取。

③舜从：吕荥公第二子，名疑问，字舜从。

【译文】

吕荥公自少居官守职，未尝求人举荐。他的儿子舜从继承了父志，在会稽当官时，有人讥笑他不求人知荐，舜从回答说："职事不敢不勤，其他事不敢不慎，此虽不求知，而人必自知也。"

【评述】

荣公生平，未尝求人举荐，其子舜从守其法，亦不求人知荐。且为言如此，可谓善于理解“不患人之不己知，求为可知也。”之义。

自霍光至此，凡八章，实君臣之义

第二章　实明伦（下）

善行27

汉陈孝妇年十六而嫁[①]，未有子，其夫当行戍[②]，且行时属孝妇曰[③]：“我生死未可知，幸有老母，无他兄弟备养，吾不还，汝肯养吾母乎？”妇应曰：“诺。”夫果死不还，妇养姑不衰，慈爱愈固[④]。纺绩织纫以为家业[⑤]，终无嫁意。居丧三年，其父母哀其少无子而早寡也，将取嫁之。孝妇曰：“夫去时属妾以供养老母，妾既许诺之。夫养人老母而不能卒[⑥]，许人以诺而不能信，将何以立于世。”欲自杀，其父母惧而不敢嫁也。遂使养其姑，二十八年，姑八十余以天年终，尽卖其田宅财物以葬之，终奉祭祀。淮阳太守以闻[⑦]，使使者赐黄金四十斤，复之终身无所与[⑧]，号曰：孝妇。

【注解】

①汉陈孝妇：《烈女传》汉时陈之孝妇。

②戍：守边防。

③属：付讬，夫往从军，讬妻奉养母亲。

④慈爱愈固：姑慈妇爱更加深固。

⑤纺绩织纫：纺线，绩麻，织布，针织。

⑥卒：终。

⑦淮阳：今淮阳县，别名宛丘、陈州。

⑧复之终身无所与：谓除其家之劳役，终孝妇之身，无所干与。

【译文】

汉朝陈孝妇，十六岁出嫁，嫁后还未生子，她的丈夫应该去守边防，将行时，叮嘱孝妇说："我此去生死不可知，家里还有老母亲，又没有其他弟兄能够赡养，万一我不能生还，你愿意赡养我母亲吗？"孝妇回答说："愿意。"夫果然死于边关，未能回还。孝妇养姑勤谨，婆媳间慈爱更加牢固，全凭孝妇纺线、绩麻、织布、刺绣维持家业，终无改嫁的意思。居夫丧三年期满，她爹娘哀伤她没有孩子而过早的寡居，将接她到娘家改嫁。孝妇说："奴夫去时，嘱咐我供养老母，我既已许诺了，却养人老母而不终，许人以诺而不信，如此不孝不信，将凭什么活在人世？"欲自杀。她爹娘怕女儿自杀，不敢改嫁，让她继续赡养婆婆。二十八年后，婆婆活了八十多岁，以天年终。孝妇尽卖她家的田地、房屋及所有财物，以安葬婆婆，终身承奉祭祀。淮阳太守把孝妇的孝行禀报给汉朝皇帝，皇帝派遣使臣赐孝妇黄金四十斤，免除她终身的赋役，并尊称她为"孝妇"。

【评述】

养姑而奉侍、葬、祭能尽力，孝也。故当号曰孝妇。

善行28

汉包宣妻桓氏[①]，字少君。宣尝就少君父学，父奇其清苦[②]，故以女妻之。装送资贿甚盛，宣不悦，谓妻曰："少君生富骄，习美饰，而吾实贫贱，不敢当礼。"妻曰："大人以先生修德守约[③]，故使贱妾侍执巾栉。既奉承君子，惟命是从。"宣笑曰："能如此，是吾志也。"妻乃悉归侍御服饰[④]，更着短布裳，与宣共挽鹿车[⑤]，归乡里，拜姑礼毕，提瓮出汲。修行妇道，乡邦称之。

【注解】

①鲍宣：字子都。渤海高城（今河北盐山东南）人。西汉大夫，敢于上书直言。

②清苦：清谓淡泊，苦谓忧勤，学以清苦而成，行以清苦而立，士能如此，谓为奇士。

③大人：少君的父亲。约：俭约。

④侍御：婢仆。服饰：嫁妆。

⑤鹿车：鹿头小车。宣至哀帝时任谏议大夫，累上书极谏，帝以宣名儒，优容之。后拜司隶校尉。

【译文】

汉鲍宣妻桓氏，字少君。鲍宣师从少君之父学习，父赏识鲍宣清苦，把女儿嫁给鲍宣，嫁妆资贿很富盛。宣不喜悦，对妻说："少君生在富贵家中，习惯了美丽的服饰，而我实在贫贱，不敢当夫妇之礼。"妻说："大人因先生修德守约，故使贱妾侍执巾栉以侍奉君子，既与君子结为夫妇，惟君子之命是从。"宣笑着说："能这样，是我所愿望的。"妻乃尽归婢仆服饰于娘家，换穿短布裳，同宣共挽鹿车归乡里。拜姑礼毕，提瓮出户汲水，修行妇人事姑事夫之道，乡邦之人共同称誉她。

【评述】

少君天资既美，又受其父教育，一旦去其侍御服饰，而换着短布裳，这是他人做不到的，而又与夫共挽鹿车于道，更是人所难能。归于穷家，提瓮出汲，修行妇道，全是陌生的事物，而少君能安之，真可谓巾帼英贤。吾人为学一生不能尽去恶习，视少君之行，能不汗颜！

善行29

曹爽从弟文叔妻[①]，谯（qiáo）郡夏侯文宁之女[②]，名令女。文叔早死，服阕（què）[③]，自以年少无子而早寡也，恐家必嫁己，乃断发为信[④]。其后家果欲嫁己，令女闻，即复以刀截两耳，居止常依爽。及爽被诛，曹氏尽死，令女叔父上书，与曹氏绝婚，强迎令女归。时文宁为梁相[⑤]，怜其少执义，又曹氏无遗类[⑥]，冀其意沮，乃微使人风之[⑦]。令女叹且泣曰：吾亦惟之[⑧]，许之是也。家以为信，防之少懈。令女于是窃入寝室[⑨]，以刀断鼻，蒙被而卧。其母呼与语，不应，发被视之，血流满床席。举家警惶，往视之，莫不酸鼻。或谓之曰："人生在世，如轻尘栖弱草耳[⑩]，何辛苦乃尔[⑪]，且夫家夷灭已尽[⑫]，守此欲谁为哉[⑬]！"令女曰："闻仁者不以盛衰改节，义者不以存亡异心，曹氏前盛之时，尚欲保终，况今衰亡，何忍弃之。禽兽之行，吾岂为乎？"

【注解】

①曹爽：字伯昭，魏宗室。从弟：同祖之弟。

②谯郡：今安徽亳州市。夏侯：复姓。文宁：名。

③阕：终了。

④断发：剪断头发。令女夫死无子，恐家嫁己，断发截耳，依夫兄曹爽以居，及爽为司马懿所杀，夷其族，令女叔父强迎令女归父母之家。

⑤梁：国名，在今河南省商丘市。相：是国君的辅助人（辅相、丞相）。

⑥无遗类：被全部杀害。

⑦冀其意沮：希望令女守节之意因夫家被杀而沮丧。风：用委婉的言语劝说。

⑧惟：思考。

⑨窃：暗中。

⑩轻尘栖弱草：熊氏说："轻尘易散，弱草难依，适然栖泊，遇风即去"，言其生之易死。耳：语气词，表示肯定或罢了。

⑪乃尔：如此。

⑫夷：诛杀。

⑬守此：守节夫家。

【译文】

曹爽从弟曹文叔妻，是谯郡夏侯文宁的女儿，名叫令女。曹文叔早死，令女服丧三年毕，自思年少无子而寡居，恐怕家人嫁己于他人，于是自断其发以示不嫁。其后她家果真欲出嫁她，令女闻知，又用刀截去自己两耳。表示宁死不愿改嫁，常居住在曹爽家。及曹爽被司马懿所杀，曹爽全家尽被杀死，令女叔父上书和曹家断绝婚姻关系，强行迎接令女回娘家。当时令女之父文宁做梁相，哀怜其女年纪小守节义，曹家人又全部死了，冀望令女守义之意沮丧，使人用委婉的言语劝说。令女听后，叹息流泪说："我也这样想，同意就是了。"家人认为是实话，防守稍微松懈了些。令女乘机私入寝室，用刀断鼻蒙被而卧，她母呼她说话，不应声，揭开被一看，血流满床席。全家人听到惊哭声，莫不惊惶，往视之，莫不酸鼻流泪。或给令女说："人生在世间，好像微尘落在弱草上一样，为什么自取痛苦成这样呢？况且曹家已被全部诛灭了，守此欲为谁哉！"令女说："我听说仁人不因盛衰改变节操，义士不因存亡变心，曹氏前日正盛之时还想保节以终身，况今衰亡，怎忍弃绝。若果忍心弃绝，就是绝仁弃义，弃绝仁义，就成了禽兽行为，我是人，怎能做出禽兽的事呢？"

【评述】

绝仁弃义，禽兽之行也。魏晋之际，廉耻道丧，权奸弑父与君者、朝秦暮楚背君父而事仇贼者，比肩接迹。闻令女之言，观令女之行，宁不愧死乎？官风虽下，却有令女之懿行者，以维持人道于不坠。后司马懿闻而嘉之，同意让令女乞子养为曹氏后。

善行30

唐郑义宗妻卢氏[①]，略涉书史[②]，事舅姑，甚得妇道。尝夜有盗贼数十，持杖鼓噪逾垣而入[③]，家人悉奔窜[④]，唯有姑自在室。卢冒白刃[⑤]，往至姑侧，为贼捶击几死。贼去后，家人问何独不惧，卢氏曰：人所以异于禽兽者，以其有仁义也。邻里有急[⑥]，尚相赴救，况在于姑，而可委弃乎？若万一危祸[⑦]，岂宜独生[⑧]。

【注解】

①卢氏：唐贞观时，范阳卢彦衡之女。

②略涉书史：略微浮浅地了解书史。涉：涉水。

③杖：兵器。鼓噪：鼓舞呼噪。

④奔窜：奔走窜逃。

⑤冒：触犯。

⑥邻里：五家为邻，二十五家为里。

⑦危祸：（姑遭遇）危险祸殃。

⑧独生：自己独自活着。

【译文】

唐贞观时，郑义宗的妻子卢氏，略微浮浅地了解书史（略识孝悌大义），奉事公婆，能尽妇事公婆之道。曾有一夜，有数十强盗，手持刀杖，鼓力大噪，跳墙而入其家，家人都奔走逃窜，惟有老婆婆一人留在室内不能逃。卢氏冒着贼人的光亮白刃，跑到婆婆身边保护婆婆，被贼捶击几乎丧命，婆婆方得免祸。贼走了以后，家人回来问她为什么独不怕贼，卢氏说："人所以不同于禽兽者，因为人有仁义之德（仁则不忍弃其亲，义则不宜弃其亲）。邻里有难，还相赴难去救，况婆婆身临大难，岂可委弃不救乎？若万一遭受危险祸殃，怎么能独自活着？"

【评述】

卢氏之言，大义凛凛，足以动天地而泣鬼神，虽以略涉书史，斯其天性之善，可想而知。世有饱读诗书，身为重臣而不赴君父之难，违心事仇者亦有之。闻卢氏之言，能不愧乎？

善行31

唐奉天窦氏二女[①]，生长草野，幼有志操。永泰中群盗数千人[②]，剽掠其村落[③]。二女皆有容色，长者年十九，幼者年十六，匿岩穴间，曳出之[④]，驱迫以前[⑤]，临壑谷深数百尺。其姊先曰："吾宁就死，义不受辱。"即投崖下而死，盗方惊骇，其妹继之自投，折足破面流血，群盗舍之而去[⑥]。京兆尹第五琦嘉其贞烈，奏之[⑦]，诏旌表其门闾，永蠲（juān）其家丁役[⑧]。

【注解】

①奉天：县名，即今陕西乾县。

②永泰：唐代宗的年号。

③剽掠：抢劫攻夺。村落：村庄院落。

④匿：躲藏。曳：拖拉。

⑤前：向前走。

⑥舍之：舍其妹。

⑦京兆：西安府。尹：官名。第五：姓。琦：名。

⑧蠲：免除。丁役：按人丁服役。

【译文】

唐代宗时乾县窦家两个女儿，生长在草野农民的家中，自幼有志气操守。代宗永泰年间，一群盗贼约有几千人，抢劫她们的村落。两个女子都生的俊秀美貌，大的十九岁，小的十六岁，同藏匿在岩穴里面，被贼发现了，拖出岩穴，逼迫他们向前走，适临深沟，崖高几百尺。其姊先说："我宁就死，义不肯受侮辱。"

即投身崖下而死，贼正在惊骇之际，她妹妹跟着跳下崖去，跌折了足，跌破了脸，血流不止。群盗见其惨状，乃舍其妹而去。京兆尹第伍琦嘉赏她们贞烈，以其事奏闻于朝。代宗下诏旌表其门闾，永久免除她家的差役。立石村前，刻有“窦氏双英”四字。

自汉陈孝妇至此，凡五章，实夫妇之别

善行32

缪肜（róng）少孤[①]，兄弟四人皆同财业[②]，及各娶妻，诸妇遂求分异，又数有斗争之言[③]。肜深怀忿叹，乃掩户自挝（zhuā）曰[④]：缪肜：汝修身谨行，学圣人之法，将以齐整风俗，奈何不能正其家乎？弟及诸妇闻之，悉叩头谢罪[⑤]，遂更为敦睦之行[⑥]。

【注解】

①缪肜：字豫公，汉汝南人。幼而无父曰孤。

②同财业：同理家庭财业。

③斗争：争强斗狠。

④挝：以杖击身。

⑤叩头：以头击地。

⑥更：更改。敦：厚。睦：和。

【译文】

缪肜自幼无父而孤，弟兄四个亲爱相聚，乐叙天伦，同理财业。及各娶妻，诸妇不和，遂求分房另居，又多次有斗争噪闹言语。肜深怀忿恨愧叹之情，乃闭户以杖自打自责说：“缪肜啊，你修身谨行，学习圣人礼法，将用以齐整天下风俗，却怎么不能齐正你的家庭呢?”弟及诸妇听到长兄自打自责之声，良心感发，自悔平日所为，致兄自挞如此，急叩头谢罪，遂改为敦厚和睦之行。

【评述】

周子说：“家难而天下易，家亲而天下疏也。”亲则只能感以德，疏则可以齐以刑。呜呼！彤之德，固足以感动其家人，而弟及诸妇，亦可谓善于改过者。忿争多日，一旦闻兄自挞，而良心拼发，叩头谢罪，改为敦睦之行而不复争，可不谓改过不吝者乎?

善行33

苏琼除南清河太守[①]，有百姓乙普明兄弟争田，积年不断[②]，各相援据[③]，乃至百人。琼召普明兄弟谕之曰[④]：“天下难得者兄弟，易求者田地。假令得田地失兄弟心，如何[⑤]?”因而下泪，诸证人莫不洒泣，普明兄弟叩头乞外更思，分异十年，遂还同住。

【注解】

①苏琼：字珍之，北朝高齐长乐郡人。除：升任。南清河：郡名（今河北省清河西北）。

②断：判决。

③援据：求助他人为己作证。

④谕：以理晓喻。

⑤如何：怎么样（问之以发动其良心）?

【译文】

苏琼升为南清河太守时，有百姓乙普明兄弟争田，多年不能判决，各自求助百人为自己作证。苏琼召乙普明兄弟到庭，以义晓喻说：“天下最难得者不是田地而是兄弟，而易求者是田地，假使得到田地失了兄弟和睦，你们心中觉得怎么样？”因而流下泪水，诸证人见太守声泪俱下莫不洒泣，普明兄弟叩头，乞求到庭外再考虑，已分居十年之家遂还到一家同住。

【评述】

人性本善，一为私欲所蔽，则本性即昏。一旦有所感发，则本性复见。所谓本心之明，则有未息者，故学者当因其所发而遂明之，以复其初也。普明兄弟为得田产，而不念手足之情，已十年矣。一旦感于苏琼之言，遂不复争讼而还同住，足为性善之证，而荀子性恶之说，难道不是邪说吗？陈选说：“太守下泪，而诸证人洒泣，普明兄弟悔过，可以见人心之天矣！”

善行34

王祥弟览[①]，母朱氏遇祥无道，览年数岁，见祥被楚打[②]，辄涕泣抱持。至于成童[③]，每谏其母，其母少止凶虐[④]。朱每以非礼使祥，览与祥俱。又虐使祥妻，览妻亦趋而共之。朱患之，乃止。

【注解】

①王览：（206～278年），字玄通，琅琊临沂（今山东临沂）人。二十四孝之一，“书圣”王羲之的五世祖。在西晋官至光禄大夫。王祥：孝奉继母见前。

②楚打：谓打之痛楚。

③成童：十五岁。

④凶虐：凶暴地虐待。

【译文】

王祥弟王览的生母朱氏，待王祥无慈爱之道。览年幼时，见祥被他妈毒打，常啼哭抱持谏止。到了十五六岁时，经常谏母亲不要虐待王祥，其母听了王览的苦谏，稍微停止了凶恨的虐待。朱氏多次以非礼的事使祥去做，览常和祥一同去，又虐使祥妻，览妻也跟嫂子共同去做。朱氏怕伤及览与览妻，乃停止虐待王祥夫妇。

【评述】

陈选说："王览幼时，见兄被楚打，常抱持泣谏，其友爱出于天性然矣。至于祥妻受虐，览妻亦趋共之，非得于观感之深者，岂能然乎？由是其母遂止凶虐，一门之内母慈子孝，兄弟相爱，娣姒相亲，为何如哉！其后祥居三公之位，览至光禄卿，迨其孙王导遂相元帝，立国江左之后，子孙衣冠蝉联不替。吁！非孝友之笃至，讵能致此哉！"予谓《易》曰："积善之家，必有余庆。"于王氏子孙，足以证其必然矣！

善行35

晋右仆射邓攸[①]，永嘉末[②]，没于石勒[③]。过泗水，攸以牛马负妻子而逃，又遇贼掠其牛马，步走担其儿，及其弟子绥（suí）[⑤]。

度不能两全，乃谓其妻曰：“吾弟早亡，惟有一息④，理不可绝，止应自弃我儿耳。幸尔得存，我后当有子。”妻泣而从之。乃弃其子而去之，卒以无嗣。时人义而哀之，为之语曰：“天道无知，使邓伯道无儿！”弟子绥服攸丧三年。

【注解】

①右仆射：官名，位仅次尚书令。攸：字伯道，平阳人。

②永嘉：西晋晋怀帝司马炽的一个年号。

③石勒：字世龙，匈奴人，僭据自立为后赵。没：陷没。

④息：子女。

⑤弟子绥：弟的儿子绥。

【译文】

晋右仆射邓攸，晋怀帝永嘉末年，京师为石勒攻陷，其前锋已过泗水，攸用牛马驮着妻子逃难。途中遇贼掠去他的牛马，徒步行走，担着儿子和弟之子绥。自度子侄不能两全，势不得已，就对他妻说：“吾弟死的早，只留下这一个孩子，于理不可绝其嗣。今势难两全之际，必须舍其一子，只应自弃我儿，幸而得以存活，我后当有子”（夫妻同在可以生子）。妻痛哭着听从了夫言，遂抛弃亲生子而逃去，其妻因悲伤而不育，终无子嗣。当时人感服邓攸弃子存侄之义，哀叹地说：“天道无知，竟使邓伯道无儿！”邓攸去世，侄子邓绥为攸服丧三年。

【评述】

邓攸遭乱，自度其力不能两全，因弃己子以保全亡弟之子，观其告妻之言，可见用心良善。弟子绥奉养以终，服丧三年，无异己子。邓攸膝下虽无亲生子，兄弟之子，等同于自己的孩子，谁能说邓伯道没儿呢？熊氏说：“既不能两全，则宁弃己之儿，毋绝亡弟之后，卒以无子，命也。君子殉义以安命，存亡绝续皆天也。人事所当为者为之而已尔。”

善行36

晋咸宁中大疫①，庾衮二兄俱亡②，次兄毗复危殆③。疠气方炽④，父母诸弟皆出次于外⑤，衮独留不去。诸父兄强之，乃曰：“衮性不畏病。”遂亲自扶持，昼夜不眠，其间复抚柩哀临不辍⑥，如此十有余旬。疫势既歇，家人乃反，毗病得差⑦，衮亦无恙。父老咸曰⑨：“异哉⑩，此子守人所不能守，行人所不能行，岁寒然后知松柏之后凋⑪，始知疫疠之不能相染也。”

【注解】

①咸宁：晋武帝司马炎年号。疫疠：皆瘟疾。

②衮：字叔褒，鄢陵人。

③危殆：病危急。

④炽：盛。

⑤次：宿处。

⑥间：空隙。临：临丧号哭。辍：止。

⑦差：愈。

⑧恙：疾病。

⑨父老：本乡高年者。

⑩异哉：称其所守所行异于众人。

⑪后凋：后于众木而凋零。

【译文】

西晋武帝咸宁年间，瘟疫大流行，庾衮的两个哥哥病死了，次兄庾毗又病势危急。当时疠气正盛，父母诸弟皆逃出寄宿外地。衮不忍弃兄而去，诸父兄强迫衮出避。衮说："衮生性不怕病。"遂独自留在家中，扶持病危的次兄，昼夜侍疾不眠，这中间又抚着两位亡兄的灵柩痛哭不止。就这样熬过一百多天，疫病流行的情势已经停止，他的家人才返回家中，庾毗病也好了，庾衮也安然无恙。乡里老人称赞说："奇异啊！这个孩子能够坚守他人不能坚守的节操，做他人所不敢做的事，岁寒然后知松柏后凋，到生死关头，才显出此子特奇，才知道疫疠不能传染给正气足以胜疫气的人。"

善行37

杨播家世纯厚[①]，并敦义让，昆季相事有如父子[②]。椿、津恭谦[③]，兄弟旦则聚于厅堂，终日相对，未尝入内，有一美味，不集不食。厅堂间往往帷幔隔障，为寝息之所，时就休偃[④]，还共谈笑。椿年老，曾他处醉归，津扶持还室，假寝阁前[⑤]，承候安否？椿、津年过六十，并登台鼎[⑥]，而津常旦暮参问，子侄罗列阶下，椿不命坐，津不敢坐。椿每近出，或日斜不至，津不先饭，椿还然后共食。食则津亲授匙箸，味皆先尝，椿命食然后食。津为肆州，椿在京宅[⑦]，每有四时佳味[⑧]，辄因使次附之。若或未寄，不先入口。一家之内，男女百口，缌服同爨（cuàn）[⑨]，庭无间言。

【注解】

①播：字延庆，北魏华阴人。

②昆季：兄弟。

③椿：字延寿。津：字罗汉。

④休：休息。偃：偃卧。

⑤假寝：不脱衣冠，坐而寐。

⑥台鼎：三公之称，如星有三台，鼎有三足，椿为司徒，津为司空，故曰并登台鼎。《书经·周官》以太师、太傅、太保为三公。秦不师古，以丞相、太尉、御史大夫为三公。汉改丞相为司徒，太尉为大司马，御史大夫为司空。

⑦京宅：建在京城的宅第。

⑧嘉味：美味食物。

⑨缌服：丧服名。五服中最轻者，孝服用细麻布制成，服期三月。同爨：同锅吃饭。爨：灶。

⑩庭无间言：家庭没有隔阂的言语。

【译文】

北魏杨播家世世纯厚，并敦重义让，兄弟相事奉之礼，同父子一样。椿、津恭敬谦和，兄弟们早晚聚居厅堂，终日相对语，不入内室去。有一美味食物，兄弟不聚齐不食。厅堂中用帷幔隔障，作为寝卧休息的地方，或困倦休息，或说说笑笑。椿年老，曾在他处饮醉回家，杨津扶椿入寝室，自己在阁前打盹，奉侍问候安否，不忍离去。椿、津年过六十后一并登上三公之位，而津经常早晚参拜问候。众子侄罗列在堂阶下，椿不命坐，津不敢坐。椿每次出往近处，或到太阳偏西还不回来，津等候不先吃饭，椿还家然后共食，食时津亲手授汤匙筷子，每味菜先尝可口，然后请兄食，椿命他食然后食。后津历任肆州刺史，椿在京城老家，每有四时美味食物，常使人寄给兄，未寄给兄的美味，津不先入口。家中男女上百口，五服内同灶吃饭，而家庭无有隔阂的言语。

善行38

隋吏部尚书牛弘弟弼[1]，好酒而酗（xù）[2]。尝醉射杀宏驾车牛。弘还宅，其妻迎谓弘曰："叔射杀牛。"弘闻无所怪问，直答曰[3]："作脯。"坐定，其妻又曰："叔射杀牛，大是异事。"弘曰："已知。"颜色自若，读书不辍[4]。

【注解】

①牛弘（545～610年），字里仁，安定鹑觚（今甘肃省灵台县）人。隋朝大臣，袭封临泾公。少好学，博览群书。弼：弟名。

②酗：沉迷于酒，醉而昏狂。

③直：坦率。

④辍：停止。

【译文】

隋朝吏部尚书牛弘之弟牛弼，好饮酒而酗狂，曾于醉时射死弘的驾车牛。弘回家，他妻迎面就说："叔射死车牛。"弘听后没有惊怪详问，直率地回答说："作肉吃。"坐定，他妻又说："叔射杀牛，是大怪事。"弘说："已经知道了。"容色平和，读书不停。

【评述】

此记牛弘轻财物而重手足情的故事。牛是弼醉后射杀，其嫂不以实告，以怒弘。见弘不怒，又以“是大怪事”激之，而弘仍容色平和。宰相之量，友爱之心，自不与凡人同。史称牛弘“宽厚恭俭，学术精博。隋室旧臣，始终信任，悔吝不及者，一人而已。”据此则知乍闻妻言，无所怪问者，由于学术精博，而平日涵养之功深厚。

善行39

唐英公李勣贵为仆（pú）射（yè）①，其姊病必亲为燃火煮粥，火焚其须，姊曰：“仆妾多矣，何为自苦若此。”勣曰：“岂为无人耶？顾今姊年老勣亦老②，虽欲数为姊煮粥，复可得乎？”

【注解】

①李勣（594～669年），原名徐世勣，字懋功。唐高祖李渊赐其姓李，后避唐太宗李世民讳改名为李勣，曹州离狐（今山东菏泽东明县东南）人，唐初名将。

②顾：犹念。

【译文】

大唐英国公李勣，贵为宰相之职，他姐姐有病，必亲自熬米粥。火燎了他的胡须，姊说：“有仆妾侍候，为什么自苦到如此地步？”勣说：“不是没人，顾念而今姐姐老了，勣也老了，虽想多次给姊熬米饭何可得乎？”

【评述】

英公李勣贵为宰相，亲自给姐姐煮粥，其友爱之情至矣。人知英公之功业显赫，而不知由于德行敦厚有以致之，观其友爱之情，可以知其为人矣。

善行 40

司马温公与其兄伯康友爱尤笃[①]。伯康年将八十[②]，公奉之如严父，保之如婴儿，每食少顷[③]，则问曰："得无饥乎？"天少冷，则拊其背曰："衣得无薄乎？"

【注解】

①司马光（1019～1086 年），字君实，号迂叟，陕州夏县（今山西夏县）涑水人，世称涑水先生，北宋史学家、文学家。历仕仁宗、英宗、神宗、哲宗四朝，卒赠太师、温国公，谥文正。为人温良谦恭、刚正不阿；做事用功、刻苦、勤奋。以"日力不足，继之以夜"自诩，其人格堪称儒学教化下的典范，历来受人景仰。主要著作有史学巨著《资治通鉴》及《温国文正司马公文集》《稽古录》《涑水记闻》《潜虚》等。

②伯康：名旦。

③少顷：一会儿。

【译文】

司马温公和他哥哥伯康，友爱尤为笃厚。伯康年近八十岁，温公奉事他像奉事严父一样，保护他像保护婴儿一样，饭后不多时就问说："得不饥乎？"天气稍微冷就抚伯康之背说："衣得不薄吗？"

【评述】

吴氏曰："奉之如严父，敬之至也，保之如婴儿，爱之至也。

老人肠胃弱，易饱易饥。气体虚，易寒易热。故公抚问之勤如此。”予谓公之于其兄，爱敬兼至，故时时关注不忘于怀。今之人，竟有不顾父母之养者，岂无童年之爱于其父母乎？何其忘恩负义之甚也？若执政者教育宣化，执法者有所惩戒，而评论者口诛笔伐，则不孝不弟者必有悔改。

善行41

近世故家①，惟晁氏②，因以道申戒子弟③，皆有法度。群居相呼外姓尊长，必曰某姓第几叔若兄④，诸姑、尊姑之夫，必曰：某姓姑夫，某姓尊姑夫，未尝敢呼字也。其言父党交游，必曰：某姓几丈，亦未尝敢呼字也。当时故家旧族，皆不能若是。

【注解】

①故家：旧家。

②惟：独。

③以道：晁说（yue）之，字以道，号景迂，宋代制墨名家，经学家，富有创作实绩的作家、画家，澶州（濮阳县）人。

④若：及。

⑤诸姑：父的姊妹。尊姑：祖父的姊妹。

⑥父党：父辈。

【译文】

近世旧家，惟独晁姓家，因晁以道反复教戒子弟，子弟皆有礼法规度。群居相称呼时，对外姓尊长，必呼某姓第几叔（如张姓的老三，就呼张三叔）、某姓第几兄，诸姑之夫、尊姑之夫，必呼某姓姑夫、某姓尊姑夫，不敢呼他的名字。对父亲的朋友，必称某姓几丈，亦不敢呼他的字。当时故家旧族都不能像晁家这样谦厚。

自缪彤至此，凡十章，实长幼有序

善行42

包孝肃公尹京时①，民有自言“以白金百两寄我者死矣，予其子不肯受，愿召其子与之。”尹召其子，辞曰：“亡父未尝以白金委人也。”两人相让久之。

【注解】

①包公：姓包名拯，字希仁，宋卢州人。孝肃：谥。尹京：为京兆尹，如现在北京市市长之职。

②让：责备。

【译文】

包孝肃公做京兆尹时，民有亲自（入开封府）说：“以白金百两寄我保存的人死了，我交给他儿子，他儿子不接收，请府尹召他儿子，把金还给。”尹召其子谕以还金事，其子推辞说：“亡父未曾把白金委托他人保存。”两人相互推让很久（才判决了）。

【评述】

陈选说：“银百两，中人一家的家产，一个认为受其父寄，当还其子，一个却说他父未曾把白金托人保存，而不肯受，这是各尽各的心。闻此风者，廉让之心，当油然而生。呜呼！斯二人者，非唐虞三代比屋可封的人吗？可惜啊！史失其名，不得表白于后世也。”

吕荣公闻之曰[①]：“世人喜言无好人三字，可谓自贼者矣[②]。古人言[③]：‘人皆可以为尧舜。’盖观于此而知之[④]。”

【注解】

①吕荣公：见立教篇。

②贼：害。

③古人：谓孟子。人性本善，故皆可以为尧舜。

④盖：疑辞，谦退不敢质言。此：指让金事。

【译文】

吕荣公听到此案说：“世上人爱说无好人三个字，可说是自己贼害了自己。孟子说：‘人都可以做尧舜。’观看让金一案而知此言是真的。”

【评述】

人性本善，只为物欲蔽昏了性，才丧其本性，而不知为善。此二人者，不以白金百两蔽其心之明，故相与让金，用此心以应事接物，则服尧之服，诵尧之言，行尧之行，是尧而已矣，故可以为尧舜也。若为物欲蔽其心之明，则只知白金之贵而不能让金，其不至昧心者几希矣。

此一章，实朋友之交

善行43

万石（dan）君石（shí）奋归老于家[①]，过宫门阙（quē），必下车趋，见路马必轼焉[②]。子孙为小吏，来归谒（yè）[③]，万石（dan）君必朝服见之，不名。子孙有过失不谯让[④]，为便坐[⑤]，对案不食[⑥]。然后诸子相责，因长老肉袒固谢罪[⑦]，改之乃许[⑧]。子孙胜冠者在侧[⑨]，虽燕必冠[⑩]，申申如也[⑪]。僮仆欣欣如也[⑫]，唯谨[⑬]。上时赐食于家，必稽（jī）首俯伏而食[⑭]，如在上前。其执丧[⑮]，哀戚甚，子孙遵教亦如之。万石君家以孝谨闻乎郡国，虽齐鲁诸儒质行，皆自以为不及也。长子建为郎中令，少子庆为内史[⑯]。建老白首，万石君尚无恙[⑰]，每五日洗沐归谒[⑱]，亲入子舍[⑲]，窃问侍者，取亲中裙厕腧（yú）[⑳]，身自浣涤，复与侍者，不敢令万石君知之[㉑]，以为常。内史庆醉归，入外门不下车，万石君闻之不食。庆恐，肉袒谢罪，不许。举宗及兄建肉袒，万石君让曰："内史贵人入闾里，里中长老皆走匿，而内史坐车中自如，固当[㉓]。"乃谢罢庆[㉔]，庆及诸子入里门，趋至家。

【注解】

①万石君：姓石名奋，西汉大臣。字天威，河内温（今河南温县西南）人。与四子皆官至二千石，故号万石君。归老：致仕回家养老。

②路马：为君主驾车的马。因君主之车名路车。

③谒：拜见。

④诮让：责问。

⑤便坐：谓坐于便室。

⑥对案不食：饭羹在案而不食，自责没教育好子孙，以致子孙失道。

⑦长老：家族中年高者。肉袒：袒衣露肉（请责打以示服罪）。固：再三。

⑧许：谓许其改过。

⑨胜冠：成年男子（男子二十岁加冠）。

⑩燕：平常（平常居处）。

⑪申申：舒展的样子。

⑫欣欣：和悦欣喜貌。

⑬唯谨：谨慎不放纵。

⑭稽首：以首叩地。

⑮执丧：操持丧事。

⑯郎中令、内史：皆官名（庆至武帝元鼎中为丞相，封牧丘侯）。

⑰恙：疾病。

⑱每五日洗沐：汉法，在官五日，休假一日，洗身沐首在家奉侍父母。

⑲子舍：偏室。

⑳中裙：近身下裳。厕腧：便器。

㉑不使亲知：尽子职而又欲亲心安宁。

㉒外门：里巷门。

㉓固当：反辞以责之。

㉔谢罢庆：许庆谢罪而释之。

【译文】

汉朝石奋，人称万石君，年老致仕归家，每过宫阙，必下车快速步行而过，见路马必轼以示敬。子孙当小官来拜见，万石君必服朝服而见，不呼其名。子孙有了过错，不讥消谴责，坐于便室，饭羹在案而不食，自责教子无法，然后诸子相互谴责，而有过者请长老说情，自己袒衣露肉再三谢罪，方许其不重犯此过。平常与成年子孙在一处，他一定是衣帽齐整，身态舒展，容貌欣喜和悦，谨慎无稍放纵。皇上有时赐食于家，必稽首拜谢后俯伏而食，如在皇上面前。他操持丧事极尽哀戚。子孙遵他的教导，也和他一样。万石君家以孝敬谨慎名闻于郡国，虽齐鲁圣人之邦诸儒的才质和德行，都自认为不及万石君家。他的长子石建任郎中令，少子石庆任内史。石建老得头都白了，万石君健泰无疾。建每五日归家拜谒时，亲自入偏房，叫侍候的人取父亲衣服和便溺器，亲自洗涤净，不敢让万石君知道是他洗的，这是他经常要做的事。内史庆醉酒归家，入里门没下车，万石君知道了，对案不食以自责。石庆恐惧，肉袒谢罪不许，石氏阖族及长兄都肉袒为请，万石君责斥说："内史贵人进了闾里，里中长老皆奔走藏起来，而内史坐车中固然是应当的。"乃释庆罪。此后庆及诸子刚到里门，就下车步行到家。

善行44

疏广为太子太傅[①]，上疏乞骸骨[②]，加赐黄金二十斤，太子赠五十金。归乡里，日令家供具，设酒食，请族人、故旧、宾客，相与娱乐[③]。数问其家金余尚有几斤，趣卖以共具[④]。居岁余，广子孙窃谓其昆弟、老人、广所信爱者曰："子孙冀及君时[⑤]，颇立产业基址，今日饮食费且尽，宜从丈人所劝说君置田宅[⑤]。"老人即以闲暇时为广言此计，广曰："吾岂老悖不念子孙哉[⑥]！顾自有旧田庐，令子孙勤力其中，足以供衣食与凡人齐。今复增益之，

以为嬴余[7]，但教子孙怠惰耳。贤而多财，则损其志；愚而多财，则益其过；且夫富者众之怨也。吾既无以教化子孙，不欲益其过而生怨。又此金者圣主所以惠老臣也，故乐与乡党宗族共享其赐以尽吾余日，不亦可乎？”

【注解】

①疏广：字仲翁，汉兰陵人，西汉名臣。太傅：官名，三公之一。太子：宣帝之子名奭，是为元帝。

②上疏乞骸骨：犹今之告老退休。

③娱：欢乐。

④趣：督促。共：与“供”同，言促卖余金以供酒食之具。

⑤冀：期望。及君时：趁着您在世之日。君：指广。

⑤丈人：即广所爱信的高年兄弟。说：说动别人，使他听从自己的意见。

⑥老悖：年老而昏悖。

⑦嬴：余。

⑧益：增加。

【译文】

汉疏广做宣帝太子的太傅，因衰老上疏乞归家乡，死后葬骸骨于乡土。宣帝于禄俸外，加赐黄金二十斤，太子赠五十斤（金）。归乡里后，每天令家中供食具，设酒馔，请族人及故旧宾客，相与娱乐饮酒。多次问家中金还有几斤，督促卖金以供具馔之费。如此居家一年多，疏广子孙私语其昆弟老人及广所信爱的人说：“子孙希望趁着君在世之日，为家中多置田产基业，今日饮食耗费将尽，请以购置田宅说君，应能听从丈人所劝吧。”老人就在闲谈时，给广说这个计划，广说："吾难道是老糊涂了，不念子孙吗？我家现有旧田地房屋，使子孙勤劳耕营，足以供给衣食和一般人一样生活，今又增置田宅，成为富余，只能使子孙怠惰起来。子孙贤而多财，则损其进取之志，愚而多财，则增加骄横之过。况且富裕是群众所怨恨的。吾既然无德教化子孙，也不欲增益子孙过失而生怨恨。况且这些黄金是圣主用来惠养老臣的资金，所以乐意和乡党宗族共享圣主之施，以尽余年，不是可以的吗？"

善行 45

庞公未尝入城府[①]，夫妻相敬如宾。刘表候之[②]，庞公释耕于垄上[③]，而妻子耘于前。表指而问曰："先生苦居畎亩而不肯官禄[④]，后世何以遗（wèi）子孙乎[⑤]？"庞公曰："世人皆遗（wèi）之以危，今独遗之以安。虽所遗不同，未为无所遗也。"表叹息而去。

【注解】

①庞公：东汉庞德公（诸葛亮的老师）。襄阳人，躬耕于襄阳岘山之南，曾拒绝刘表的礼请，隐居鹿门山而终。后成为隐士的典故。

②刘表：汉宗室，时为荆州刺史。候之：访问他。

③释：犹放下（停止）。垄：界垄，田界高处。

④畎：田间水沟。

⑤遗：给予。

【译文】

庞德公隐居襄阳，未曾进过城到过官府，夫妻相敬，像礼敬宾客一样。刘表访问他时，庞公暂停耕作，他的妻子仍在前面锄地。刘表指着他们劳动的情景问庞公说："先生辛苦地居在畎亩，而不肯居官享禄，将来去世时拿什么给予子孙呢?"庞公说："世人都把危险留给子孙，今独留给子孙以安乐，虽所留不一样，不能说没有所遗留。"表闻其言，自知富贵不能改变庞公之意，叹息着走了。

【评述】

富贵者易危，勤劳者易安，理势然也。其后曹操破荆州，刘琮降操亡其贵富，而不能有其身家，其危可知。

善行46

陶渊明为彭泽令[①]，不以家累自随[②]，送一力给（jǐ）其子[③]，书曰：汝旦夕之费，自给为难[④]，今遣此力，助汝薪水之劳，此亦人子也，可善遇之[⑤]。

【注解】

①陶渊明：字元亮，又名潜，世称靖节先生，浔阳柴桑（今江西省九江市）人。东晋末期南朝宋初期诗人、辞赋家。曾做过几年小官，后辞官回家，从此隐居，田园生活是陶渊明诗的主要题材，相关作品有《饮酒》《归园田居》《桃花源记》《五柳先生传》《归去来兮辞》等。彭泽：县名，在江西省北部。令：县令（县长）。

②家累：谓妻、子。

③力：苦力（即仆人）。

④给：供应。

⑤遇：对待。

【译文】

陶渊明做彭泽县令时，不把家中人带到官府，送一力工给他儿子，信上说："你早晚的费用，自给艰难，如今派遣这个力工，助你打柴挑水。这也是人的儿子，你可要好心地对待他。"

善行 47

崔孝芬兄弟①，孝义慈厚。弟孝暐（wěi）等，奉孝芬尽恭顺之礼，坐食进退，孝芬不命则不敢也。鸡鸣而起，且温颜色。一钱尺帛，不入私房。吉凶有须，聚对分给。诸妇亦相亲爱，有无共之。

孝芬叔振既亡后，孝芬等承奉叔母李氏，若事所生。旦夕温清②，出入启觐，家事巨细一以咨决。每兄弟出行有获，则尺寸以上，皆入李之库。四时分赉（lài），李氏自裁之，如此二十余岁。

【注解】

①崔孝芬：字恭梓，北魏博陵人。

②温清：冬天使父母温暖，夏天使父母凉爽。

③启：谓出外必告知。觐：谓反回必面见。

④获：有所得。

⑤赉：赏赐。

【译文】

崔孝芬兄弟，德行孝义、慈厚。其弟孝暐等，敬奉孝芬，极尽恭顺之礼；坐食进退，孝芬不命之坐不敢坐，不命之食不敢食，不命之进不敢进，不命之退不敢退。每日鸡鸣而起，温和其容色，问候安否。一个钱一尺帛，不带入私房。吉凶有所须用，家人会聚当面分给。诸妇化之，也相亲相爱，有则共有无则共无。

孝芬叔父崔振死亡后，孝芬兄弟承奉叔母李氏，像事亲生母亲一样，冬温夏清，出外必告知，反回必面见。家中大小事，一切咨问叔母裁决。兄弟出外所得钱物，一尺半寸皆上交李氏库藏，四时分赐，皆由李氏一人裁决，像这样二十多年。

善行48

王凝常居①，憟如也②，子孙非公服不见，闺门之内若朝廷焉。御家以四教③，勤俭恭恕④；正家以四礼⑤，冠昏丧祭。圣人之书及公服礼器不假⑥，垣屋什物必坚朴，曰："毋苟费也。"门巷果木必方列，曰："毋苟乱也。"

【注解】

①王凝，字叔恬，隋、唐之间绛州龙门（今山西河津）人。王通弟，史学家，隋著作郎，撰《隋书》未成而卒。

②憟：严谨貌。

③御：治理。

④勤俭恭恕：勤以事事，俭以制用，恭以处己，恕以待人。

⑤四礼：说见《嘉言》。

⑥假：借。不假：阮氏曰"皆自足也。"

【译文】

王凝平常居家，憟然严谨，虽子孙不服公服不见，闺门之内像朝廷一样严谨。治家用四教："曰勤、曰俭、曰恭、曰恕。"正家用四礼：“冠礼、婚礼、丧礼、祭礼。”圣人之书及公服礼器不借于人，亦不借给人。垣墙房屋什物必求坚牢朴素，说：“不要苟且耗费财物。”门巷果木必方列，说：“不要草率散乱。”

【评述】

营筑垣屋、造设什物必求浑坚朴素。经划门巷、种植果木，必方整成列，因其人恭俭正直，每事不草率如此。

善行 49

张公艺九世同居①，北齐隋唐②，皆旌表其门。麟德中③，高宗封泰山④，幸其宅⑤，召见公艺，问其所以能睦族之道。公艺请纸笔以对。乃书忍字百余以进⑥，其意以为宗族所以不协⑦，由尊长衣食或有不均，卑幼礼节或有不备，更相责望⑧，遂为乖争⑨。苟能相与忍之，则家道雍睦矣⑩。

【注解】

①张公艺，郓州寿张（今台前县孙口乡桥北张）人，生于公元 578 年（北齐承光二年），卒于公元 676 年（唐仪凤元年），历北齐、北周、隋、唐四代，寿九十九岁。

②北齐：北朝高齐。

③麟德：唐高宗年号。

④封：封土为坛以祭天（班固说：“升封者，增高也”）。泰山：在今山东省泰安市，即东岳岱宗。

⑤幸：天子所至曰幸。

⑥忍：耐，抑制。

⑦协：和睦；融洽。

⑧责望：责怪抱怨。

⑨乖：违背，不和谐。

⑩雍：和谐。

【译文】

张公艺家九代同居，北齐、隋、唐三朝都曾旌表他家门闾，唐高宗麟德年间，高宗封祭东岳泰山，幸入他家，召见公艺，问他所以能和睦家族的方法。公艺请以纸笔对，于是书写忍字一百多个进给高宗。其意以为宗族所以不和睦，由于尊长分给卑幼的衣食或有不均平，卑幼对尊长的礼节或有不到之处，相互责怪抱怨，遂发展为乖违争噪而不能和谐。如果能够相与忍耐谦让，家道就能亲睦和谐。

善行50

韩文公作董生行曰[①]："淮水出桐柏山[②]，东驰遥遥，千里不能休。淝水出其侧[③]，不能千里，百里入淮流。寿州属县有安丰[④]，唐贞元年时[⑤]，县人董生召南[⑥]，隐居行义于其中，刺史不能荐，天子不闻名声，爵禄不及门。门外惟有吏，日来征租更索钱。

嗟哉董生[⑦]！朝出耕，夜归读古人书，尽日不得息。或山而樵，或水而渔；入厨具甘旨，上堂问起居，父母不戚戚[⑧]，妻子不咨咨[⑨]。

嗟哉董生！孝且慈，人不识，惟有天翁知[⑩]，生祥下瑞无休期。家有狗乳出求食[⑪]，鸡来哺其儿，啄啄庭中拾虫蚁，哺之不食

鸣声悲，彷徨踯（zhí）躅（zhú）久不去[12]，以翼来覆待狗归。

嗟哉董生！谁将与俦（chóu）[13]？时之人，夫妻相虐，兄弟为仇，食君之禄，而令父母愁，亦独何心。嗟哉董生！无与俦。”

【注解】

①韩文公：名愈（768～824年），字退之，唐代文学家、思想家、政治家，河南河阳（今河南焦作孟州市）人，世称韩昌黎，唐宋八大家之首，有“文起八代之衰，而道济天下之溺，忠犯人主之怒，而勇夺三军之帅”的美誉。唐宪宗时曾任国子博士、史馆修撰、中书舍人等职。穆宗时历任国子祭酒、兵部侍郎、吏部侍郎、京兆尹兼御史大夫。行：乐府和古诗的一种体裁。

②桐柏山：位于中国河南省、湖北省边境地区。

③淝水：在安徽合肥市。

④安丰：县名。

⑤贞元：唐德宗第三个年号。

⑥董生：董召南。

⑦嗟哉：感叹词。

⑧戚戚：忧愁。

⑨咨咨：叹息声。

⑩天翁：犹言老天。

⑪乳：在哺乳期。

⑫踯躅：徘徊不进。

⑬俦：相比。朱子曰：“上句谁将与俦，疑而问之辞也，下句无与俦，答而决之之辞也。”

【译文】

韩文公作董生行，其诗说：“淮河源于桐柏山，东流到遥远的千里之外不停止，淝水出淮水的侧面，不能远流千里，仅流百里就流入淮河（比喻水流有短长，人生吉凶祸福也不能一样）。寿州安丰县的董召南，隐居行义在这个县里，当地刺史不能推荐于天子，天子没听到他的名声，官爵俸禄不到他的门庭，门外只有县吏天天来征收地租和差役钱。

可叹啊！董生，早晨出去耕田，夜晚回来读古人书，终日不得休息。或上山打柴，或临水捕鱼，入厨房烹调美味饭菜，上堂问父母起居何如。父母安其孝而无忧，妻子乐其慈而无怨，他的孝慈品行就这样好。

可叹啊！董生，既孝且慈，众人所不能识，只有老天知道他的美德，给他家无休止的生祥降瑞，他家的狗生下小狗在喂乳期，出外求食不见回来，鸡听得狗娃啼叫不止，来替狗给小狗哺食，啄啄院中虫蚁哺给小狗而狗不食，鸡发出哀鸣而悲伤，彷徨徘徊好久不忍离去，用它的翅膀来抚覆小狗，等待大狗回来。其祥瑞见于异类如此。

可叹啊！董生，谁将能比得上他呢？今时的人，夫妻不和而相虐待，兄弟无恩而相为仇敌，享君的俸禄而违法乱纪，使父母替他发愁，这种人长的是什么心呢？可叹啊！董生，当今没有谁能比上他的德义。

善行51

唐河东节度使柳公绰（chuò）[①]，在公卿间，最名有家法。中门东有小斋，自非朝谒之日，每平旦辄出至小斋。诸子仲郢皆束

带，晨省于中门之北。公绰决私事，接宾客，与弟公权及群从弟再会食[2]，自旦至暮不离小斋。烛至则命一人子弟执经史，躬读一过讫，乃讲议居官治家之法，或论文，或听琴，至人定钟，然后归寝。诸子复昏定于中门之北。凡二十余年，未尝一日变易。其遇饥岁，则诸子皆蔬食，曰："昔吾兄弟，侍先君为丹州刺史[3]，以学业未成，不听食肉[4]，吾不敢忘也。"姑姊妹侄（zhí）有孤嫠（lí）者[5]，虽疏远必为择婿嫁之，皆用刻木妆（zhuāng）奁（lián）缬（xié）文绢为资装[6]，常言必待资装丰备，何如嫁不失时？及公绰卒，仲郢一遵其法[7]，事公权如事公绰，非甚病，见公权未尝不束带。为京兆尹盐铁使，出遇公权于通衢，必下马，端笏立，候公权过乃上马。公权莫（mù）归，必束带迎候于马首。公权屡以为言，仲郢终不以官达有小改。

公绰妻韩氏，相国休之曾孙[8]。家法严肃俭约，为搢绅家楷范[9]。归柳氏三年[10]，无少长，未尝见其启齿[11]。常衣绢素，不用绫罗锦绣。每归觐（jìn）不乘金碧舆（yú）[12]，祗乘竹兜子[13]，二青衣步屣（xǐ）以随[14]，常命粉苦参黄连熊胆，和为丸赐诸子，每永夜习学，含之以资勤苦[15]。

【注解】

①河东：唐代地方行政区名，基本地域在今山西省和河北省西北部。节度使：官名。柳公绰：字宽，唐时京兆华原人。即今陕西铜川人。曾任吏部郎中、御史丞、京兆尹、河东节度使、户部尚书、检校左仆射。

②柳公权：柳公绰之弟，唐代书法家，曾任太子少师。

③先君：父殁称先君、先考、显考、先公。

④听：犹许。

⑤姪：兄弟之女。孤：无父者。嫠：寡妇。

⑥妆：粉饰。奁：盛梳妆用品的匣子。缬文绢：染有花纹的丝织品。

⑦仲郢：柳公绰之子，唐代大臣，字谕蒙。遵其法：遵寻柳公绰的家法。

⑧休：唐朝宰相韩休。

⑨搢绅家：有官职的人家。缙绅：插笏于绅。绅：古代仕宦者和儒者围于腰际的大带。笏：记事用的手板，用木、竹、象牙或玉制作。楷范：犹言法式。

⑩归：女以男家为家，故称嫁女为归。

⑪启齿：大笑露齿。

⑫归觐：回娘家拜望父母。觐：拜谒。

⑬竹兜子：竹轿。

⑭二青衣：仆从二人。屣：徐行貌。

⑮资：资助。

【译文】

唐朝河东节度使柳公绰家法严谨，在当时官员中是最有名的。中院大门东有小书房，如果不是上朝或参见尊者的日子，每日清晨总是来到小书房，儿子柳仲郢等子侄衣带整齐地排列在中门北面（书房门前）行晨省礼（省视问安）。公绰裁决私事，接待宾客，与弟弟柳公权及所有从弟再一次一块进食（当日第二顿饭），自清晨到天黑，不离开书房。至晚点上灯，则命一个子弟拿着《经》书或《史》书，亲自读过一遍后，就讲解议论当官治家的办法，或讨论文章，或听琴瑟，到入定钟响后，才回寝室就寝。诸子又昏定（服侍就寝）于中门北。在二十多年里，没有一天改变过。

如果遇到灾年歉收，则诸子都吃蔬菜粗食，公绰说："昔日我和兄弟们侍奉先君任丹州刺史时，因为学业未成，不许吃肉，我不敢忘记。"他的姑、姐、妹、侄女有孤寡无依者，虽疏远，必为她们选择女婿出嫁。都用刻木装饰的梳妆匣和染花丝织品为嫁妆。常说："等待嫁妆丰盛齐备，怎么比得上嫁不失时呢?"

公绰去世后，柳仲郢完全遵守父亲的做法，奉侍叔父柳公权，和奉侍父亲公绰一样，无大病，见公权时一定要束带整齐。他任京兆尹、盐铁使，出外在大路上遇见柳公权，一定要下马执笏，端正地站立路边，等公权过后，才上马前行。公权傍晚回家，他一定要衣冠整齐地迎候到马前，公权屡次推辞，仲郢始终不因为自己是大官而有一点儿改变。

柳公绰的妻子韩氏，是唐朝宰相韩休的曾孙，韩家家法严肃俭约，是当时官宦人家效仿的模范。她嫁到柳家三年，大小人等没有看见过她露齿大笑。常穿无彩饰的素服，不穿绫罗锦绣。每次回娘家拜望父母，不坐华丽车辆，只乘坐竹轿，二仆人随从。常命粉苦参黄连熊胆，和为药丸，赐给诸子，让其长夜学习时，含在口内以助清醒。

善行52

江州陈氏①，宗族七百口，每食设广席，长幼以次坐，而共食之。有畜犬百余共一牢食，一犬不至，诸犬为之不食②。

【注解】

①江州：今江西九江。陈氏：名褒，南唐人，十世同居。

②一犬不至，诸犬为之不食：犬知爱其类，由和气所感。

【译文】

江州陈褒家，十世同居，宗族男女七百口人，每次共食设大席，长幼按次序就坐同食。家中养狗一百多只，同在一个槽里吃食，一个狗不到来，众狗等候着，都不先吃。

善行53

温公曰：国朝公卿能守先法[①]，久而不衰者，惟故李相家[②]。子孙数世，至二百余口，犹同居共爨。田园邸（dǐ）舍所收[③]，及有官者俸禄，皆聚之一库，计口日给饷。婚姻丧葬所费皆有常数，分命子弟掌其事，其规模大抵出于翰林学士宗谔所制也[④]。

【注解】

①国朝：宋朝；温公自谓本朝。

②李相：名昉，字明远，河北省深州人，任宰相，故称李相。

③邸舍：旅舍。

④宗谔：字昌武，李昉之子。翰林学士：官名。

【译文】

司马温公说：本朝公卿，只有李丞相子孙几辈，二百多口人同居一家，共灶吃饭。田园、旅舍的收入及有官职的俸禄收入都聚积在一个库房，按人口供给生活所需。婚姻丧葬费用皆有定数，分命子弟掌管家事，家规模式大概都是翰林学士宗谔所制定。

自万石君至此，凡十一章，通实五伦之义

上实明伦，自薛包至此，凡四十五章

李氏曰：首十章实父子之亲，次八章实君臣之义，次五章实夫妇之别，次十章实长幼之序，次一章实朋友之信，后十一章通实五伦之义，或问此篇似少朋友章，朱子曰：当时是众编类来，偶缺此尔。

第三章　实敬身

善行54

或问第五伦曰[①]："公有私乎？"对曰："昔人有与吾千里马者，吾虽不受，每三公有所选举[②]，心不能忘而亦终不用也。吾兄子尝病，一夜十往，退而安寝。吾子有疾，虽不省视而竟夕不眠[③]，若是者岂可谓无私乎？"

【注解】

①第五伦：第五，姓，伦，名，字伯鱼，汉京兆长陵（即今咸阳）人，任司空，以公正见称。

②三公：汉以太尉、司徒、司空为三公。

③竟夕：一整夜。

【译文】

有人问第五伦说："人皆以公正称公，公有私心吗？"回答说："过去有送给我千里马的，我虽没接收，每三公有所选举，心不能忘选此人，而最终没推荐此人。吾兄子有疾，一夜十次看问，退回来就安然入睡。吾子有疾虽不去看问，而整夜不能成眠，像这样怎么能说无私呢？

【评述】

朱子说："不用自是好，然终不忘，便是吃他取奉意思不过，这便是私意。"又曰："如十起与不起，便是私，这便是避嫌。只是他见得这意思，已是大段做工夫，大段会省察了。"朱子说："能自省察至此，已不易得，此当以敬为主，而深察私意之萌多为何事，就其重处痛加惩窒，久之纯熟，自当见效。"程子说："不待安寝与不安寝、只不起与十起，便是私。父子之爱本是公，才着些意做便是私也。"又问视己子与兄子有间否？说："圣人立法曰：兄弟之子犹子也。是欲视之犹子也。"又问天性自有轻重，疑若有间然。说："只为今人以私心看了，孔子说：'父子之道天性也。'此只是就孝上说，故言父子天性，若君臣兄弟宾主朋友，亦岂不是天性，只为今人小看，却不推其本所由来故尔。己之子与兄之子所争几何？是同出于父者也。只为兄弟异形，故以兄弟为手足。人多以异形，故视己之子异于兄弟之子，甚不是也。"

善行 55

刘宽虽居仓卒[①]，未尝疾言遽色，夫人欲试宽，令恚（huì）[②]，伺当朝会，装严已讫[③]，使侍婢奉肉羹翻污朝衣，婢遽收之。宽神色不异[④]，乃徐言曰：羹烂汝手乎？其性度如此。

【注解】

①刘宽：字文饶，汉弘农（今华阴）人，

②恚：愤怒。

③装严：谓衣装严整。

④异：变。

【译文】

刘宽虽在仓猝遇变之时，也不疾言遽色。夫人欲试验刘宽的度量，有意使他生气。当他要朝见皇上，服装穿着严整之际，伺机使侍婢捧肉汤翻波在他的朝服上，侍婢急忙收其羹具。刘宽神气颜色丝毫莫变，慢慢地说："肉汤烫烂你的手了吗？"他的良好脾性和度量就这么宽大。

【评述】

刘文饶虽居仓猝无疾言遽色，是他性度如此，编入小学，教学者存心养性，亦须是似他这样方好。盖性度之美，虽不易得，而涵养之功所当勉也。朱子尝自言："气质有病，多主忿懥，及其德盛仁熟，却是生来无怒的一般。这便是他涵养得好。"

善行56

张湛（zhàn）矜严好礼[①]，动止有则，居处幽室，必自修整，虽遇妻子，若严君焉[②]。及在乡党，详言正色，三辅以为仪表[③]。

建武初为左冯翊（yì）[④]，告归平陵，望寺门而步[⑤]。主簿进曰[⑥]：明府位尊德重，不宜自轻。湛曰：礼下公门轼路马，孔子于

乡党恂恂如也。父母之国，所宜尽礼，何谓轻哉！

【注解】

①张湛：字子孝，汉平陵（咸阳城西 6 公里处）人。矜严：庄重严肃。

②严君：尊严的君长。

③三辅：汉朝把京师附近分为京师、左冯翊、右扶风三个管理区域，称为三辅。仪表：准则榜样。

④建武：汉光武年号。为左冯翊：任左冯翊长官（相当于郡太守）。

⑤寺：官府名。

⑥主簿：左冯翊属吏。

⑦恂恂：信实之貌。朱子曰：“亦有温恭之意。”

【译文】

张湛为人庄重严肃而好礼，举动容止皆有法则，虽独居幽室，必自修治整齐。虽见妻子也像见严君一样。在乡党间，言语详审，容色正直，三辅之士奉为准则和榜样。建武之初，任左冯翊，告假回平陵故乡，望见县府大门下车步行。主簿进谏说：“明府主管京师以东数十县，位尊德高，何必步行以自轻。”湛说：“按礼应该下公门，轼路马。孔子在乡党也是信实温恭的样子。在父母之国宜尽恭逊之礼，怎能说是自轻呢？”

善行 57

杨震所举荆州茂才王密[①]，为昌邑令，谒见，怀金十斤以遗震。震曰：故人知君[②]，君不知故人，何也？密曰：暮夜无知者。震曰：天知、神知、我知、子知，何谓无知。密愧而去。

【注解】

①杨震，字伯起。弘农华阴（今陕西华阴东）人。东汉时期名臣。通晓经籍、博览群书。人称："关西孔子。"不应州郡聘任，五十岁时，才开始步入仕途。历任荆州刺史、东莱太守。

②故人：震自称。君：谓密。

【译文】

杨震做荆州刺史时，所举荆州茂才王密，做了昌邑县令，谒见时怀金十斤送给杨震，以报举荐之恩。震说："故人知君贤，因而荐君。君却不了解故人，君今遗金，这是为什么呢?"密说："深夜无人知。"震说："天知、神知、我知、子知，啥叫无知。"密自愧无行而退去。

【评述】

熊氏说："明不欺天，幽不欺神，内不欺心，外不欺人。"予谓四者以不自欺为要，不自欺则意诚，意诚则正心修身而行之家国天下矣。震之四知，所谓内重则外物自轻，得深则可以见诱之小。

善行58

茅容与等辈避雨树下[①]，众皆夷踞（jù）相对[②]，容独危坐愈恭[③]，郭林宗行见之[④]，而奇其异[⑤]，遂与共言，因请寓宿。旦日，容杀鸡为馔，林宗谓为己设，既而供其母，自以草蔬与客同饭。林宗起拜之曰：卿贤乎哉。因劝令学，卒以成德。

【注解】

①茅容：字季伟，汉陈留（开封陈留镇）人。

②夷踞：蹲坐。

③危坐：两膝着地，耸起上身（跪）。

④林宗：名泰，太原人。

⑤异：不同于众。

⑥贤：有德者之称。

【译文】

茅容和平辈避雨树下，众人都蹲坐相对，只有茅容正襟跪坐，容貌很恭敬。郭林宗路过看到他，惊奇其与众不同，遂与茅容说话，一见很投缘，因请林宗寄宿他家。天明时茅容杀鸡做饭，林宗以为给自己设馔，既而以鸡供母，自己用野菜和林宗同吃。林宗起身拜茅容说："你是有德的贤人啊！"因劝茅容从师学问，终于学成有德的君子。

【评述】

古人云："敬，德之聚也，能敬必有德。"危坐愈恭，能敬也。茅容之贤已为林宗赏识。明日杀鸡供母，不供贵宾，是无欲。敬则心存，而无物欲之累，故其行如此。唯林宗能识之，则郭林宗之贤可知矣。夫美质易得而至道难闻，孔子曰："十室之邑，必有忠信如丘者焉，不如丘之好学也。"由此观之，学之至则可以为圣人，不学则不免为乡人。虽有美质，若不从师学问，则无以成其德。茅容幸而得林宗之劝以成其德，否则，虽具美质，亦无以成其德矣。

善行59

陶侃为广州刺史[①]，在州无事，辄朝运百甓（pì）于斋外[②]，暮运于斋内，人问其故，答曰："吾方致力中原[③]，过尔优逸，恐不堪事。"其励志勤力，皆此类也。后为荆州刺史。侃性聪敏，勤于吏职，恭而近礼，爱好人伦[④]，终日敛膝危坐。阃外多事[⑤]，千绪万端，罔有遗漏，远近书疏莫不手答，笔翰如流，未尝壅滞，引接疏远，门无停客。尝语人曰："大禹圣人，乃惜寸阴[⑥]，至于众人，当惜分阴，岂可逸游荒醉。生无益于时，死无闻于后，是自弃也。"诸参佐或以谈戏废事者，乃命取其酒器蒱博之具，悉投之于江，吏将则加鞭扑，曰："樗（chū）蒱（pú）者[⑦]，牧猪奴戏尔。老庄浮华[⑧]，非先王之法言，不可行也。君子当正其衣冠，摄其威仪[⑨]，何有乱头养望[⑩]，自谓弘达耶。"

【注解】

①陶侃：字士行。鄱阳郡枭阳县（今江西都昌）人，东晋时期名将，仕至太尉。

②甓：砖。斋：书房。

③致力中原：当时中原为刘曜、石勤所据，陶侃欲致力兴复，故朝夕运甓以习劳作。

④人伦：人与人之间的道德关系。人有五伦：父子、君臣、夫妇、兄弟、朋友。父子有亲，君臣有义，夫妇有别，长幼有序，朋友有信，是天下最通畅的达道，是天下古今所共由之路。是通向天下相亲，人类和谐的阳关大道——人道。

⑤阃外：官府之外邦域之中；阃：门槛。晋处江左以荆楚为国之两门，故曰阃外。

⑥阴：光阴。

⑦樗蒱：一种棋类游戏。

⑧浮华：谓《老子》《庄子》文义虚妄而无实。

⑨摄：检束。

⑩养望：培养虚名。

【译文】

陶侃做广州刺史时，州无战事，经常早晨搬运百页砖于宅外，晚上又运入宅内。人问其故，他说：“我正欲致力恢复中原，过于优游安逸，恐精力渐衰，不能任事。”他平日励志勤力，都与运甓相类似，后来做了荆州刺史。陶侃生性聪敏，勤于吏职，恭俭近礼，爱好人伦道德，整天敛膝跪坐。荆州外事烦多，他把千头万绪的事处理得无有遗漏，远方近地来的书信，莫不亲笔回答，作书时笔翰像流水一样，不曾壅滞地写下去。及时引接疏远来客，门下没有停留等待的客人。曾经给人说：“大禹是圣人，还爱惜每寸光阴。至于众人，应当爱惜分阴，岂可逸游荒醉。生不能有补益于当时，死无功德闻于后世，是自己把自己抛弃了。”诸参谋军佐或因清谈戏嬉误职事的，就使人取他们酒器和蒱博器具，全部投到长江里。文吏武将则加鞭打以禁止，且责斥说：“樗蒱这玩艺是牧猪奴的玩具。老庄虚浮无实之言，不是先王的正法，不可奉行。君子应当端正自己的衣服冠冕，检束自己的威仪，哪有蓬头散发，培养虚名而自称弘达的道理呢？”

善行60

王勃、杨炯、卢照邻、骆宾王，皆有文名，谓之四杰。裴行俭曰[①]：“士之致远，先器识而后文艺[②]，勃等虽有文才而浮躁浅

露[3]，岂享爵禄之器耶？杨子沉静，应得令长[4]，余得令终为幸[5]。”其后勃溺南海，照邻投颍水，宾王被诛，炯终盈川令[6]，皆如行俭之言。

【注解】

①裴行俭：绛州闻喜（今山西闻喜东北）人。唐高宗时名将。隋将裴仁基之子。

②器：人的度量、才干。识：见识。

③浮躁：不沉静。浅露：浅显，缺乏深度。

④令长：县长。

⑤令终：完美地终结。

⑥盈川：浙江衢州的一个古县名。

【译文】

唐朝的王勃、杨炯、卢照邻、骆宾王，都有文才名声，当时人称他们为“四杰”。裴行俭说：“士人致远大，要以气度见识为先，而文才技艺为后。勃等四人虽有文艺之才而浮躁无大度、浅露无高识，岂是享受爵禄的器材吗？杨子较沉静，应能当个县长，其余的只要能善终就是幸运了。”后来，王勃往海南岛探亲溺南海而死，照邻受不了恶疾的折磨自投颍水而死，骆宾王从李敬业讨武氏不胜被杀，都未善终，而杨炯终于盈川令，都和裴行俭的预言完全相同。

善行61

孔戡（kān）于为义[1]，若嗜欲不顾前后[2]，于利与禄，则畏避退怯[3]，如懦夫然[4]。

【注解】

①孔戡：字君胜，孔子三十八世孙。昭义节度使掌书记。追赠司勋员外郎。

②嗜欲：贪图享受的欲望。

③怯：畏缩。

④懦：柔弱。

【译文】

孔子三十八世孙孔戡，对于为义，像愚民贪图享受的嗜好和欲望一样，不顾前后尽力而为。对于利益和爵禄，就畏避退缩，像柔弱的懦夫一样。

【评述】

《论语》曰："君子喻于义，小人喻于利。"观孔戡勇于为义而怯于趋利，能守孔子家法而喻于义故也。观孔戡之制行如此，而知程子谓"君子之于义，犹小人之于利也；惟其深喻，是以笃好"之言，信而有证矣。学者欲端心术，当以孔戡为法。

善行 62

柳公绰居外藩[①]，其子每入境，郡邑未尝知。既至，每出入，常于戟门外下马[②]。呼幕宾为丈[③]，皆许纳拜[④]，未尝笑语款洽。

【注解】

①外藩：节度使屏障王室，故称外藩。藩：屏障。

②戟门：设置戟的门（节度使外门）。戟：兵器；长一丈六尺，单枝为戈，双枝为戟。

③丈：对年长人的尊称。

④纳：接受。

⑤款洽：亲近融和的样子。

【译文】

柳公绰居外藩时，他儿子每入藩境，不让所属郡邑知道。既到藩署，每次出入，常在戟门外下马步行。称呼幕下宾客为丈，都允许接受儿子拜见，未曾和幕宾笑语款洽（款洽非敬事长辈的行为）。

【评述】

公绰家法之严如此，故仲郢遵其法成为肖子。

善行63

柳仲郢以礼律身[①]，居家无事，亦端坐拱手，出内宅未尝不束带。三为大镇[②]，厩无良马，衣不熏香。公退必读书[③]，手不释卷[④]。家法：在官，不奏祥瑞，不度僧道，不贷脏[⑤]。吏法：凡理藩府，急于济贫恤孤，有水旱必先期假贷[⑥]，廪军食必精丰[⑦]，逋（bū）租必贳（shì）免[⑧]，馆传必增饰[⑨]，宴宾犒军必华盛[⑩]。而交代之际，食储帑藏[⑪]，必盈溢于始至。境内有孤贫衣缨家女及笄者[⑫]，皆为选婿，出俸金为资装嫁之。

【注解】

①柳仲郢：唐代大臣，字谕蒙，京兆华原（今陕西铜川）人。柳公绰之子。历任节度使、京兆尹、刑部尚书、兵部尚书等职。少年时勤读经史，对《史记》《汉书》等史作过深入研究，不仅熟读，而且手抄。

②三为大镇：曾任职山南、剑南、天平三道节度使。

③公退：从办公处返回。

④释：放下。

⑤贷：宽恕。

⑥假贷：以钱谷借贷。

⑦廪：粮仓。军食：军饷。

⑧逋：拖欠。贳：赦免。馆：客舍。

⑨传：马驿。

⑩犒：用酒食或财物慰劳。

⑪储：蓄。帑藏：贮金帛的库房。

⑫衣缨：衣冠簪缨，仕宦的服装。缨：帽带。及笄：年及十五岁的女子。笄：束发用的簪子。

【译文】

柳仲郢以礼法自律其身，虽居家无事时也端坐拱手，出内宅未尝不束带，其庄敬如此。三次在大镇做节度使，而马房里没俊马，衣服不熏香，很俭约。从办公处回家后，务必读书，手不释卷地勤学。柳氏家法：在官不奏祥瑞于朝，恐助长君恶，且嫌其媚君。不度僧道，不以有用之财用于异教以惑众。不宽恕脏吏，严惩贪污以恤民困。急于济贫恤孤，有水旱必先期借贷以免贫民受饥寒。仓贮粮食精良，军饷丰备，以暖军心励士气。赦免无力偿还的债务以惠贫民。修缮馆传以优待宾旅。晏宾犒军必华盛，以敬宾客抚战士。卸任移交时，仓贮食物金帛器械，一定比始上任时有所增溢。所辖区内的孤女及衰贫仕宦家之女，已成年而无资出嫁者，柳仲郢给她们选择婿家，并用自己的俸金置办资装帮助出嫁。

【评述】

端坐、拱手、束带，主敬功夫。厩无良马、衣不熏香；俭朴风格。读书不释卷：勤学修身。在官以下皆柳氏家法。不奏报祥瑞是不以怪异谄媚皇上。不以僧道异端学说惑众，不宽恕贪官以清廉政治，不忍人民受饥寒而先期借贷。夫免逋租，济贫困，救灾民，精丰军饷，增饰馆舍，华盛晏犒，所费不可胜计。而交待之际，必盈溢于上任时，何以致此？是以正身率物，政法严明，出纳有籍，无所私用所致。俭于自俸而以俸金为资装，选婿嫁孤贫衣缨家女以励廉吏，其为益于国家社会盖大矣。公绰夫妇教子有方，而仲郢能遵其教守其法而德行政事可以风世，朱子以其事编入小学书，以教天下为父子者，其旨深矣，学者岂可不尽心乎？

善行64

柳玭（pín）曰：王相国涯方居相位[①]，掌利权[②]。窦氏女归[③]，请曰：玉工货一钗奇巧，须七十万钱。王曰：七十万钱，我一月俸金耳，岂于汝惜。但一钗七十万，此妖物也，必与祸相随[④]。女子不复敢言。数月，女自婚姻会归，告王曰：前时钗，为冯外郎妻首饰矣，乃冯球也。王叹曰：冯为郎吏，妻之首饰有七十万钱，其可久乎？冯为贾相餗（sù）门人，最密[⑥]，贾有苍头，颇张威福，冯召而勖（xù）之[⑧]，未浃旬[⑨]，冯晨谒贾，有二青衣捧地黄酒出饮之[⑩]，食顷而终[⑪]。贾为出涕竟不知其由。

又明年，王、贾皆遘祸，噫！王以珍玩奇货为物之妖，信知言矣[⑫]。徒知物之妖，而不知恩权隆赫之妖甚于物耶[⑬]。冯以卑位

贪宝货，已不能正其家，尽忠所事而不能保其身，斯亦不足言矣。贾之藏获[14]，害门客于墙庑之间而不知[15]，欲终始富贵，其可得乎？此虽一事，作戒数端[16]。

【注解】

①王涯：唐宰相。

②掌利权：身为宰相兼度支（总度天下经费）盐铁（统领天下盐铁）榷茶等使。

③窦氏女：涯之女嫁于窦氏者。归：归宁父母。

④与祸相随：妖物必与祸相随，此名言也。妖巧之物人所贪，欲竟而有之实为召祸之道。

⑤贾餗：亦唐宰相。

⑥密：亲密。

⑦苍头：奴仆用苍色头巾，故称苍头。

⑧勖：勉励。

⑨浃旬：周旬。十日为一旬。

⑩青衣：童仆。地黄：药名，无毒；以毒酒诡称地黄酒。

⑪食顷：吃一顿饭的时间。终：球以奴张威福，恐为主累，故戒之；奴恐球告餗，故毒杀。

⑫知言：知理之言。

⑬恩权隆赫：受恩宠权位隆盛显赫，是祸机所伏。

⑭藏获：古代对奴婢的称呼（指苍头）。藏：奴。获：婢。

⑮门客：指冯球。庑：堂下。

⑯作戒数端：熊氏说："珍玩奇货不可贪，一戒；恩权隆赫不可恃，二戒；溺爱而不能正家，三戒；失言而不能保身，四戒；藏获张威福而不惩，五戒；害门客于墙庑而不知原因，六戒。"

【译文】

柳玭说，唐宰相王涯，任宰相兼管度支、盐铁、榷茶。嫁于窦氏的女儿归宁，给他说："玉工卖的一个玉钗极精巧，卖七十万钱。"他说："七十万钱只是我一月的俸金，岂为你吝惜吗？但一个钗价值七十万，这是妖物，必定和灾祸相随。"女儿不敢再提这话。几个月后，女儿从婚姻宴会来归宁，对王说："前时所说的那个玉钗成了外郎冯球妻的首饰了。"王叹息说："冯做郎吏小官，妻子首饰有七十万钱之多，怎么能长久？"冯球是宰相贾餗的门客，最亲密。贾有苍头颇张威福，横行都市，冯召而劝诫他。未满十天，冯早晨谒见贾相，苍头怕冯暴露他的劣行，用毒酒诈称地黄酒使两个童仆进给冯球饮后，吃一顿饭的时间就死了，贾为此痛哭出涕，竟不知冯是怎么死的。

又明年，王贾二相都被宦官仇士良惨杀。柳玭叹息说："王宰相把珍玩奇货认做物中之妖，实为明理之言，却不知受恩宠权位隆盛显赫之妖比物妖更甚。冯以卑小之位而贪图宝货，已不能正其家。尽忠心于所事之人，不能自保其身，这样的人，也就够不上议论了。贾餗的奴仆害死门客在其宅内，而不知死的根由，想始终保其禄位，怎么可能呢？这虽是一码事，可作为好几个事端的警戒（如熊氏所言六戒）。"

善行65

王文正公自发解、南省、廷试皆为首冠[1]，或戏之曰：状元试三场[2]，一生吃着不尽。公正色曰：曾平生之志，不在温饱[3]。

【注解】

①王曾：字孝先，青州益都（今山东青州）人。咸平中考取乡试、省试、殿试第一，成为科举史上连中“三元”的状元。仕至宰相，谥文正。

②状元：乡试第一称解元，会试第一称会元，殿试第一称状元。王曾乡试、会试、殿试皆为第一。

③志不在温饱：则在安天下矣。

【译文】

王文正公从乡试、会试、殿试皆是头名，有人笑着说：“三场考试都是头名状元，一生吃不完穿不尽。”公正色庄严地说：“曾平素的志愿，不在吃饱穿暖上。”

【评述】

《论语》曰：“士志于道而耻恶衣恶食者，未足与议也。”公之志在行道济时，在安天下，使天下之人皆享温饱之乐，不在自己吃饱穿暖，所以为君子。只图自己温饱，则终于小人之归，而不得为君子矣，学者当深思。

善行66

范文正公[①]，少有大节，其于富贵、贫贱、毁誉、欢戚，不一动其心[②]，而慨然有志于天下。尝自诵曰：士当先天下之忧而忧，后天下之乐而乐也。其事上遇人，一以自信[③]，不择利害为趋舍，其有所为，必尽其方，曰：“为之自我者当如此[④]，其成与否，有不在我者，虽圣贤不能必，吾岂苟哉。”

【注解】

①范仲淹：字希文，北宋著名的政治家、思想家、军事家、文学家、教育家，世称“范文正公”。仁宗时，担任右司谏。景祐五年（1038 年），采取“屯田久守”方针，平定西夏叛乱。庆历三年（1043 年）与富弼、韩琦等人参与“庆历新政”。提出了“明黜陟、抑侥幸、精贡举”等十项改革建议。历时仅一年。晚年知杭州期间，设立义庄。皇祐四年（1052 年）病逝于徐州，谥文正。著有《范文正公文集》。

②不一动其心：不慕富贵，不厌贫贱，毁之不怒，誉之不喜，处乐不淫，处约不戚，以天下为己任，先天下之忧而忧，后天下之乐而乐。

③自信：一守其正，自己相信自己。

④当如此：应当这样做。谓事上、待人、做事，一切以忠信为主，不趋利，亦不避害，惟义是从，不存私心。有所为必尽其方，而不预测成败利钝；尽人事以听天命，正所谓君子行法以俟命而已矣。

【译文】

范文正公小时候就有大节操，他对于富贵贫贱毁誉欢戚曾不一次一事动过心，而慨然立志于安天下，以天下为己任。曾自诵说：“士当先天下人的忧而忧，后天下人的乐而乐。”他奉事上司和与人交往，一切以忠信为主，不趋利避害，惟义是从。他有所作为，务必千方百计尽其处理方略。常说：“我应做的事，就应当（不避利害，精审谋划，尽其处理方略做好）这样做。至于成功与否，或有非人力所能控制的意外情况，就是圣贤也不能确保，吾怎可苟且期望必成哉！”

【评述】

孟子说：“君子行法以俟命而已矣。”朱子注说：“法者，天理之当然者也。君子行之，而吉凶祸福有所不计，盖虽未至于自然，而已非有所为而为矣。董子所谓‘正其谊，不谋其利，明其道不计其功，’正此意也。”范公之言，正合此义。

善行67

司马温公尝言：吾无过人者，但平生所为，未尝有不可对人言者耳。

【注解】

司马温公：司马光，字君实。宋朝宰相，著《资治通鉴》等书。

【译文】

司马温公曾说：“我没有过于人的德业，只是我平生所做的事，未曾有不可对人说出的。”

【评述】

诚实不欺，正是温公大过于人的，事无不可对人言，意诚之效也。小人闲居为不善，无所不至，其生平所为，能无不可对人言者乎？观其见君子则掩其不善而著其善，必非不知善之所当为与恶之所当去，因为不能胜其利欲之私，故自欺其心而陷于小人之类不能自拔，凡欲为君子而耻为小人者，当学温公慎独以至于意诚不自欺，就差不多了。

自或问第五伦至此，凡十四章，实心术之要

善行68

管宁尝坐一木榻[①]，积五十余年，未尝箕股[②]，其榻上当膝处皆穿。

【注解】

①管宁：字幼安，北海郡朱虚（今山东省临朐）人。汉高士。与华歆、邴原并称为“一龙”。颇受人们爱戴。曹魏几代帝王数次征召管宁，他都没有应命。著有《氏性论》。坐：古人危坐如跪。

②箕股：谓两展其腿，状如箕。

【译文】

管宁常坐在一个木榻上，危坐五十多年，不曾如箕便坐，把双膝触榻处都跪穿了。

【评述】

《小学句读记》说：“管宁，汉高士。行高洁，人望之者，貌然若不可及，即之熙熙和易，能因事导人于善，人皆化服。年八十四卒。《纲目》书曰：‘管宁卒于魏。’《书法》曰：‘布衣也，何以卒，录贤也，其书卒于魏何？不使魏得臣之也。’夫宁卒于魏，而《句读》乃曰：‘汉高士，’亦可谓深得纲目之旨矣。”

善行69

吕正献公自少讲学[①]，即以治心养性为本[②]，寡嗜（shì）欲，

薄滋味，无疾言遽（jù）色，无窘（jiǒng）步[③]，无惰容。凡嬉笑俚（lǐ）近之语[④]，未尝出诸口；于世利纷华，声伎游宴[⑤]，以至于博弈奇玩，淡然无所好。

【注解】

①吕正献公：名公著，字晦叔，寿州人（今安徽凤台人），北宋吕夷简之子，谥正献。著《正献公集》。

②治心：敬治其心、收其放心。养性：涵养德性。自寡嗜欲以下，都是治心养性的事。

③窘：迫促。

④俚：鄙俗。

⑤伎：巧戏。

【译文】

吕正献公从小时讲学，就以治心养性为本，少嗜好私欲，淡薄饮食滋味，无疾言急色，无急迫的脚步，没有怠惰的容貌。凡一切嬉笑话，鄙俗话，未曾出过口，对于名利、纷华、声乐、戏曲、游行、宴乐，以至于博具弈棋希奇玩艺，心中淡淡然无有所爱好。所以能简重宽默不以事物经心，而为一代名臣。

【评述】

真西山说："德性谓得之于天者，仁义礼智信是也。德性在心本皆全备，缘放纵其心，不知操存，是致贼害其性。若能收其放心，即是养其德性，非二事也。"或问"放心者，或心起邪思妄念，耳听奸声，目睹乱色，口谈不道之言，以至手足动之不以礼，皆是放也。收者，便与邪思妄念处截断不续，耳目言动皆然，此之谓收。既能收其放心，德性自然养得，不是收放心外又养个德性也。”朱子曰：“然。”

善行70

明道先生终日端坐[①]，如泥塑人。及至接人，则浑是一团和气[②]。

【注解】

①明道先生：程颢，字伯淳。终日端坐如泥塑人：主敬容貌。

②浑：全，满。一团和气：温和气象。

【译文】

程明道先生终日端坐，坐姿就像泥塑的人一样端正、不偏、不动，当他接待人时，全是一团平顺温和气象。

【评述】

礼主于敬，乐主于和，敬而且和，礼乐不斯须去身，所以为大贤。

善行71

明道先生作字时甚敬。尝谓人曰：非欲字好，即此是学。

【译文】

程明道先生写字时很恭敬。曾给人说：“不只是要把字写好，这也是习敬学做人。”

【评述】

朱子说："此亦可以收放心。"又说"明道先生之意，只是要涵养的此心常在这里，无一时一事而不敬也。"敬轩薛先生说："事有大小，理无大小，大事谨而小事不谨，则天理即有欠缺间断，故作字虽小事，必敬者，所以存天理也。"樊迟问仁，孔子说："居处恭，执事敬，与人忠，虽至夷狄不可弃也。"写字亦执事也，可不敬与？故程子谓只此是学，谓学仁也。《论语》谓仁远乎哉？我欲仁，斯仁至矣。朱子言此亦可以收放心，盖放心既收，斯仁即在，敬于作字，所以谓即此是学也。

善行72

刘忠定公见温公①，问尽心行己之要，可以终身行之者。公曰："其诚乎②？"刘公问："行之何先？"曰："自不妄语始。"刘公初甚易之③，及退而自檃（yǐn）括日之所行④，与凡所言自相掣肘矛盾者多矣⑤。力行七年而后成，自此言行一致，表里相应，遇事坦然，常有余裕⑥。

【注解】

①刘忠定公：名安世，字器之，魏（今河北大名县）人。北宋大臣，谥忠定，著《尽言集》。温公：司马光。

②诚：真实无妄。

③易之：容易做到不妄语。

④檃括：矫正。檃：揉曲。括：正方。皆制木之器。

⑤自相掣肘矛盾：言与行相违悖。吴氏曰："掣，挽也，肘，臂节也。掣肘：谓己

欲运动而人挽之不能运也。”矛：木长柄金属枪头的兵器。盾：用于护身的盾牌。矛盾：谓矛欲伤人而盾蔽之不能伤。

⑥余裕：宽裕有余。

【译文】

刘忠定公谒见司马温公，请问尽心行己的要道，并可以终身行之的道理。温公说：“他是‘诚’吧？”刘公又问先从什么做起？回答说：“从不妄说话做起。”刘公初闻此言认为很容易做到，及退而自己矫正自己的说话和行事，自相掣肘、自相矛盾的很多，才知不妄语很难做到，力行七年之久而后成熟，从此言行一致，表里相应，遇事坦然处之，智力常觉宽裕有余而无难。

【评述】

朱子说：“温公所谓诚，即大学所谓诚其意者。指人真实其心而不自欺也。”《大学章句》说：“诚，实也。意者，心之所发也。实其心之所发，欲其一于善而无自欺也。”

善行 73

刘公见宾客[1]，谈论逾时[2]，体无欹（qī）侧[3]，肩背竦（sǒng）直，身不少动。至手足亦不移。

【注解】

①刘公：刘忠定公。

②逾时：过一个时辰（二小时）。

③欹：歪斜。

【译文】

刘忠定公接见宾客，与谈过时，端坐不歪斜侧偏，肩背竦直，身不少动，甚至手脚也不移动，其庄敬如此，存诚之功也。

【评述】

心是一身之主，百体从令。刘公以诚敬存心，故形于外者如此，庄敬日强之功也。范氏心箴曰："君子存诚，克念克敬，天君泰然，百体从令。"其忠定之谓与？

善行 74

徐积仲车，初从安定先生学，潜心力行不复仕进[2]**，其学以至诚为本。事母至孝。自言初见安定先生，退，头容少偏，安定忽厉声云**[3]**："头容直。"某因自思，不独头容直，心亦要直也。自此不敢有邪心。卒谥节孝先生。**

【注解】

①徐积仲车：徐积，字仲车，谥节孝，宋山阳人。

②潜心：专心致志。

③厉声：猛厉的语声。

【译文】

节孝徐先生，才从胡安定先生问学，即专心致志，而力行所闻，不求出仕做官。他以至诚为学习根本，奉养母亲极孝敬。他自己说："起初见安定先生，退时头稍偏，安定忽尔厉声说：'头容直。'吾因自思，不独头容直，心亦要直。从此，不敢有邪心。"

卒后谥节孝先生。

自管宁至此，凡七章，实威仪之则

善行75

文中子之服俭以洁[①]，无长物焉[②]。绮罗锦绣不入于室，曰：“君子非黄白不御[③]，妇人则有青碧。”

【注解】

①文中子：王通，字仲淹，号文中子，隋朝河东（今山西省万荣县）人，著名教育家、思想家，著有《文中子》若干卷。俭：不华靡。洁：不垢污。

②长物：多余的衣物。

③黄白：絲麻自然之色。

④青碧：人工染造的颜色。

【译文】

文中子的服装，即俭约而且洁净。不制多余的衣物。绮罗锦绣华贵之物不入家。他说：“君子穿衣不是絲麻自然的黄白颜色就不穿。妇女衣服可以用青色或碧色。”

此一章，实衣服之制

善行76

柳玭曰：“高侍郎兄弟三人[①]，俱居清列，非速客[②]，不贰羹胾（zì）[③]，夕食齕（hé）卜匏（páo）而已。”

【注解】

①高氏兄弟：唐时人。长名釴，翰林学士（掌制诰）。次名铢，给事中。次名锴，礼部侍郎。

②速：邀请。

③不贰：不兼设。羹：肉羹。胾：肉块。

④龁：. 咬嚼。匏：匏瓜。

【译文】

柳玭说："高侍郎兄弟三人，都自处清高行列，不是邀请来的客人，就不兼设肉羹肉块，晚饭吃的菜，只是萝卜、瓠子类的普通菜。"

善行 77

李文靖公治居第于封丘门外①，厅事前仅容旋马②，或言其太隘③，公笑曰："居第当传子孙，此为宰辅厅事诚隘，为太祝奉礼厅事④，则已宽矣⑤。"

【注解】

①李文靖公：李沆，字太初，洺州肥乡（今属河北）人，北宋宰相。谥文靖，居第：住宅。封丘：宋开封城门名。

②厅事：厅堂用以治事，故称厅事。旋：回转。

③隘：窄狭。

④太祝、奉礼：都是世荫之官。

⑤已：太。

【译文】

李文靖公修建住宅于都城封丘门外，厅堂前仅容回转一匹马，有人说这太狭窄了，公笑着说："住宅应当传给子孙，这住宅做为宰相厅事真的太窄小了，将来做太祝奉礼的厅事，则太宽了。"

【评述】

王建常说："衣食与居第常相因，观文靖公居第如此，则其衣食之制与节可知矣。"

善行78

张文节公为相[1]，自奉如河阳掌书记时。所亲或规之曰："今公受俸不少，而自奉若此，虽自信请约，外人颇有公孙布被之讥，公宜少从众。"公叹曰："吾今日之俸，虽举家锦衣玉食，何患不能？顾人之常情，由俭入奢易，由奢入俭难。吾今日之俸岂能常有？身岂能常存？一旦异于今日，家人习奢已久，不能顿俭，必至失所，岂若吾居位去位、身存身亡，如一日乎？"

【注解】

①张文节公：名知白，字用晦，北宋沧州清池（今河北沧州东南）人。初为河阳掌书记（节度使幕下掌表奏文书的官），后为宰相，谥文节。

②公孙布被之讥：汉丞相公孙弘为布被，汲黯曰："弘奉禄多而为布被，此诈也。"有人见文节之俭约，亦疑其诈，故引是以讥之。

【译文】

张文节公做宰相时，自己奉养享受仍如在河阳掌书记时一样，和公亲近的人规劝说："公俸禄不少，而自奉这样俭约，虽自信清廉节俭，外人颇有公孙布被的讥诮，公应该稍微从众俗。"公叹息说："我今天的禄俸，虽全家服锦绣，吃山珍海味何愁不能。顾念人的常情，从俭到奢容易，从奢到俭艰难。我今日的俸禄怎能常有，身怎能常在。一旦不同于今日，家人习惯奢华已久，不能猛然节俭，必致流离失所，怎能和我当宰相不当宰相、身存身亡，（家中生活）像同一天一样呢？"

善行79

温公曰："先公为群牧判官[①]，客至未尝不置酒，或三行或五行[②]，不过七行，酒沽于市，果止梨栗（lì）枣柿，肴止于脯醢（hǎi）菜羹（gēng）。器用瓷漆，当时士大夫皆然，人不相非也，会数（shuò）而礼勤，物薄而情厚。近日士大夫家，酒非内法[③]，果非远方珍异，食非多品，器皿非满案，不敢会宾友。常数日营聚[④]，然后敢发书[⑤]。苟或不然，人争非之，以为鄙吝。故不随俗奢靡者，鲜矣。嗟乎！风俗颓（tuí）弊（bì）如是，居位者虽不能禁[⑥]，忍助之乎？"

【注解】

①先公：司马温公父，名池，字和中。群牧：宋时于诸州皆置知州，如汉州牧之职，故称群牧。判官：通判签书官，汉称别驾。

②三行：三次进酒（依次斟酒）。

③内法：宫内造酒法。

④营聚：采购集备。

⑤书：召客请柬。

⑥居位者：指君、相、达官。

【译文】

司马温公说："先公为州牧判官时，客来未曾不置酒款待。或三次进酒或五次进酒，最多不超过七次。酒是从市中买来的，水果只用梨栗枣柿之类，菜肴止用脯肉、肉酱、菜汤，器皿用陶瓷或漆具。当时士大夫都是这样，不互相非笑。筵会频数而礼节勤慎，物虽薄而情谊重厚。现在士大夫家，如果酒不是宫中酿法酿造，果不是远方珍异的果品，佳肴不是多品类，器皿摆不到满桌案，不敢筵会宾友。常常数日营办集备，然后敢发请客书。假如不能这样设备，别人争着非笑，认为是鄙薄吝啬，所以不随俗奢侈华靡的人就少了。唉！风俗颓败成这个样子，在上位的人虽不能禁止，能忍心助长吗？"

善行80

温公曰："吾家本寒族，世以清白相承。吾性不喜华靡，自为乳儿时，长者加以金银华美之服，辄羞赧（nǎn）弃去之。年二十忝科名①，闻喜宴独不戴花②，同年曰：'君赐不可违也，'乃簪一花。平生衣取蔽寒，食取充腹，亦不敢服垢敝以矫俗干名③，但顺吾性而已。"

【注解】

①忝：谦辞，表示愧对。

②闻喜：进士宴名，后名琼林宴。

③矫：纠正。干：追求。

【译文】

司马温公说："我家本是贫寒家族，世代以清白相继承。我的生性不爱奢华，从做婴儿时，长者加给金银华美的服饰，常羞愧脸红，脱去不穿。二十岁时，忝列进士科名，在闻喜宴上，单独不戴花。同年说：'戴花是皇上的恩赐，不可违弃，'我只得钗一支花。平生衣着只求能够御寒，饮食只取能充饥。也不敢穿上垢污破旧的衣服，以矫正习俗，追求名誉，只是顺从我的本性而已。"

善行81

汪信民尝言[①]："人常咬得菜根，则百事可做。"胡康侯闻之[②]，击节叹赏[③]。

【注解】

①汪信民：名革，字信民，号青溪，宋江西临川腾桥人。哲宗绍圣四年进士，江西诗派临川四才子之一。

②康侯：胡文定公，字康侯。

③击节：一说击手指节，一说击器物为节，皆通。叹：嗟叹。赏：赞赏。

【译文】

汪信民曾说："人能吃得菜根粗食，则样样事情都能做好。"胡康侯听了这话，击节嗟叹赞赏。

【评述】

人能甘淡泊而不以外物动心，则可以有为矣。朱子说："学者须常以志士不忘在沟壑为念，则道义重而计较死生之心轻矣。况衣食外物，至微末事，不得，未必便死，亦何用犯义犯分，役心役志，营营以求之耶。某观今人，因不能咬菜根而至于违其本心者众矣，可不戒哉！”

自柳玭至此，凡六章，实饮食之节

上实敬身，自第五伦至此，凡二十八章

后　记

先考敬修公著《〈小学〉通俗解义》，脱稿后命治详细整理出版，未敢一日忘怀。然迫于生计，日夜忙碌，未能及时就其事。念先考之遗命，有益于世道人心向善，是以不揣固陋，解其未注，补其未译，语有不详者，查而明之，遗漏缺失者，填而充之，意有未尽者，度而续之。皆循先考之意，不敢妄为猜度以呈己见。偶有不合，则反复证诸《经》《传》，多处查验而符合无疑者，然后依《经》《传》取正，未敢自专。非《经书》之言者，或有所去舍，自是之罪，无可逃避。

经典著作，理宜精校，是故不惜时日，三校其稿，又托吾三弟四弟三妹三人分别校对，然亦不免有所遗漏。敬请读者谅解并予指正，以便再版更正。

秦治　记

图书在版编目(CIP)数据

《小学》通俗解义/秦敬修编著;秦治整理.—北京：社会科学文献出版社，2015.11
（述而作）
ISBN 978-7-5097-6920-1

Ⅰ.①小… Ⅱ.①秦… ②秦… Ⅲ.①古汉语-启蒙读物②《小学》-注释③《小学》-译文 Ⅳ.①H194.1

中国版本图书馆CIP数据核字（2014）第297612号

·述而作·
《小学》通俗解义

编　　著／秦敬修
整　　理／秦　治

出 版 人／谢寿光
项目统筹／宋月华　杨春花
责任编辑／赵子光

出　　版／社会科学文献出版社·人文分社（010）59367215
　　　　　地址：北京市北三环中路甲29号院华龙大厦　邮编：100029
　　　　　网址：www.ssap.com.cn
发　　行／市场营销中心（010）59367081　59367090
　　　　　读者服务中心（010）59367028
印　　装／三河市东方印刷有限公司

规　　格／开　本：889mm×1194mm　1/32
　　　　　印　张：14.5　字　数：305千字
版　　次／2015年11月第1版　2015年11月第1次印刷
书　　号／ISBN 978-7-5097-6920-1
定　　价／59.00元